U0128604

本书为2019年度教育部人文社会科学研究青年基金项目"失序与治理：清代四川私盐研究"（项目批准号：19YJC770002）的最终成果

失序与治理

清代四川私盐研究

陈倩 著

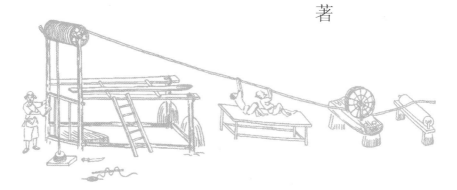

中国社会科学出版社

图书在版编目(CIP)数据

失序与治理:清代四川私盐研究/陈倩著. —北京:中国社会科学出版社,
2022.8
ISBN 978 - 7 - 5227 - 0786 - 0

Ⅰ.①失… Ⅱ.①陈… Ⅲ.①盐业史—研究—四川—清代 Ⅳ.①F426.82

中国版本图书馆 CIP 数据核字(2022)第 156243 号

出 版 人	赵剑英
责任编辑	吴丽平
责任校对	王 龙
责任印制	李寡寡

出　　版	中国社会科学出版社
社　　址	北京鼓楼西大街甲 158 号
邮　　编	100720
网　　址	http://www.csspw.cn
发 行 部	010 - 84083685
门 市 部	010 - 84029450
经　　销	新华书店及其他书店

印　　刷	北京明恒达印务有限公司
装　　订	廊坊市广阳区广增装订厂
版　　次	2022 年 8 月第 1 版
印　　次	2022 年 8 月第 1 次印刷

开　　本	710×1000　1/16
印　　张	14.75
插　　页	2
字　　数	201 千字
定　　价	88.00 元

前　言

　　将盐作为写作选题，首先是出于一种情结。笔者出生在曾是四川著名盐产地之一的大宁盐厂遗址所在地，祖上从事着与盐有关的职业。在成长的历程中，耳濡目染感受着盐文化的遗风：至今仍涓涓不息的天然盐泉；猎人逐鹿时发现盐泉的传说；遗留的通往陕西、湖北蜿蜒曲折的古盐道；古代在特殊时期为盐运所凿的人工栈道；因盐而兴因盐而衰的宁厂古镇；用盐腌制的老腊肉和各种咸菜；听老盐客讲述运盐时被"棒老二"劫持的情形；还有听母亲讲述外婆曾经经营盐运行业时的叱咤风云……虽然时过境迁，盐厂和家业都已没落，但骨子里想要去认识和探知盐的冲动却不曾改变。

　　三叠纪（Triassic Period）中期，经侏罗纪（Jurassic Period）至白垩纪（Cretaceous Period）的一系列地壳运动和板块运动，影响着中国远古地理环境，形成了四川盆地，随着盆地内海水的大量蒸发，盐类物质稳定的沉积、良好的封闭性以及长时间的咸化，造就了四川地区丰富的盐矿资源，从川北到川南，川西至川东，盐资源广为分布。自人类产生以后，这些资源在铸就四川辉煌盐业的同时，也形成了四川盐业的区域特色，即区别于海盐、池盐等的井盐。丰富的盐资源和便利的水运系统，使四川盐业历史悠久且发达。人类有记载的四川井盐生产始于李冰穿广都盐井，据《华阳国志·蜀志》记载："周灭以后，秦孝文王以李冰为蜀守。冰能知天文地理……又识齐水脉，穿广都盐井，诸陂池。蜀于是盛有养生之饶焉。"① 不断完善的古代盐产业链，不断革新的凿井技术和器械，众多因盐而兴的村镇、聚落与城市，成为今天不可复制的文化遗产。在以"千年盐都"自贡为首的众多产盐地，先人留有大量宝贵的盐业档案和史料，这些都是以四川为研究对象的地缘优势。

早在距今4000—5000年间的新石器时代末期，巴族祖先发现露出地表的一眼眼自然盐泉，成为四川盐业存在的滥觞所在。虽有悠久的产盐历史，但因井盐的自然属性使然，凿井困难且盐井极易遭遇天灾坍塌，以至于四川盐业的地位并不十分突出。至北宋初期，四川地区出现了不同程度的盐荒，屡次爆发争夺食盐和盐井的战争，② 在此背景下，一种新型盐井"卓筒井"问世，盐产陡增，据南宋绍兴二年（1132）不完全统计，"凡四川二十州四千九百余井，岁产盐约六千余万斤"③，较宋初增加2.7倍。随着技术的不断提升，之后产量逐渐增加，但真正凸显其特殊历史地位的时期，却是在中国文化、政治、经济经历裂变与蜕化的清季。这一时期，各种关系纷繁复杂，以物质形式为载体的"盐"，不仅是维持人们生命的必需品，还是国家财政税收的主要来源之一。作为内忧外患时期国家命脉的支撑，尤其是济楚时期的川盐，它在历史上从未将自然属性和社会属性胶合得如此淋漓尽致。为使研究具有连续性，本文将时间定格在整个清代。

盐在古代的作用，今人难以想象，从古希腊诗人荷马对盐的赞誉、柏拉图对盐与生命关系的认知、《圣经》对盐的歌颂、古法国人在婴儿受洗前以盐水沐浴的习俗等现象中可窥见一斑。中国亦不例外，如

---

① （东晋）常璩:《华阳国志》卷3《蜀志》，齐鲁书社2010年点校本，第30—31页。

② 据郭正忠1981年发表在《中国史研究》第1期的《北宋四川食盐危机考析》一文中记载:仅乾德三年（965）至皇祐元年（1049）的84年内，四川较大的起义与动乱就在20次以上，其中至少一半以上与食盐问题有关。

③ （宋）李心传:《建炎以来朝野杂记（甲集）》卷14《蜀盐》，江苏广陵古籍刻印社1981年版。

今唾手可得之盐竟是古代国家的命脉所在。中国历史上不乏因盐而产生的战争，从人类形成之初部落为争夺盐资源而迁徙、战斗，到后来历史上的因盐而兴的农民起义。用人类学者舒瑜的观点来讲，盐是古代中国国家权力的隐喻和财富的象征，掌控了盐资源就等于掌握了权力与财富。① 同时，马克·科兰斯基（Mark Kurlansky）的观点也佐证了这一想法，他在 *Salt—A World History* 一书中分析中国的"盐"字时写道：

　　Chinese governments for centuries had seen salt as a source of state revenue. Taxts have been found in China mentioning a salt tax in the twentieth century B. C. The ancient character for salt, *yan*, is a pictograph in three parts. The lower part shows tools, the upper left is an imperial official, and the upper right is brine. So the very character by which the word *salt* was written depicted the state's control of its manufacture. ②

　　对于古代中国这样一个高度集权的中央专制国家而言，毫无疑问地要将盐产品牢牢控制，于是，自汉代以来，盐行专卖。后历经各朝代，虽途中政策有起伏（如隋至唐开元十年间有过无税制），但这些均不是盐制度中的主流，改变不了食盐国家专营的总体格局。食盐专营的直接后果：一方面确保了国家的稳定税收维护既定统治，另一方面滋生了新的与专营政策相悖离的社会产物——"私盐"。

---

　　① 参看舒瑜《微"盐"大义——云南诺邓盐业的历史人类学考察》，世界图书出版公司2010年版，第24页。

　　② Mark Kurlansky, *Salt—A World History*, New York：Walker Publishing Company, 2002, p. 29. 其中文意思大体为：中国政府自公元前20世纪开始提及盐税，且把盐作为国家税收的主要来源已有几个世纪了。中国古代的"盐"字是由三个部分组成的象形文字，最底下的部分代表制盐工具，左上是一位朝廷官员，右上是盐卤水。所以该字本身就意味着国家对产盐的控制。

历史的际遇,导致清代川盐得到前所未有的发展,也滋生出滞碍国家统治的重重社会矛盾,其中之一便是来自与"官盐"对立的"私盐"。"私盐"作为社会失序的表现,与"官盐"相伴相生,由来已久。而清季四川"私盐"问题的蔓延,在全国范围内较为突出和棘手,究其产生有何特殊之处?与同一时期其他区域的"私盐"有何地域差异?地方政府对待"私盐"是何真实态度,有何控制措施与手段?社会各阶层人士与"私盐"有何关系?最终缉私的成效如何?等等,诸如此类的问题,都有令人想要厘清的欲望,因此,才有本书得以成型。

本书的出版,感谢业师李禹阶教授对我的思想引领,感谢中国盐文化研究中心主任曾凡英教授的悉心指导,感谢所有在我写作路上真诚帮助过我的人,因篇幅有限,恕不一一点名。但此外,必须要特别感谢我的母亲,因为她的家族经历,让我拥有探究四川盐业的初心,因为她的无声大爱默默付出,才让我无任何后顾之忧的顺利完成书稿。所以,谨以此书献给我深爱的母亲刘以凤女士。

目　录

第一章　清代四川私盐的兴起

清代盐业袭明之制，对盐业的管理仍实行食盐专营政策，从生产、运输到销售，各环节由国家绝对掌控，不参与市场竞争。盐业所产生的盐税在清朝政府的统治过程中起着重要作用，清初之时占全年收入的一半，[①] 此后年代，盐税在财政收入的比重略有降低，至清末之时，尽管财源发生变化，但盐税仍约占全年财政收入的四分之一。[②] 清代盐业在发挥其重要作用之时，也面临历朝历代不曾根治的私盐问题，清代私盐的泛滥令统治者头痛，官私盐之间的博弈不断延续。四川盐业因承这个时代而发展，从并不占主导地位的盐区，在太平天国运动之后，一跃成为重要盐区，甚至一度成为国家稳定的重要因素和部分地区民众的命脉所在。在国家食盐走私的大环境以及四川盐业发展的背景下，四川私盐问题开始凸显。

第一节　清代盐业概况与全国私盐的泛滥

一　清代盐业概况

清代盐业不仅解决民众的淡食问题，也是国家税收的重要来源。

---

① 《两淮盐法志》（乾隆朝）序中记载："盐策之为额供也，居赋税之半。而两淮又居天下之半，两淮之盐法定，而天下之盐法准此矣。"

② 参看（清）葛士浚辑《皇朝经世文续编》卷43《户政二十·盐课二·论盐二》，清末铅印本。

整个清代,按制盐的材料来源主要分为三类,即海盐、池盐(湖盐)与井盐。海盐分布在黄海、渤海及东海流域附近地区,盐源主要来自海水,取材便利,为清朝社会最重要的产盐类型;池盐主要分布在河东(今山西)、陕甘地区,制作方式与海盐大致相同,但生产季节性较海盐强;井盐则分布在四川、云南两地,特点是取盐卤水不易,产量较低。盐源的取材不同,导致盐的制作方式及管理方法不同。

(一) 清代场产

盐产靠盐场来完成,清代全国盐产主要分布在十一个盐场区:

> 十一区者曰长芦,曰奉天,曰山东,曰两淮,曰浙江,曰福建,曰广东,曰四川,曰云南,曰河东,曰陕甘。长芦旧有二十场,后裁为八,行销直隶、河南两省。奉天旧有二十场,后分为九,及日本据金川八场,行销奉天、吉林、黑龙江三省。山东旧有十九场,后裁为八,行销山东、河南、江苏、安徽四省。两淮旧有三十场,后裁为二十三,行销江苏、安徽、江西、湖北、湖南、河南六省。浙江三十二场,其地分隶浙江、江苏,行销浙江、江苏、安徽、江西四省。福建十六场,行销福建、浙江两省;其在台湾者,尚有五场,行销本府,后入于日本。广东二十七场,行销广东、广西、福建、江西、湖南、云南、贵州七省。四川盐井产旺者,凡州县二十四,行销西藏及四川、湖南、湖北、贵州、云南、甘肃六省。云南盐井最著者二十六,行销本省。河东食盐分东、中、西三场,行销山西、河南、陕西三省。陕甘池盐最著者,曰花马大池,在甘肃灵州,行销陕西、甘肃两省。长芦、奉天、山东、两淮、浙江、福建、广东之盐出于海,四川、云南出于井,河东、陕甘出于池。其制法,海盐有煎、有晒,池盐皆晒,井盐皆煎。①

---

① (民国)赵尔巽等:《清史稿》卷123《食货志四·盐法》,中华书局1977年点校本,第3603—3604页。

从上述史料可以看出：清代盐产丰富，产盐范围较广，主要产盐类型有海盐、池盐及井盐，依据盐类不同，各盐区制盐之法也有所差异。这十一个盐区因海势、盐场变迁、井灶枯竭等因素不断井废池兴，盐场处在不断变化增减之中，如山东盐区在元明时期均有十九场，至康熙十六年（1677），裁并高家港、新镇、宁海、丰国、丰民、行村六场，归并王家冈等五场，还剩余八场。又如两淮盐区，清初共设三十场，分别归通州、淮安、泰州三分司管辖，[1] 其中，通州分司下辖丰利、马塘、掘港、石港、西亭、金沙、余西、余东、吕四九场；淮安分司下辖白驹、刘庄、伍佑、新兴、庙湾、莞渎、板浦、徐渎、临洪、兴庄十场；泰州分司下辖富安、安丰、梁垛、栟茶、角斜、东台、何垛、丁溪、草堰、小海十场，后为了生产管理的方便，将马塘场并入石港场、西亭场并入金沙场、余中场并入余西场、小海场并入丁溪场、白驹场并入草堰场、徐渎场并入板浦场、临洪与兴庄二场并入临兴场，两淮盐区最后为二十三场。四川盐区的盐场中心，由于盐井的自然属性和中国政治格局的演变，同样处于变化之中。

随着清朝复杂时局的不断变化，以及各产区自身条件的变动，各盐区行盐额度有所变更，但无论额行引数如何变换，海盐的重要性以及两淮盐区[2]的特殊性十分明显（见表1-1）。

表1-1　　　　　　　　　清代各盐区额行引数对照　　　　　　　单位：引（张）

盐区名	前清雍乾以前年额行引数	晚清年额行引数
长芦	正引：96万6046引	正引：66万2497引
山东	正引：46万3725引 票引：17万1240张	正引：40万500引 票引：17万1240张
河东	正引：42万6947引	正引：63万5839引

[1]　郭正忠主编：《中国盐业史》（古代编），人民出版社1997年版，第686页。

[2]　两淮盐区其产地居黄海之滨，位于江苏之通州、泰州、海州之地，销区范围包括江苏、安徽、江西、湖南、湖北的大部及河南的部分地区，总计二百余府县。无论是从产盐量，还是行销范围而言，在清代十一大盐区中，该区皆居首位。参见吴海波《两淮私盐与地方社会：1736—1861》，中华书局2018年版，第11页。

续表

盐区名	前清雍乾以前年额行引数	晚清年额行引数
两淮	纲食引:182万4339引	纲食引:108万2408引
两浙	正引:70万4699引 票引:10万0698张	正引:47万2517引
福建	正引:54万5062引 溢引:38万7423引	正引:34万7746引 溢引:8万5672引
两广	正引:60万5082引 改引:20万9457引	正引:60万5082引 改引:20万9457引
四川	水引:2万8833引 陆引:13万1288引	水引:3万0178引 陆引:13万8229引
云南	引纸:12万3687引	
陕甘	正引:11万2088引	

资料来源:林振翰撰《中国盐政纪要(上册)》第三篇《运销·行盐》,上海商务印书馆1930年铅印本。

表1-1中,就全国总体行盐数而言,乾隆时期是分水岭,乾隆以后,总体行盐数有所下滑,[①] 引数的下滑,并不影响两淮盐区盐引数始终占全国的三分之一以上,从销售量可以判断两淮盐区的盐产量及课额数在十一个盐区中遥遥领先,而陕甘盐区相对产量较低。两淮盐区的年课银230.9万余两,占全国一半有余,嘉庆时期,时任两江总督的陶澍便说"淮盐课额,甲于天下。他省或数万十数万,多者百余万。而淮盐以一隅抵数省之课,正杂各项数至七八百万两,款多额重"。[②] 因此,两淮之盐法定,而天下之盐法定矣。从表1-1还能看出,引数多销量大的主要为海盐,如两淮、长芦、两浙、福建、两广等地盐区;池盐次之,如河东、陕甘盐区;井盐最下,其代表区域是四川、云南,这与各种盐类的自然属性有关。

需要说明的是,上述额引只是在食盐专卖体制下,国家给予各盐区理论上的盐引配额,事实上,因为私盐的泛滥或其他原因,实际官方行盐引数常远不及该数。咸丰中叶,东南军务大兴,四川境内滇黔两省边

---

① 行盐引数的减少不代表产量的降低和需求量的减少。

② (清)陶澍:《陶文毅公全集》卷14《覆奏办理两淮盐务一时尚未得有把握折子》,1840年刻本。

岸废弛，销路疲滞，商多歇业，积引高达 8 万余张。道光十年（1830），两淮地区当行额引 180 余万引，而淮南仅销 50 万引，淮北销两万引，还有 130 万引的官盐滞销，造成国库的亏欠。清代，尤其是嘉道以后，各地积引充斥，这也是表 1-1 中部分地区行引数减少的缘故之一。

食盐制作方法的不同，导致各盐区在生产领域的管理有所差异。清代的食盐生产主要有煎、晒两种。据记载："长芦、奉天、山东、两淮、浙江、福建、广东之盐出于海，四川、云南出于井，河东、陕甘出于池。其制法，海盐有煎有晒，池盐皆晒，井盐皆煎。"[1] 为防止私盐的溢出，海盐盐区推行"保甲法"，完善从场官到保正、甲长、牌头的逐级管理稽查制度；清查盘铁、锅撇等制盐设备，将盐入垣；利用火伏法规定煎盐数额[2]。池盐在明代为官丁捞采，制盐盐丁系从蒲州、解州等附近州县编籍盐户中所征而来，入清以来，盐丁减少导致池盐生产困难，顺治六年（1649）推行"畦归商种"之法。以四川为代表的井盐产区，生产管理则较为复杂，后文专题论述。

（二）盐税

盐税是盐课与各种盐厘杂税的合称。道光以前，只有盐课一说，分为场课[3]与引课，至咸丰太平军兴，才加创盐厘以充军饷。盐税是清代政府财政收入的主要来源，在前期是仅次于田赋的第二大收入，到了后期，从宣统二年（1910）度支部的税收预算（见表 1-2）看出盐茶课税在事实上依然占据重要位置，且税收间接摊附在消费者身上，具有较强的隐蔽性，比征收田赋要快捷得多，就连嘉庆皇帝自己也承认"朕思

---

① （民国）赵尔巽等：《清史稿》卷 123《食货志四·盐法》，中华书局 1977 年点校本，第 3604 页。

② 清雍正五年（1727）两淮巡盐御史葛尔泰奏请实行的盐业管理法规，系一套稽查盐产、严禁私煎的规程。灶户起火煎盐，先申报灶头，由灶头向灶长领取印牌挂煎舍前备查。盐煎毕后印牌归还灶长，灶长将领牌于缴牌时刻登记在簿，按时到煎舍盘盐，在规定时间内若没有产出应有数量之盐，即认定有走私嫌疑，即报场官查究。参见宋良曦等主编《中国盐业史辞典》，上海辞书出版社 2010 年版，第 102—103 页。

③ 场课又有滩课、灶课、锅课、井课之分。

盐斤一项,虽亦出之于民,而与加赋稍异,盖所加无多,计每口食盐之费,岁只仅二分,于间阎生计不致"①,且每逢国家呕须用钱之际,国家及地方各级政府都会在盐税上做文章。以长芦盐区为例,嘉庆十四年(1809)南河大工,盐每斤加价两文,道光五年(1825),高堰大工复加价,然加价之后,税收积欠至数百万两,为改变此局,又以加价调解之。

表1-2　　　　　　　　清末盐课岁入与其他岁入的预算比较

税目	岁入额(万两)	所占比例(%)	备注
田赋	4616.5	17	临时岁入193万两
盐茶税	4631.2	17.1	茶税约100万两
官业收入	4660.1	17.2	
正杂各税	2616.4	9.6	
洋关税	3514	13	
常关税	699.1	3	临时岁入8000余两
厘捐	4318.8	16	
杂收入	1919.4	7.1	临时岁入1.6亿万两
合计	2.69755亿	100	

资料来源:赵尔巽等撰《清史稿》卷125《食货六》,中华书局1977年点校本。

历朝历代将食盐归为国家专卖的目的是为控制税收,保证国家的收入来源。据《清实录》记载:顺治朝前期岁入在200万两左右,后期基本达到270余万两,康熙朝保持在220万—400万两,至雍正朝时为380万—440万两。雍正以后《清实录》虽未再逐年记载,但通过相关史料仍可查看清代其他朝的盐课收入(见表1-3)。

表1-3　　　　　　　　乾隆朝至光绪朝部分年份盐课岁入

时间	盐课岁入(万两)	资料来源
乾隆十八年(1753)	701.4941	光绪《钦定大清会典事例》卷221
嘉庆五年(1800)	608.1517	光绪《钦定大清会典事例》卷221
嘉庆十七年(1812)	575.2645	《嘉庆十七年钱粮出入清单》

---

① (清)张茂炯等:《清盐法志》卷3《通例·征榷门》,1920年铅印本。

续表

时间	盐课岁入（万两）	资料来源
道光二十二年（1842）	498.1845	《石渠余纪》卷5
道光二十五年（1845）	507.4164	《石渠余纪》卷5
道光二十九年（1849）	498.5871	《石渠余纪》卷5
光绪十七年（1891）	739.8799	光绪《钦定大清会典事例》卷221
光绪二十年（1894）	673.7469	刘岳云：《光绪岁入总表》

资料来源：参见陈锋《清代的盐政与盐税》，武汉大学出版社2013年版。

　　盐课关乎国家命脉，自是重要。表1-3内盐课岁入数量看似不少，但事实上因为私盐的缘故，远未足额，尤其是在国内盐务极度败坏的清朝中后期。以道光年间的两淮课引为例，由于私盐的泛滥"两淮蹉务积重难返，从丙子纲起至乙酉纲止近十余载，无一纲畅销足额者"①，至道光九年（1829），两淮盐区在湖广销区所存余引达200万引之多，以当时月销之数为计，快者也要两年后方能销完。② 至道光十年（1830），淮南仅销50万引，亏历年课银5700万两，淮北销二万引，亏课银600万两，总计亏课银6300万两。③ 嘉庆十五年（1810），浙江运库垫缺银数仅50余万两，十年之后高达173余万两。

　　高额盐税通常被认为是私盐产生的直接诱因，但事实上应该说二者互为因果。食盐专卖为经营者带来高额利润，高额利润的终极目的是统治阶层通过经营者获取绝大部分利益，以保证国家机器正常运行，维护其有序治理。因此，盐的经营者与购买者必须无条件维护统治阶层的利益，这种维护的方式，便是直接或间接支付盐税。盐税在民间的大幅征收，以及盐本身的高额利润，不仅导致经营者为保证自身利

---

　　① 《奏报遵旨会同筹办淮南盐务事宜事》，道光七年二月十八日，中国第一历史档案馆藏，档案号：04-01-35-0504-048。

　　② 《奏为敬陈盐务经久之法事》，道光九年九月十二日，中国第一历史档案馆藏，档案号：03-3178-034。

　　③ （民国）赵尔巽等：《清史稿》卷123《食货志四·盐法》，中华书局1977年点校本，第3617页。

益不惜铤而走险贩卖私盐,而且也促使消费者有购买价格便宜的私盐之需求。私盐的大量买卖又导致官盐的滞销,官盐滞销、税收不及所带来的财政亏空,迫使掌管盐务的地方官员在政治利益的趋势下,加价征收税额,久而久之,循环往复,盐务疲敝,私盐泛滥。

二 清代全国私盐的泛滥

因盐受国家专营政策的制约,经由国家各个法定程序而最后进入消费领域的盐,人们惯称为"官盐"。反之,与其相悖而不符合官盐专卖以外的一切产、运、销之盐皆称为"私盐",并由国家制定相应盐法对其惩治和规避。众所周知,在整个社会运行过程中,无论法律如何完善,国家控制如何严密,社会运行的过程必然会导致冲突与犯罪,因此,自国家对食盐进行专营以来,私盐便开始了历史的出场,尤其到了清代,成为社会经济领域内的重要矛盾并与官盐不断冲突,而贩私的主体也因社会层级的不同,和社会有着各不相同的关系。在深入谈及四川私盐问题之前,有必要先了解清代整个私盐泛滥的史实。

清代私盐自雍乾时期开始发展,至嘉道时期"积弊日甚",到光绪以后"私盐愈甚"①。其范围之广,可谓包揽所有盐区,从两淮、两浙、福建、两广、山东、长芦等地的海盐,到河东、西北的池盐,再到四川、云南两地的井盐,只要是产盐之地,均无一例外地有私盐出现。

(一) 贩私数量

就其数量而言,因各种条件所限,到目前为止,很难有准确的数字统计。但根据各种史料记载,可以推测清代食盐走私范围之广、走私数量之巨,较为惊人。雍正时期的卢询指出:"今日私贩之卖私盐,盐商之夹带私盐,皆数倍于引盐数目。"② 道光十年(1830)十月二十

① (民国)林振翰:《中国盐政纪要》第一篇《沿革》,商务印书馆1930年铅印本,第6页。

② (清)卢询:《商盐加引减价疏》,参见《皇朝经世文编》卷49《户政》,1827年刻本。

一日，两淮盐政钟灵在奏折中提到："总计私盐倍于官额。"① 包世臣说："两淮纲食引地，无论城市村庄食（私）盐者什七八。"② 以研究中国盐业史的日本专家佐伯富的判断来概括的话，"在清代，人民食盐的消费量基本上有一半来自私盐"③。现代学者张小也也认为："清代的私盐量至少也和官盐持平，甚至经常超过官盐量。"④

上述言论亦可从道光元年（1821）至道光五年（1825），已被缉获的可由两淮盐区销至别处的私盐数量中窥见一斑（见表1-4）。该表内数据仅是道光元年至道光五年两淮地区已缴获私盐且档案保留至今的不完全统计，没被发现、没被查处、查处未上报的或上报尚未保存下来的私盐数据尚无法统计。但从该表中可以肯定的是，清代食盐走私数量不在少数。

表1-4　　　　道光元年至道光五年（1821—1825）两淮地区
缉获私盐数量统计

奏折时间及来源	地点	缉获盐斤数（万斤）
道光元年九月二十八日孙玉庭朱批折	海州谷庄庙	2.7
道光元年十一月二日孙玉庭朱批片	淮扬	8
	新坝河	1.05
道光元年十二月十二日孙玉庭朱批片	新坝河	1.852
道光二年三月十三日孙玉庭朱批片	扬州	8
道光二年六月十二日那彦成朱批片	庐陵	0.3
道光二年九月十六日孙玉庭朱批折	钱家集	4.6
	泰州营	1.6
	扬州营	1.7
	盐城营	0.2
	不详	0.89
	不详	0.44

---

① 《奏为私盐日充以致官引日滞已饬属堵缉走私要隘并会商疏良策等事》，道光十年十一月初三日，中国第一历史档案馆藏，档案号：03-4041-018。

② （清）包世臣：《安吴四种》卷5《小倦游阁杂说二》，1872年刻本。

③ ［日］佐伯富：《清代盐政之研究》，《盐业史研究》1994年第4期。

④ 张小也：《清代私盐问题研究》，社会科学文献出版社2001年版，第104页。

续表

奏折时间及来源	地点	缉获盐斤数（万斤）
道光二年九月三十日孙玉庭朱批折	沭阳	1.4
道光三年十月十五日孙玉庭朱批片	肖家河口	1.1585
道光三年十二月二十六日孙玉庭录副片	海州	10.2195
	钱家集	2.925
道光四年十一月十二日孙玉庭朱批片	海赣交界	0.7
		92 包
		2.21
道光五年二月九日魏元煜等录副折	赣榆县	1.285
	河南庄	0.93
道光五年十二月二十一日张师诚朱批折	亳州	1.8

资料来源:中国第一历史档案馆馆藏档案,《道光朝朱批奏折》(财经类·盐务项)。

不仅是上述被缴获私盐的数量记载能反映走私规模,私盐变价的数量也是另一种折射清代食盐走私情况的途径。清代盐法有明文规定,被缉获的私盐及贩私工具等,盐务机关有权处置变卖,变价后的银两用于充公和奖励有功的缉私人员。在乾隆朝的刑科题本中有这样一些"违禁类"资料,他们是各地盐务官员的专门题报,内容涉及当地每年缉获私盐并将盐斤、车船、头口等变价为银两的数量(见表1-5)。

表1-5　　　　　　　乾隆朝缉获私食盐变价统计　　　　　单位:两

时间　　　盐区	福建	长芦	山东	广东	河东	浙江	四川
乾隆四年	199						
乾隆七年				1010			
乾隆八年		179	171	1169			
乾隆九年	145				461		
乾隆十一年		53	38		1225		
乾隆十四年					146		
乾隆十五年				688			
乾隆十六年	61						

续表

盐区\时间	福建	长芦	山东	广东	河东	浙江	四川
乾隆十七年	68	106					
乾隆十八年		58	136		146		
乾隆十九年				793			
乾隆二十一年	74	122					
乾隆二十二年	116				214		
乾隆二十五年				1054			
乾隆二十六年	109	258		796			
乾隆二十七年				419			
乾隆二十九年	38			602	64		
乾隆三十年		116					
乾隆三十二年	371						
乾隆三十五年	71	94		145			
乾隆三十六年		121	2	461		874	
乾隆三十七年	109	16		40			
乾隆三十八年				1265	67		
乾隆三十九年	139	161	24		2	646	23
乾隆四十年				388			
乾隆四十三年		106	1	394			
乾隆四十五年				180			
乾隆四十八年	32	0	0.2				
乾隆四十九年	33						
乾隆五十年				181			
乾隆五十三年	4					485	
乾隆五十四年	0						
乾隆五十六年					9		
乾隆五十八年	0	1		229			
乾隆五十九年				218			

资料来源：中国第一历史档案馆馆藏档案，《刑科题本·违禁类》。

　　或因缉获时被私贩销毁证据，或因地方政府隐报不呈，或因报呈后中央政府遗失数据等各种原因，以上变价表内变价数量，不一定是乾隆朝时缉私数量的全部，但从被缉获的数量可以看出，走私不在小范围或小部分盐区，而是在全国范围内的众多盐区中进行。走私数量也因各盐区的具体情况差异而不同，在表 1－5 中明显看出，同期内广东的贩私数量明显高于其他盐区，这与广东当时商品经济较为发达，且有与外界方便贸易交往的优越地理位置等因素有关。而乾隆时期，四川盐区恰巧处于盐业发展的衰退阶段，盐井全面塌废，正常的官盐产量都难以保证，因而用于贩私的余盐较少。

　　对清朝政府而言，食盐走私已不是某地某盐区的社会疾瘤，而是整个社会运行中的失序状态所在。食盐走私范围广、数量大的普遍现象，之于清廷是涉及国家江山社稷的经济命脉问题，之于地方政府是如何进行社会治理维持社会有序运转的问题。"官"与"私"的对抗就在国家时局和地方政策不断变化的过程中互为消长。

　　（二）贩私形式

　　清代不仅走私范围广、走私数量大，私盐种类也较为多样，关于私盐的种类因地域差别及划分标准迥异而众说纷纭。如清人包世臣概括了十几种私盐类型：枭私、官商夹带之私、船私、潞私、川私、粤西粤东与闽私、芦私、浙私、漕私、公私等。① 李澄在《淮鹾备要》中将私盐主要分为四种：枭私、邻私、粮私与船私。② 民国盐务专家林振翰又将其概括为：场私、商私、船私、邻私、官私、军私、肩私、担私、包私、帮私及滩私等。③ 今人根据自己研究的视角不同，其分类也各有不同，如郭正忠主编的《中国盐业史》中将私盐分为：军私、官私、场私、船私、商私。研究清代私盐的专家张小也根据私之来源将私盐分为：灶私、商私、官员与兵弁之私、受雇参与运销盐斤的各类人员之私、枭私及漕私。④

①　（清）包世臣：《安吴四种》卷 3《中衢一勺·庚辰杂著五》，1872 年刻本。

②　（清）李澄：《淮鹾备要》卷 5《盐之害》，1823 年刻本。

③　（民国）林振翰：《中国盐政纪要》第三篇《运销·缉私》，商务印书馆 1930 年铅印本，第318 页。

④　张小也：《清代私盐问题研究》，社会科学文献出版社 2001 年版，第 64—103 页。

虽标准各异，但不难看出，官私、商私、枭私、船私、邻私、灶私（或称场私）等几种走私形式被普遍认同。官私，是指地方行政官员和盐务官兵（包括盐务官员和缉私兵役）凭借权柄，违反盐法而参与或纵容贩卖的食盐；商私，是指包括引商、场商、总商、散商等在内的各种盐商，利用被地方政府赋予贩卖官盐的特权，营私舞弊盗卖之食盐；枭私，是指盐枭凭借武装力量单独或伙同他人抢掠或违法偷卖之食盐；船私，以船为运输工具而走私的食盐；邻私：即违反盐法，违反划界行盐体制，越界销售之食盐；场私，又名灶私，即盐场灶丁利用产盐机会私煎私卖之食盐。①

在众多私盐类型中，危害性最大的当属枭私，既破坏社会正常运行的经济秩序，又破坏稳定的社会秩序。枭匪的复杂身份背景和枭匪的贩私手段，是影响整个社会秩序的不稳定因素。枭私与其他私盐类型有诸多不同，食盐的来源主要依靠抢劫、掠夺，尤其对正当盐商是极大威胁，枭私的销售价格尽管低廉，但其强买强卖的做法令岸商和百姓无可奈何，最令地方政府头痛的是枭匪与秘密社党关系紧密，以武力为后盾从事团体作案，难以进行社会控制。

（三）贩私主体

纵观古今人士对私盐形式的划分，缺乏统一标准，或以贩私工具分，或以贩私地域分，或以贩私主体分，虽是历史上的约定俗成，但时有交错难以分开，例如船私，如果贩私的主体是因公徇私的官员，那既可以认定其是船私，又可以划分为官私；再以邻私为例，如果贩私的主体是官员又可称为官私，如果主体是盐商便可认定为商私。总之，是各地根据该地的习惯称谓来划分私盐的类型，较为凌乱随意，分类缺乏逻辑思考，以此为依据探讨私盐，笔者以为不够科学，但又必须寻找一种切实有效的分类标准，因此，以贩私主体为标准对私盐进行分类研究较

为贴切。

关于清代历史上贩私主体的具体数量，今人无法考证，但遗留下的浩若烟海的文献资料告诉我们，贩私人员不在少数，从上层社会到底层社会，社会的各个层面，皆有贩私现象出现，具体而言主要有灶丁、盐商、盐枭、官员等贩私主体，各层级之人均有追逐高额盐利为目的的表象，都有破坏社会正常运行秩序的行为，但在表象下却隐藏着更深层的社会矛盾与地域差异。盐是静态的，人是鲜活的，只有在社会矛盾与地域差异下窥视的贩私主体，才是研究清代食盐走私的风向标，才能有助于立体地呈现出私盐与社会阶层、私盐与国家、私盐与地方社会的关系。以灶户贩私为例，浙江灶户与四川灶户的走私有着地域区别，浙江盐区为海盐，较易获取盐卤水，产量颇丰多有余盐，在盐商购盐能力及总量一定的情况下，多易滋生私盐，故时任浙江巡抚兼理盐政的李卫奏称："浙商资本微薄，非两淮富厚可比，既不能尽收灶煎之盐，灶户有盐余剩，安能禁其枵其腹以待而不肯售与私贩？"[①] 而四川为井盐，所产有限，且盐井易塌，风险极高，在商品经济欠发达的清代四川，灶户忙于私熬私售，与急于收回高昂成本、降低经营风险等不无关系。

总之，私盐的盛行是盐业失序的体现，私盐问题作为清季社会一个较为突出的顽疾，不单纯是经济问题，也是社会问题，贩私主体形色各异，各主体的贩私动机、手段具有差异性，要弄清清代社会私盐问题，必须先弄清各主体贩私的情况。

第二节　清代四川盐业概述与四川私盐问题的凸显

一　清代四川盐业概述

四川盐业，历史悠久。早在巴蜀时期，先民已开始利用自然盐泉

---

① 中国第一历史档案馆编：《雍正朝汉文朱批奏折汇编》（雍正五年八月二十二日），江苏古籍出版社 1991 年版。

及裸露地表的岩盐，秦统一巴蜀后，秦孝文王以李冰为蜀守，穿广都井盐，开启了井盐生产的历史。之后，井盐不断发展，冲击式顿钻凿技术的改革，促进宋庆历、皇祐年间"卓筒井"的产生，从而大幅提高盐产。至清代，制盐技术更加成熟，深井浓卤和高压天然气的开采，让川盐生产趋于稳定。

清代十一个盐区中，四川盐区的盐产量虽不及两淮等盐区，但作为全国最大的井盐产区，在经历清初的短暂修复之后，发挥着重要的经济作用。四川所产盐斤，除供给本省食用外，兼销贵州全省，滇北昭通、东川两府，以及湖北八州县。此外，在特殊时期，还发挥着重要的政治作用，清咸丰三年（1853），太平天国运动持续进行，太平军阻挡淮盐进入湖广地区，川盐税收不仅很大程度上解决了国家的军需费用，[①] 同时"川盐济楚"也解决了湘鄂人民苦于淡食的社会问题。

清代四川盐业总体较为复杂，经历了不同的发展阶段，盐场中心处于变化之中，食盐专营的运销方式也随着盐业的发展不断变革。

（一）清代川盐的发展阶段

清代川盐的发展大致经历了以下几个时期。

1. 清初的恢复期

经历明末清初战乱之后的四川盐业近乎瘫痪，盐灶百不存一，顺治初年，川民食盐尚仰赖河东（今山西），即所谓"国朝雍正初年，河东盐池犹岁办川盐五万席，运蜀行销"[②]。为恢复四川盐业，清初，政府对盐业采取极为宽缓的政策。在生产领域"任民自由开凿"，在运销领域"听民自买自卖，颇为简便"，在税收领域"蜀盐正课最轻"。因此，川盐得到了极大发展，康熙十年（1671），全川盐税收入

---

① 骆秉章在咸丰十一年（1861）《体察全局情形疏》中曾说："此近五六年，湖北、湖南饷源稍裕，实收蜀省盐厘之利"，又称："添兵募勇，费用不赀……筹饷之法，舍捐输厘金外，别无长策。"

② （清）王守基：《盐法议略》，中华书局1991年版，第67页。

为 10513 余两，① 至雍正年间，川盐年销量达 9227 余万斤，② 雍正八年（1730）税收已增加到 73330 余两。③ 此时的川盐产量不仅满足本省的用盐需求，还销往云南、贵州、湖北的部分地区。

2. 乾隆前中期的衰退

在经历了清初盐业的复苏之后，乾隆年间，全省盐产骤然下滑，四十余年中，川北、川东盐产中心井厂全面坍废，川南富顺厂亦引滞厂衰，历年引井课羡积欠至 20 余万两，出现蜀盐大困的局面，川盐陷入全面危机。④ 究其原因，以现代学者鲁子健先生看来，一是政策偏误，自然灾害频繁袭击，导致盐井少产坍塌；二是税率未因经济盛衰之差距而作相应调整，课税负担畸轻畸重，制约了射蓬、富顺等重点盐区的发展；三是引岸配置僵化、运道舍近就远，为潼引改配提供可乘之机。⑤

3. 林儁改革至嘉道年间的快速发展时期

乾隆四十一年（1776），林儁擢升为按察使司副使监理四川盐务，官盐茶驿道，后改为通省盐茶道，共掌管四川盐务十八年。在经历四川盐茶道林儁"听民穿井，永不加课"的盐务改革之后，四川盐业经历了一个飞速发展时期，不仅各盐产地的井眼及锅口数急剧增长，且三叠系嘉陵江石灰岩的黑卤和天然气被开发出来，凿井技术进一步提高，形成一套包括定井位、下石圈、凿大口、下木竹、凿小口的完整工序，以致"州县著名产盐者二十余处"，"大盐厂如犍富等县，灶户、佣作、商贩各项，每厂之人以数十万计。即沿边之大宁、开县等厂，众亦万计"⑥。道光十五年（1835），钻成世界第一口超千米深井——燊海井，道光末年，四川每年的引额是"行水引三万一百七十八张，陆引十三万

---

① （清）蔡毓荣修，龚懋熙纂：康熙《四川总志》卷 30《盐法》，1662—1772 年刻本。

② 张习：《四川盐务报告书》第 1 编，1912 年铅印本，载龙向洋主编《美国哈佛大学哈佛燕京图书馆藏民国文献丛刊》，广西师范大学出版社 2012 年版。

③ （清）丁宝桢等：《四川盐法志》卷 20《征榷一·引税》，1882 年刻本。

④ （清）丁宝桢等：《四川盐法志》卷 40《纪事》，1882 年刻本。

⑤ 参见鲁子健《古井沧桑话川盐》，四川出版集团、巴蜀书社 2010 年版，第 81—85 页。

⑥ （清）严如熤：《三省边防备览》卷 10《山货》，1830 年刻本。

八千二百二十九张"①，折盐三百九十五万余担（每担五十公斤），比雍正年间增长了三倍多。② 嘉道年间，课额亦大幅增长，嘉庆十七年（1812），"额征课羡共三十万六千零二十六两"③。

4. 咸同年间的顶峰时期

咸丰三年（1853），太平军兴，阻挡了淮盐在湖北、湖南的销售。为解决湖广人民淡食的问题，清政府命令从四川调拨食盐销往此地，便是历史上有名的"川盐济楚"事件。为满足所增加的湖北 32 县，湖南 6 县的食盐供销，四川盐业以超越以往任何时代的速度迅猛发展，属今自贡地区的富荣盐场是最大受益者，一跃成为川盐之首，该盐场仅直接或间接生产的盐业工人便高达数十万计。这一时期，由于钻井技术的增强，富荣盐场的千米深井大量涌现，加之黑卤和天然气的大规模开发，使盐产量迅速增加，出现"水丰火旺"的生产局面，咸同年间，单井日产总量可达 3 余万斤，到光绪三年（1877）时，仅富厂（今自贡市自流井、大安两区）一地"通年合算，每日产盐总在八十万斤"④，几乎与道光年间整个川盐产量相等。咸同时期（1851—1874），四川年征盐税约白银 200 余万两，⑤ 占全川财政收入的 40% 左右，超过田赋而居省财政收入之首。

5. 晚清四川盐务的改革时期

在经历"川盐济楚"事件后，楚岸遍销川盐，其原有淮盐销岸均被川盐占据。根据清代盐法，川盐济楚实为战乱时期的权宜之计，楚岸为两淮盐区的重要销岸，"两淮盐赋甲天下，而取于湖北者常半"⑥，

---

① 丁宝桢：《四川盐法志》卷23《征榷四·积欠》，1882 年刻本。

② 据《四川盐法志》卷18《转运八·官运上》对雍正朝的盐引数记载："查川省产盐之厅、州、县、卫共五处，不产盐之厅、州、县、卫共八十三处，每岁计行销水陆二引共三万八千三百一十一张。"

③ （清）丁宝桢等：《四川盐法志》卷22《征榷三·纳解》，1882 年刻本。

④ （清）丁宝桢等：《四川盐法志》卷24《征榷五·票厘》，1882 年刻本。

⑤ （清）王守基：《盐法议略》，中华书局 1991 年版，第 77 页。

⑥ （清）丁宝桢等：《四川盐法志》卷11《转运六·济楚上》，1882 年刻本。

故平息太平军，恢复长江沿线统治之后，朝廷内部及两淮盐商立即要求归复楚岸"禁川复淮"。"川盐济楚"前，四川盐政已凸显出诸多积弊，而太平军的兴起，转移了清政府及四川盐务工作的重心问题，盐政积弊不但未得到解决反而累积加深，尤其是滇黔边岸"被兵既久，户口凋残，土田荒废，各岸店房器具久已荡然无存，旧商多已绝亡，间有存者，亦因失业多年，贫困无力"，各口岸私枭充斥，旧商已无行盐之力，官引仅主要靠楚岸行销。而"禁川复淮"之举，尚要终结川盐在楚岸的良好销售态势，改变四川官盐在滇黔岸本已举步维艰的销售格局，牺牲社会各阶层众多人士的利益，这为本来就弊端重重的四川盐务，更平添了几分发展难度。因此，迫于复淮情势，四川总督丁宝桢不得不走上大刀阔斧改革盐务的道路。

丁宝桢盐务改革从 1877 年始至 1886 年止，改革的重心是改"官督商销"模式为"官运商销"模式。改革大致分为三阶段，第一阶段，开办黔边官运；第二阶段，开办滇边官运；第三阶段，开办湖北计岸官运。在改革内容上主要包括以下几方面：一、建立机构，组织官运引盐的采购、运输批发业务；二、改革征榷方法，裁革陋规浮费；三、清理积引，融通畅滞，调剂场岸供求；四、整顿运务，治理航道。① 此改革，对于积弊重重的四川盐业有一定积极作用，解决了以前滇黔销区民众食盐的困难，保证了国家税收。光绪末年，全国盐税收入为 2400 余万两，占全国财政收入的 12% 左右，② 而四川盐税收入达 542 余万两，占全国盐税收入的 22.58%，宣统三年（1911）竟高达 630 余万两，③ 为田赋的 1.46 倍。

（二）盐场与盐产

在经历清初盐业的逐步恢复之后，四川盐场扩大至富顺、荣县、

---

① 参见鲁子健《古井沧桑话川盐》，四川出版集团、巴蜀书社 2010 年版，第 121—124 页。

② （民国）赵尔巽等：《清史稿》卷 123《食货志四·盐法》，中华书局 1977 年点校本，第 3606—3607 页。

③ （民国）周询：《蜀海丛谈》卷 1《制度类上·盐税》，巴蜀书社 1986 年点校本，第 22 页。

威远、犍为、乐山、井研、仁寿、资州、资阳、简州、盐源、大宁、
云阳、开县、彭水、奉节、忠州、中江、南充、蓬溪、射洪、遂宁、
三台、南部、阆中、乐至、安岳、大足、绵州、西充、盐亭、荣昌、
合州、铜梁、涪州、江安、内江、城口、大竹、万县 40 个州县，逐渐
形成了福兴（西充、南部县境内）、华池（射洪、蓬溪县境内）、富义
（富顺、荣县境内）、云安（云阳、大宁县境内）、永通（犍为、乐山
县境内）五大主要盐厂。①

这些盐场在清代的兴衰更替各有不同。清初战乱平定后，四川
地方政府为恢复盐业而鼓励生产，由于潼川府属射洪、蓬溪等县储
藏大量易于开采的浅层盐卤资源，射蓬地区盐业迅速发展，居川盐
之首，康熙二十五年（1686），射洪县已有井 306 眼，蓬溪县有井
141 眼。② 雍正时期，该地区盐业全面兴盛，至雍正八年（1730），射
洪县有盐井 2319 眼，蓬溪县有盐井 796 眼，③ 共有盐井 3115 口，④ 以
洋溪镇、瞿家河、金山场、青岗坝等地井灶为盛。射洪每年额销黔
引 1539 张，蓬溪为 334 张，占销黔川盐的 31.77%。⑤ 乾隆后期，因
自然原因等多种因素，射蓬地区多数塌废，逐步衰落，犍为地区渐渐
兴起。

面对日趋衰退的盐业，乾隆四十一年（1776），经盐茶道林儁
"听民穿井，永不加课"的改革之后，盐民积极性大涨，犍乐地区开
淘旧井，穿凿新井，五通桥及牛华溪盐业，不断发展，当时"筒井嘉
定府犍为县五洞桥之永通厂今为最盛，不下万井"⑥，逐渐超过了金石
井、永通井、马踏槽井、下海井等一批老盐井，取代了磨池、梅旺、

---

① （清）丁宝桢等：《四川盐法志》卷 5《井厂五·沿革下》，1882 年刻本。

② （清）陈梦雷等：《古今图书集成》卷 692，台湾学生书局 1989 年版。

③ （清）丁宝桢等：《四川盐法志》卷 10《转运五·贵州边岸》，1882 年刻本。

④ 阿麟：《新修潼州府志》之《食货志二》，载宋良曦、钟长永《川盐史论》，四川人民
出版社 1990 年版，第 10 页。

⑤ （清）丁宝桢等：《四川盐法志》卷 5《井厂五·沿革下》，1882 年刻本。

⑥ （清）范锴：《花笑庼杂笔》卷 1《蜀中水火油井四则》，1850 年刻本。

王村、马踏、三江、瓦浔、金石等老产场，实现了产盐区的重心转移，至嘉道年间，所有盐产地的井眼和锅口数骤增，随着凿井技术的进一步增强，盐井的开凿能"自百数十丈至三四百丈"①。康熙二十六年至五十七年（1687—1718），开盐井 529 眼，煎锅 594 口，共征银 1650 两，② 到嘉庆十九年（1814），已有上中下盐井 1106 眼，煎锅 1654 口。③ 可见，经过林儁改革之后，嘉道年间，犍乐盐业步入鼎盛时期，超过射蓬盐场而居川盐之首。"方兴之初，潼川之射洪、蓬溪最旺，犍乐、富荣次之，其余各井又次之。不数十年，射蓬即衰歇，反以犍富为上……乐山盐由牛华溪入大江，犍为盐由五通桥入大江，均至四望关通判点验放行，顺江东运。"④ 犍盐在质量上优于淮盐与其他川盐，价格较其他川盐便宜，⑤ 因而逐步取代射蓬盐在黔边岸和云安盐在楚计岸的销售，嘉庆年间，犍乐地区的销盐额占全川引数的四分之一，为防止盐井坍塌，保证盐产恒定，永通厂除大量开发深层卤水外，还创新补井技术，延长了开采周期。加之新的地下资源被发现以及大规模使用天然气煮盐，道光末年的犍盐产量比雍正年间增长了三倍多。

咸丰三年（1853）始，因太平军一事，促进了富荣厂的发展，富荣厂凭借"水丰火旺"的条件，一跃成为川盐之首，涌现出了以磨子井、海顺井、双福井等为代表的高产气盐井。

磨子井刚钻成时日产气 5 万多立方米，经二十年后仍可烧锅 400 余口，有"火井王"之称，海顺井则可烧锅 700 余口（约

---

① （清）严如熤：《三省边防备览》卷 10《山货》，1830 年刻本。

② （民国）陈谦等修，罗绶香等纂：《犍为县志·盐务志》，1937 年铅印本。

③ （清）王梦庚等辑：嘉庆《犍为县志》卷 4《食货》，1814 年刻本。

④ （清）王守基：《盐法议略》，中华书局 1991 年版。

⑤ 据《四川盐法志》卷 8《转运三·湖北八州县计岸》记载"询绅耆乡民，皆称犍盐味咸，凡食宁盐十文，犍盐只需六、七文。"

75000m³/日），德成井水气同采，日产气 5 万多立方米，卤水 1000 余担，双福井亦日产卤水 1000 余担。①

由于清初大乱，川盐各产区少富商大户，因此，井商、行商和包括自己认领窝引并从事销售的引商，在四川逐步由本土富户向客籍商人转化，发展成为以秦、晋、徽商，尤以秦商为主的商盐财团。清中叶以后，官督商销的专营形式，使"富甲全川"的盐商相继出现，特别是在富荣、犍乐、射蓬、云安等主要产区，出现了资力雄厚的盐业家族和商盐财团，以富荣盐场为例"巨金业盐者数百家"②，其中，王、李、胡、颜四姓又是这数百家中最为富有的盐业家族。王氏家族的"三畏堂"在鼎盛时期，拥有黄黑卤井数十眼，推水牛只达 1230 头，日产卤水 1500 担左右。各灶天然气锅口达 700 余口，日产花盐 96000 余斤。其独家经营的大通笕，分设上、中、下三塘，上下塘进卤，中塘出卤，日过卤水千余担。三畏堂总部设在金丰井，其掌柜、职员有 200 多人，常年雇用的工人达 1200 余人。③又如河南籍人李氏，该家族的"四友堂"在其黄金时期，拥有资本达百万两银子以上，拥有水火井 100 余眼，火圈 800 余口，先后创办大生笕、卿云笕，日过卤水 3000 余担，仅挑水工就达千余人之多，仅次于"王三畏堂"④。

（三）盐的运销

周庆云《盐法通志》云："古今运制，有官运、商运、民运之别，有官收商运、官运商销之分，或一代分更，或一省并举，端绪繁赜，

---

①　（清）李榕：《十三峰书屋全集》卷 1《自流井记》，1890 年刻本。

②　（清）李榕：《十三峰书屋全集》卷 1《自流井记》，1890 年刻本。

③　参见《自流井王三畏堂兴亡纪要》，载《自贡文史资料选辑》第 1—5 辑合订本，四川省自贡市委员会文史资料委员会 1982 年版。

④　参见《自流井李四友堂由发轫到衰亡》，《自贡文史资料选辑》第 6—10 辑合订本，四川省自贡市委员会文史资料委员会 1982 年版。

划一良难。"① 就清季四川而言，盐的运销主要有民运民销、官督商销与官运商销三种形式。

1. 民运民销

明末清初，张献忠由东北入川，所过屠戮，民无孑遗，经历战乱后的四川盐业，更是井灶废圮，灶户寥寥无几。清初，就整个大的国家盐务政策而言是袭明之制，但对四川来说，用纲盐法按井派引，依引定课，难以实施，故改行小票，由民运销。②

民运民销法是指由四川布政司填发盐票，商贩凭盐票到场购盐后在附近区域售卖食盐的方式。③ 票盐制度的产生是源于四川井盐业尚在恢复，生产规模小，盐产量低且人口少、需求小。该法主要用于清初四川地区及清代后期四川的部分"归丁州县"④。顺治八年（1651），四川全省共销票盐4940张，每包净重100斤。⑤ 到顺治中期，始行票7220张，水引每张配盐50包，陆引每张配盐4包，每包均重150斤。康熙中期，增行水陆盐引，共42557张。⑥ 乾隆三十六年（1771），阿尔泰奏请改票为引，但票商并未消失，反因引商的有税价高之盐滞销而更加活跃，计岸因此被票商占领，地方政府为保证税收，将引税摊入地丁征收，听任票商运销，这种改变盐税征收方式听任票商贩盐的地方被称为"归丁州县"。道光三十年（1850），四川31州县因盐商逃亡"贫困无人接充，听民在附近场灶买食"⑦，便正式划为"归丁州县"。

---

① （清）周庆云：《盐法通志》卷55《转运一》，文明书局1914年铅印本。

② 当时，四川盐产地在川东只有万县、云阳、大宁、太平、忠州、彭水，在川南只有富顺、犍为，在川北只有潼川所属及阆中等地，张习也在《四川盐务报告书》中等道：满清开国之初，推行盐票。彼时本省大乱甫定，户口凋零，滇黔尚未肃清，道路梗塞，年仅行票四千九百四十张。由布政司刊刷发商，销盐有限，征课有限。

③ 参看丁宝桢《四川盐法志》卷16《引票一·颁行》，1882年刻本。

④ 归丁州县，即是指将引税摊入地丁征收，听任票贩运销食盐的厅州县等。

⑤ 参看葛士浚辑《皇朝经世文编》卷50《户政》，清末铅印本。

⑥ 参看周询《蜀海丛谈》，巴蜀书社1986年版，第18—19页。

⑦ （清）张茂炯等：《清盐法志》卷253《运销门·票盐》，1920年铅印本。

民运民销制度一直贯穿在清季四川盐政之中，特点是便于民众生活，相对引盐而言量小、成本低、经营灵活。如果说票盐的兴起是与四川盐业的凋敝有关，那么在"改票为引"后能持续存在则是由于四川盐业的兴旺和私盐的激增所致。

2. 官督商销

官督商销是清代食盐运销的主要形式，政府利用商人资本代行运销业务而承包课税的专卖形式，借商人资本和经营能力以规避经营风险，从而保证国家对盐的绝对掌控和对盐利的攫取。简言之，就是政府控制食盐专卖权，招商认引，按引领盐，划界行销，承包课税，并设立相关的盐政衙门，对商人的纳课、领引、配盐、运销进行管理稽查。[①] 具体操作方式是：盐商通过向政府缴纳巨资占窝（或称认窝），以取得相当于专卖运销凭证的盐引（或称窝产），盐商取得专卖权后按年领购盐引，即享有对食盐一定贩运规模（引额）和固定销地（引岸）的经营独占权，同时向国家缴纳税收。在四川，惯常先由地方政府招募"殷实富户"充当引商认窝请引，赋予运贩食盐的特权，这些人被称为"坐商""本商"或"引商"，雍乾年间，四川人口的骤增造成食盐流通规模的扩大，引商无力独自完成运销的全部流程，便让渡窝引的专卖权，招募运商承担运销业务，坐享引息岸租窝利，最后由行商（运商或号商）完成销售。行商租引，除向引商缴纳一定租息外，还需负担引盐一切课税，课税由行商先交给引商，由引商再交给官府，一般情况下，引商会通过预扣引费的形式保证税收，但随着清政府盐务管理的疏忽，引商往往私自挪用，因此，便有拖欠课税的现象。

私盐需在运销领域实现其经济价值，因为地方政府对行商行盐的监控，存在诸多困难，主要是各行商承引资力与对销岸独占的规模不一，出现"引碎商散"的局面，加之行商的客籍化，地方政府对销引课征的考成管理带来相当难度，于是采取组纲行盐之法。纲，即商帮行引的联

---

① 陈锋：《清代盐政与盐税》，武汉大学出版社 2013 年版，第 121 页。

营组织,"组纲行盐"用鲁子健先生的话来讲,即政府集一定规模的商帮引额,编列纲名,有组织按秩序轮纲循运。商纲组建,实行滚总办法,称"滚总结纲"。每纲设有纲首(或称总商),由"资重引多"而"德行端正,诸事练达"者轮充、公举,甚或由政府指派,各散行商必须依附于某纲首名下,取具纲首保结,报经盐务部门备案后,方能按所认引额贩运食盐。通过层级管理的方式,国家一方面将盐的运销牢牢掌控,盐务部门通过对纲首的管理,控制税收,在四川地区,由纲首作为承税法人,纲首通过掌握纲盐引,统一收取引费,预扣课款,"商运行盐,必先向坐商租引,然后赴井厂配盐。每引一张,十余两、二十余两不等,由总商租收,作为课税羡截、领缴引费及地方官吏委员提课规费、商局公费;下余之数,不过二两,由商总分交各坐商,谓之引底"。可见,纲首代行了盐官的部分职权,在某种程度上半官半商,必要的时候成为国家的代言人,以权柄挟制众商。另一方面当国家利益与其自身利益冲突之时,又摇身一变,以商人的身份代表众商参议盐政,并维护该群体的利益。

在官督商销的专营模式下,国家与商人之间,既共生又矛盾。国家通过此方式规避经营风险,坐收盐之大利,保证国家的税收来源,但同时官商间又有利害关系的冲突,商人以国家赋予的专卖特权,实施走私的不法行为。乾嘉以后,随着四川地区其他走私形式的充斥,行商疲竭,官督商销之法渐趋衰落。

3. 官运商销

随着"川盐济楚"事件的告一段落,以及边岸销售的极度疲敝,[①]为解决四川盐务弊政,光绪三年(1877),四川总督丁宝桢,在四川推行官运商销的管理模式,改革配购和运输环节,由官运替代商运。该政策主要在近乎废弛的滇黔边岸施行,后又相继在湖北及四川省内

---

① 据《四川盐法志》卷13《转运八·官运上》记载:"至现在川中边引积至八万七千有奇,为完羡截一百三十六万六千余两。"

各计岸进行改革，设立官引局领引发销，同时，在本省计岸推行票盐之法。丁氏首先下令成立盐务总局，履行盐茶道或盐运司的职责，负责盐引的配购、运输、盐本的核算及与朝廷的联络等事宜；然后，在总局之下设分局，主管稽查、盘验、缉私、人事等。具体操作流程是：官运厂局购盐、官运岸局发盐、各岸岸商认引贩盐、总局核算成本。官运废除窝引世袭，由官局删改纲册补偿给引商底银，收回盐岸，统归总局按额配运，岸商行贩改用双联票根票纸以备沿途点验。官运商销的实施，使清末盐税增长了五倍，与两淮盐区相差无几。

官运商销实行的初衷是为挽救当时四川盐务疲敝的时局，也起到了统核税费、以轻成本、融通畅滞、调剂场岸供求的作用，尤其是解决了先前商运之时，边远岸区无人认引贩卖的困境，保证了官盐在该地的畅通，强化了国家对食盐的掌控。遗憾的是，丁宝桢官运商销的改革，依然没能阻挡川私的步伐，在遏制旧有贩私形式之时，私盐又以新的形式展开与官盐的博弈。

二　清代四川私盐问题的凸显

"川省盐务之弊，甲与各省"①，盐务之弊的重要表现之一即是私盐问题。四川私盐的出现有地理原因，井灶散落于深山密林处不便稽查，在地理位置上"北接汉中，南通滇黔，东流水路下楚，西抵西藏松炉，关隘甚多而设盘验之处甚少，是以私贩夹带，肆行无忌"②；有经济原因，川盐产运销及税收制度中的自身缺陷，亦为贩私的产生提供了机会和动机；也有社会原因，社会各阶层的人用不同手段去追逐高额盐利，不惜违反盐法贩卖私盐；还有政治原因，清代是政治环境极为复杂的朝代，内忧外患的种种政治事件，使中央政府及各级地方政府不惜用各种手段获取财力以稳固统治，盐税作为保障国家机器正

① （清）丁宝桢等：《四川盐法志》卷33《缉私二·关隘》，1882年刻本。
② （清）丁宝桢等：《四川盐法志》卷33《缉私二·关隘》，1882年刻本。

常运转的重要经济支撑,自然地位非同,各种捐输、摊派的出现,客观上刺激了私盐的产生。清代四川私盐的出现,有着错综复杂的原因与过程,后几章内容将分门别类地予以阐述。

清代私盐的出现并非偶然为之,也非清朝一代的产物,自汉代立盐法以来,四川地区的食盐便"官""私"相伴,因陈相袭。对于私盐的出现,历任地方政府均通过盐法委派相关机构及人员加以控制、干预,但任何一代封建政权都从未将私盐真正禁绝。因私盐史具有延续性,为更好地了解四川清代私盐问题,先简要回顾四川历史上的私盐及盐法大致的发展历程。

(一) 清代以前历史上的四川私盐问题及盐法

1. 汉代

《华阳国志·蜀志》记载:"周灭以后,秦孝文王以李冰为蜀守。冰能知天文地理……又识齐水脉,穿广都盐井、诸陂池。蜀于是盛有养生之饶焉。"① 四川井盐生产的历史自此开始。直到汉武帝元狩四年(公元前119),汉武帝立盐法,沿袭管子所创专卖制,盐的产销皆由国家控制,严禁私煮私卖,从此盐便有官私之分。至汉昭帝始元六年(公元前81),桓宽的《盐铁论》进一步确立了国家对盐的控制,再次以合理的缘由将私盐推到了公盐的对立面。并明文规定"敢私铸铁器煮盐者,钛左趾,没入其器物"②。

2. 唐代

隋开皇三年(583)至唐开元九年(721),听民采盐,无明文征税规定。唐开元十年(722)左右始征税,行榷盐法,重新恢复国家对盐的专卖,至此,四川私盐又开始盛行,尤其川东一带,不少妇女都参与贩卖私盐。杜甫在永泰元年(765)秋到云安(今云阳)时在《十二月一日三首》中写道:"负盐出井此溪女,打鼓发船何郡郎",

---

① (东晋)常璩:《华阳国志》卷3《蜀志》,齐鲁书社2010年点校本,第30—31页。
② (汉)司马迁:《史记》卷30《平准书第八》,中华书局2011年版,第1321页。

次年到夔州时又作诗《负薪行》，用诗句"筋力登危集市门，死生射利兼盐井"描写妇女冒死贩卖私盐的场景，足见私盐在唐代四川的流行。

对于私盐的惩治，唐代并无统一盐法，都是根据需要不断变动。第五琦立盐法，就山海井灶收榷其盐，盗煮私市者，论罪有差。① 贞元中（785—805），虽未专门针对川盐列法，但各地对私盐的执法均依据对池盐的相关盐法来裁定，"盗鬻两池盐一石者死"，至元和中（806—821），"减死流天德五城，铺奏，论死如初。一斗以上杖背，没其车驴，能捕斗盐者赏千钱……盗刮碱土一斗，比盐一升"。此时期，不仅对私贩惩治严厉，对缉私人员的要求亦甚高，"节度观察使以判官、州以司录录事参军察私盐，漏一石以上罚课料；鬻两池盐者，坊市居邸主人、市侩皆论坐"。宣宗即位，"茶、盐之法益密……兵部侍郎、判度支周墀又言，两池盐盗贩者，迹其居处，保、社按罪。鬻五石，市二石，亭户盗粜二石，皆死"。②

3. 宋代

宋代四川盐业因卓筒井的问世而取得巨大发展。同时"蜀盐私贩者众，禁不能止"。③ 北宋元丰三年（1080）时，益、梓、利、夔四路共有盐井 632 眼，岁产盐 323382 石④。到南宋绍兴二年（1132），四川四路共三十州有盐井计达 4900 余井，岁产盐 6000 余万斤⑤。而当时的卓筒井多系民间私井，实际的井数和产盐数大大超过以上的统计。所以宋良曦先生认为："宋代四川盐业发展的主要内涵是私井和私盐的发展。私井所产食盐由井户私自出售，以私盐形式流入市场。卓筒

---

① （后晋）刘昫等：《旧唐书》卷 123《第五琦传》，中华书局 1975 年点校本，第 3517 页。

② （宋）欧阳修、宋祁等：《新唐书》卷 54《食货志四》，中华书局 1975 年点校本，第 1379、1380 页。

③ （元）脱脱等：《宋史》卷 183《食货志下五》，中华书局 2011 年点校本，第 4474 页。

④ （元）脱脱等：《宋史》卷 183《食货志下五》，中华书局 2011 年点校本，第 4471 页。

⑤ （元）马端临：《文献通考》卷 16《征榷考三》，中华书局 2011 年点校本，第 471 页。

井的开凿,'小井白盐'的生产和销售,打破了宋政府对四川盐业的垄断和控制。"①

宋建隆二年(961),始定官盐阑入法,禁地贸易至十斤,鬻糶盐至三斤者乃坐死,民所受蚕盐以入城市三十斤以上者,上请。第二年,即建隆三年(962),增阑入至三十斤,鬻糶至十斤坐死。自乾德四年(966)后,刑罚继续出现减轻的趋势,每诏优宽。太平兴国二年(977),乃诏阑入至二百斤以上,鬻糶及主吏盗贩至百斤以上,并鲸面送阙下,雍熙四年(987),诏犯者自一斤论罪有差,五十斤加役流,百斤以上部送阙下,至淳化五年(994),改前所犯者止配本州牢城,代州宝兴军之民私市契丹骨堆渡及桃山盐。②

4. 元明两代

元明两代四川私盐问题仍居高不下。元代走私的社会阶层从普通百姓到上流社会皆"煎贩私盐",据史料记载,襄汉流民聚居绍熙府(清代四川荣县)一带"私开盐井,自相部署"至数千户。③元代在前代基础上加重相应盐法规避制止私盐的加剧。《元史》中对此有详细记载:诸犯私盐者,杖七十,徒二年,财产一半没官,于没物内一半付告人充赏。盐货犯界者,减私盐罪一等。犯私盐及犯罪断后,发盐场充盐夫,戴镣居役,役满放还。诸私盐再犯,加等断徒如初犯,三犯杖断同再犯,流远,妇人免徒,其博易诸物,不论巨细,科全罪。诸捕获私盐,止理见发之家,勿听攀指平民。有榷货,无犯人,以榷货解官;无榷货,有犯人,勿问。

明代之初,"盐务整然有序,其利甚厚",然中叶以后,"宫中大官与奸商相结讬,买余盐、残盐,以占巨利",故"官盐不能行销,

---

① 宋良曦、钟长永:《川盐史论》,四川人民出版社1990年版,第245页。

② (元)脱脱等:《宋史》卷181《食货志下三》,中华书局2011年点校本,第4415页。

③ (明)宋濂等:《元史》卷190《瞻思传》,中华书局1976年点校本,第4352页。

盐法渐乱"①，以致"商引壅滞"，而后"盐政弊坏，由陈乞者众，因而私贩数倍"②，加之"蜀盐制作精美，常私贩于荆襄各郡……虽厉禁不能止"。明代，"天下私贩盐徒，其多官商几倍；天下所食私盐，其多官盐几倍"③。因此，明代朱元璋在1361年所制《盐法》的基础上，又出台系列《盐引条例》以加强社会控制。④

（二）清代四川私盐问题的加剧

自食盐专营以来，私盐从未断绝，统治阶层与贩私者的不断博弈，终究未能终止私盐的产生，不仅如此，清代四川私盐问题因清代特殊的社会环境更有凸显之趋势。清代四川私盐问题的加剧，经历了一个发展历程。

清朝成立之初，"井圮灶废，军少田荒，百不存一"，川民食盐问题曾一度靠山西运城之盐救济，在四川经济面临如此困境之时，巡按赵班玺于顺治六年（1649）奏请"一应课税，俱免开征"，以此招抚残民煎盐开荒，一年之间"保宁、顺庆、潼川所属，淘浚盐井一百八十九眼，招徕灶丁一百八十八名"⑤。到顺治十七年（1660）时，更多盐户投入到盐井的开凿之中，四川巡抚张所志向清廷奏称：盐户开凿盐井成功出卤后三年开始征税，课税的等级依据盐源的盈朒与盐卤的厚薄而定。至雍正十二年（1734）时，盐业恢复较好，以致四川总督黄廷桂与巡抚宪德奏请"盐井见咸即课，亦勿得尽俟三年"。"见咸即课"的政策固然让四川财政收入骤增，因盐井易衰

---

① （民国）吴兆莘：《中国税制史（上册）》，上海书店1984年影印本，第149—150页。

② （清）刘锦藻：《清朝续文献通考》卷40《征榷考十二·盐法》，商务印书馆1936年铅印本。

③ （明）陈子龙等：《明经世文编》卷419，中华书局1962年影印本。

④ 明代对贩私的惩罚主要有：凡犯私盐者杖一百，徒三年，有军器者加一等，诬指平人者，加三等，拒捕者，斩。盐货车船头匹并入官，引领牙人及窝藏寄顿者，杖九十，徒二年半。挑担驮载者，杖八十，徒二年。非应捕人告获者，就将所获私盐给付告人充赏。有能自首者，免罪，一体给赏。若事发，止理见获人盐，当该官司不许辗转攀指，违者，以故入人罪论。凡盐场灶丁人等，除正额盐外夹带余盐出场，及私煎货卖者同私盐法。

⑤ 《顺治六年整饬盐务课税题本》，叶志如整理并刊发于《历史档案》1984年第2期。

竭的自然属性，该政策对即便衰竭的盐井照常纳课，使得刚刚复苏的四川盐业受到致命打击，盐户开凿新井的积极性受挫。到乾隆四十一年（1776）林儁出任四川盐茶道以前，出现了"蜀盐大困"的局面，四川各处盐井衰竭，盐户拖欠课税，积欠达十余万两。从清王朝建立到乾隆四十九年以前，四川盐业经历了起伏阶段，盐业从近乎废弃的状态到复苏，再到衰退。这一时期，私盐固然存在，但因盐产量较低，走私的规模有限，私盐问题还未成为清代四川盐政中的主要问题。

嘉道以后，随着井灶的大量开凿，食盐产量迅猛增加，私盐在市场上广为流通。通过被缉获的私盐数量发现，每次"私盐出境少者数十斤，多者数十挑或二三百挑，成群结队，殊骇所闻"，从贩私人数而言，"挑卖数十斤盐，聊为糊口之计。窃以重庆一府计之，商人不过数十户，而赖盐以生者，不下十余万人"①。如此庞大的贩私队伍，致使清政府划分的川省引岸"私贩充斥，几成废弃"②。

枭私问题是盐政管理中较为棘手的问题。食盐流通领域的犯罪，除了商私、担私、船私等外，枭私历来是盐法规避的重点，盐枭则是重点惩治的对象，枭私是指盐枭凭借武装力量单独或伙同他人抢掠或违法偷卖之食盐，那么盐枭则是从事枭私犯罪的主体，"以其剽鸷，而谓之枭"③。清代四川，"枭徒白昼聚党，千百为群，抢夺盐店"④的行为时有发生，道光年间，"私枭拥众率领啯匪，各执枪炮，数百余人大伙兴贩，霸据引岸，敢于并兵迎敌，全无顾忌"⑤。同治初年"私贩黄金三等倡率党羽，斩关夺门，抗不纳厘。由自流井运盐至牛

①　（清）丁宝桢等：《四川盐法志》卷22《征榷三·纳解》，1882年刻本。

②　（清）唐炯：《四川官运盐案类编》卷2《戊寅纲》，1881年刻本。

③　（清）谢开宠：《两淮盐法志》卷155《杂纪门·艺文》，台湾学生书局1966年版。

④　《仁宗睿皇帝实录》卷312《嘉庆八年四月下》，中华书局2008年影印本，第30646页。

⑤　（嘉庆）《重庆府扎发告示严禁盐枭匪徒扰害以靖地方事》，四川省档案馆藏，档案号：6-03-00125。

腹渡，顺流而下，船经城外，弹子飞落城中。后愈猖獗，劫掠富户，掳取财务，官兵不敢过问。"① 且从丁宝桢以下的奏陈中看出晚清盐枭的猖獗程度，盐枭与会党并为蜀中两大"匪患"，且在川东一带二者相互交错，盐枭伙同啯匪，势渐不可制，重庆沿江一线的地方政府被迫应战与盐枭的对抗。丁宝桢奏略：

> 再川省川东一带水陆动烦私枭最伙，近年以来勾结益众到处横行，又复烧香结盟与各路会匪通气抗官拒捕，其势渐不可制，亟须及早残除以遏后患。查著名巨枭重庆以下江大烟杆、罗贵兴、谭登心、杨海亭为最，泸州以下以谭二疯亡、任韦駃、任长蛮为最。而谭二疯亡、江大烟杆又系著名会匪，该匪等纠众贩私已十余年。②

可见，无论从贩私规模、贩私人员数量、贩私的手段以及贩私的成因上讲，清代四川私盐问题都较前朝更为严重、复杂。乾隆四十四年（1779），未完羡截银是287100余两，边岸销售极度疲惫，边计岸积引达八万数千余张，积欠羡截一百数十余万两。《大清律例》对此类失范行为，做了十分明细的界定，分门别类对邻私、商私、漕私及枭私做出惩戒，盐法的制定，在有助国家进行社会整合、维护社会秩序的同时，也从侧面反映出私盐问题在清代社会的进一步凸显。

---

① （清）陈运昌、邹稷光、欧阳铸同编：《富顺县乡土志·兵事》，清末抄本。
② （清）丁宝桢等：《四川盐法志》卷34《缉私三·各岸缉私》，1882年刻本。

第二章　清代四川盐政制度
与私盐问题

　　制度（Institution），泛指以相关规则或运作模式，规范个体行动的一种社会结构，其运行表彰着一个社会的秩序。制度的合理与否，直接影响社会的运行。比附于清代四川盐业亦是如此，盐业制度规定着时下盐业从业人员的行动，正如四川总督丁宝桢所言："奏查各盐务省分，均有颁发盐法志以资遵守，定制昭然，凡在官商灶户，无不奉行维谨，罔敢逾越"①，然而，在制度的规范下，私盐依然盛行，这与建制的不合理，或者制度执行者的力度是否关联？清代盐业制度的建立，即是清政府为了更好地维护食盐专卖的运行，确保国家盐税的征收，稳固政权的统治。盐业制度在清代社会，各盐区虽有相通之处，但也有因地制宜的差异所在，要厘清四川私盐问题，必须弄清清代四川盐业制度。

　　盐业制度涉及范围较广，本章主要探讨食盐专营制度下的产、运、销及税收领域制度。这些已经结构化的制度，在各环节的操作过程中，是如何与走私产生关联的？本章即从盐政制度中的产、运、销及税收制度与私盐的关系出发，探讨制度与川私的形成。

① （清）丁宝桢等：《四川盐法志》卷首《上谕·奏疏》，1882 年刻本。

第一节　食盐专营制度概述

盐之于中国古代社会有着非同一般的作用。它是人们餐桌上的"百味之祖""食肴之将"，是延续人类生命的必需品，同时也是影响古代中国社会、政治、经济的重要物品。当人类还在蒙昧时期，就已经开始出现了寻找食盐的艰难历程和争夺食盐的战争，甚至很多关于民族起源和迁徙的传说都与食盐有关。① 后经历汉代确定盐法到清末甚至民国初期，盐几乎一直是国家税收的主要来源之一。

公元前685年，齐国的政治家管仲，推出了"官山海"之法，即是将盐铁置于官府的严格控制之下，将盐的产出归为国有，寓税于盐。这种"见予之形，不见夺之理"的做法既有助于征榷税收，又让民众感觉不到负担，因此，有学者认为此种食盐民产、官收、官运、官销的官营制度是我国将盐归为国家垄断经营的开端。② 到了汉代，昭帝始元六年（公元前81）召集群臣议论"盐、铁"一事，以桑弘羊为代表的公羊派与以儒生为代表的谷梁派围绕盐铁专卖问题针锋相对，前者认为要大力发展工商业以"专盐铁之利"，将盐铁的高额利润牢牢控制，而后者则反对盐铁专营，认为国家不能"与民争利"③。但最终，因汉代面临的现实政治问题，以公羊派的政治主张占上风，"盐、铁之利，所以佐百姓之急，足军旅之需，务蓄积以备乏绝，所给甚众，有益于国，无害于人"。④ 于是，盐铁专营被再次推上历史舞台，并作

---

① 参看舒瑜《微盐大义——云南诺邓盐业的历史人类学考察》，世界图书出版公司2010年版，第5页。

② 关于食盐专营的制度是起于战国或是汉代，学术界有争议。本文坚持专营自汉代始的观点，主要是因为在中央集权的政府统治下，更能体现食盐专营政策的意图和特点。

③ 王利器：《盐铁论校注》卷1《本议第一》，中华书局1992年版，第1—5页。

④ 王利器：《盐铁论校注》卷2《非鞅第七》，中华书局1992年版，第93页。

为国家政策在中国古代社会被基本确立。之后，朝代更迭，食盐专营政策虽有所反复（如隋至唐开元十年实行过无税制），但始终阻挡不了食盐专营的历史主流，即便在外国列强入侵的清朝中晚期，清政府依然捍卫食盐的专卖，在咸丰八年（1858）所订《中英通商章程》第三款中规定："凡有违禁货物，如火药、大小弹子炮位、鸟枪、并一切军需等类及内地食盐，以上各物概属违禁，不准贩运进出口"①，后同治七年（1868）总理各国事务衙门在答复英国公使的修约要求时称："查盐斤一项，系中国国家官事。朝廷设官管理，非它项货物可比，虽至贵官员，不能随意贩运，商人何能侵此大权？此条应毋庸议"②，可见，食盐专营权在清代的重要程度。

食盐专营的主旨，即是官府通过对食盐生产和运销环节实行控制，以获取垄断经营的利润。中国古代官府对食盐生产的控制主要有三种方式：一是官府占有全部或主要的制盐资源，并直接组织或经营食盐生产；二是官府不占有任何制盐资源，而以征购或收购方式获得盐业产品的支配权；三是官府既不占有制盐资源，也不直接收购灶户的产品，而是派人监督食盐生产，并控制其产品流通。清代四川，官府对食盐的管控则主要是以第三种方式为主。③

食盐专营制度中，最为核心的是食盐运销制度。其运销制度在清季有七种类型：官督商销、官运商销、官运官销、商运民销、商运商销、民运民销及官督民销。这些专卖形式在不同时期，根据盐务状况因地制宜的实施，如前清时期，云南、两广、两浙、福建等地全部或部分销岸施行官运官销；晚清时期，四川滇黔边岸因商弊已积，丁宝桢遂改革盐务推行官运商销，后东三省总督徐世昌为筹措建省军费，

---

① （清）张茂炯等：《清盐法志》卷9《杂记门·条约》，1920年铅印本。

② （清）文庆等：《筹办夷务始末》同治卷63，上海古籍出版社2008年影印本，第506—507页。

③ 参看郭正忠《中国古代盐史奥衍刍议——〈中国盐业史（古代编）〉绪论》，《中国经济史研究》1997年第4期。

又奏准吉林、黑龙江推行官运。但无论专卖形式如何变换，"惟官督商销行之为广且久"①。官督商销是清代食盐专卖制度的主要形式，即政府控制食盐专卖权，招商领引，按引领盐，承包税课，划界行销，设立有关盐政衙门管理稽查商人的领引、纳课、配盐及运销等，同时借助于相应的商人组织进行管理。具体操作方式是：盐商通过向政府缴纳巨资占窝（或称认窝），以取得相当于专卖运销凭证的盐引（或称窝产），盐商取得专卖权后按年领购盐引，即享有对食盐一定贩运规模（引额）和固定销地（引岸）的经营独占权，同时向国家缴纳税收。②

专营的主要特征在于垄断，任何形式的垄断必然排除竞争，当垄断行为具有一定不合理性后，即为地下秩序的滋生提供前提条件，因此，市场在流入符合各项规章制度的"官盐"之时，也有违背垄断之意的"私盐"溢出。下文将逐一论述以食盐专营思想为指导的产运销及税收制度与四川私盐的关系问题。

第二节　四川食盐生产制度与私盐问题

一　四川盐井管理制度与私盐

由于经历了一亿六千万年前三叠纪晚期至白垩纪的一系列地壳运动，造就了四川盆地非常丰富的岩盐资源，也正因如此，四川盐卤资源埋藏较深，与两淮、福建等地的海盐以及山西、青海的池盐相比，四川井盐不及海盐与池盐的卤水采集便利，加之盐卤地处不同地质结构，盐卤浓淡不均，直到清代中后期，三叠纪嘉陵江石灰岩的黑卤井和天然气被开发出来后，四川的盐产才趋于稳定。

---

① （民国）赵尔巽等：《清史稿》卷123《食货志四·盐法》，中华书局1977年点校本，第3604页。

② 参看李坤刚《清代盐业犯罪研究》，博士学位论文，中国人民大学，2006年，第35页。

"川省盐井茶园多产于深山密箐人迹罕至（处）"①，开凿不易，即便凿井出卤，之后仍面临"一年不淘而枯，两年不修则废，三年不补则死"的困境，虽然明清时期，已出现集凿井、打捞、修补于一体的系列工具群，但机器化生产前的盐井从开凿到维护，依然十分不易，尤其在夏季容易遭遇雨水浸灌、泥石流等自然灾害而致井灶坍塌废弃。四川盐井受自然地理环境影响，容易灌溉进水和坍塌废弃。坍塌之后，井灶户除了修补旧井或重凿新井外别无他法，即使辛苦所凿盐井遭遇天灾，其盐役仍不能免除，唯有另辟新井以操旧业。因此，清初为鼓励井灶户开凿新井，在管理制度上出台了见卤三年之后才征收课税的政策。

然自雍正十二年（1734）后，四川总督黄廷桂和巡抚宪德虽清楚四川盐井的自然属性，深知井灶户的生存状态艰难，也曾奏称："川省产盐各井，率皆依山滨水，易致坍塌水湮。有等竹筒小井，各深数十余丈，亦有渗漏，停煎补救，动经岁月；又或开井初成，出产盐多，汲煎既久，盐水不足……"② 但因盐产总体迅速提高，认为顺治时期规定的凿井见卤三年之后才征收课税的制度不利于盐税的征收，便奏请"新井见咸即课，亦勿得尽俟三年"，旋即规定"旧井或有须淘补者，盐未即出，课如故"③。

四川盐井灶处于衰旺糜常的状态，凿井者为便于日后的修复，在凿井过程中都会记录每天凿井的时事情况，通过自贡档案馆留存的宣统辛亥年《红海井岩口簿》，可以看出每日数寸的凿井过程，以及每阶段凿出的岩石成分，同时也反映出四川盐井不易开凿、极易坍塌与堵塞的自然属性。因此，"盐井盐未出，却课如故"的管理制度，对井灶户而言，无疑是重磅打击。该制度的出台，在维护清王朝利益、增加税收的同时，也在制造同井灶户群体的矛盾，统治者仅从自身角度出发，没有均衡盐业领域各层面的利益，对井灶户开凿维修盐井的

---

① （清）丁宝桢等:《四川盐法志》卷32《缉私一·编甲》，1882年刻本。
② （清）丁宝桢等:《四川盐法志》卷20《征榷一·井课》，1882年刻本。
③ （清）丁宝桢等:《四川盐法志》卷20《征榷一·井课》，1882年刻本。

高额成本与巨大风险缺乏考虑，对在当时技术条件下，井灶户辛苦数载开凿一井，面临成本未收回而井灶废弃的可能有所忽视。因此，为生产领域私盐的出现埋下了伏笔。

基于此，一方面，从井灶户的心理角度而言，为降低投资风险，规避成本损失，实现最大限度赢利，有生产售卖私盐逃避课税的正常动机。另一方面，除井灶户所开新井"见咸即课"的管理制度刺激私盐产生外，新开井者的井灶籍仍在原地管理的制度，也给予私盐产生的可乘之机。清代四川，政府在盐政制度中规定盐井由官府控制并统一管理，凡新开盐井均须报官登记，官府根据盐井的产量和规模以定课配引。最为关键之处在于井灶籍仍由原地管理，因此，在制度的执行过程中，由于四川井盐的特殊自然属性与灶户籍管理的复杂性，导致该政策较难执行，即便执行也十分有限，反而为私盐的产生提供了巨大空间。下面有关富顺县盐井管理的一则史料可以窥见当时管理的现状：

> 四川各盐课司，其始衙门计井而设，管理随井而便，以后或开井分课，或新井增课，管理虽隶一司，而地方则非处一处。如富义井盐课司设在富顺县，而井则自昔堙废，止存衙门。本井所属井灶，俱散居本县并犍为、资、内、威远、阆中、开、万等州县……其地纵横交错，难以悉举，远者相去本井千五六百里，官攒灶户至有足迹不到之处，面目不识之人，统辖不便，干办不前。①

从上述材料可以看出：官府为便于控制所凿盐井，专设盐课司进行管理，富顺盐井不断地坍塌与兴废，需要灶户不断开设新井来替旧井摊课配引，但因种种原因，部分富顺县的灶户将新开井设在犍为、资中、内江等地，而灶籍归原地管理的制度，致使盐课司在管理之中也要随之变通，管辖范围从川南的富顺县，扩大到川东的开县、万县

---

① （清）丁宝桢等：《四川盐法志》卷32《缉私一·编甲》，1882年刻本。

及川北的阆中等地，山高路远且地形交错复杂，盐井管理具有难度，其管理者往往连所辖灶户俱不认识。对因旧井废弃需另寻卤源帮扶旧井缴纳课税的部分井灶户而言，至邻县（州、府）开辟新井是常事，但管理制度是井灶籍仍归原地管理，课税仍在原处缴纳。古蜀交通不便，盐井位于深山密林之处，因此才有史料中"远者相去本井千五六百里，官攒灶户至有足迹不到之处，面目不识之人，统辖不便，干办不前"[①] 一说。根据此材料不难判断，生产环节漏洞的产生与四川盐井的自然属性和盐井管理制度的矛盾不无关系，既然对井灶的管理有漏洞之处，灶户私凿私煎也是结果之中的。

为保证对盐税的征收，清代四川地方政府在食盐生产领域的建制，对井灶户和盐井实行了看似严密的绝对控制。但这一在四川盐业生产领域才特有的管理制度，恰因四川盐井的特殊自然属性，与地方政府的管理之间，产生难以调和的矛盾，给管理带来诸多不便的同时，刺激并滋生了私盐。

二　林儁盐井制度改革与私盐

林儁，字西崖，江苏人，原籍顺天大兴（今北京）。清乾隆二十五年（1760）举人，初任四川荣县贡井县丞，乾隆三十四年（1769）由内江知县调任成都，历任叙永直隶厅同知、重庆知府、分巡川南永宁道。乾隆四十一年（1776）以按察使司副使掌全省盐务，官盐茶驿道，分巡成绵、兼管水利，后改为通省盐茶道。乾隆五十七年（1792）十二月迁四川按察使，继而擢四川布政使，不久称劳疾辞归。历乾隆、嘉庆两朝，宦迹蜀中达三十余年之久。[②]

（一）盐井制度改革的背景

首先，雍乾年间人口猛增，森林破坏严重，川北盐井普遍坍塌。

---

① （明）熊相:明正德年间《四川志》卷25《经略·戴金宪书六事略节》，1518 年刻本。

② 参看鲁子健《古井沧桑话川盐》，四川出版集团、巴蜀书社 2010 年版，第 79 页。

自顺治十八年（1661）到乾隆五十七年（1792）林儁辞官止，共经历了两次人口增长高峰，一是雍正二年（1724），在距康熙二十四年（1685）的三十九年间，人口增长为390802（丁），年均增长率为82.6‰（见表2-1）。从林儁的生平可以看出，他以按察使司副使身份掌全省盐务的时间为乾隆四十一年（1776），正是继雍正以来的第二个人口增长高峰期。古代社会，木材是人们衣食住行的主要原料，人口的增长使木材资源的需求量大涨，对煎烧盐所需大量木材是严重制约，人口增长对森林的破坏使四川大量锅口井灶生产因资源匮乏而被迫中止。雍正十一年（1733）及乾隆五年（1740），国家一再谕旨鼓励井灶粮民向山林要资源，朝深山密林之处凿井及寻找燃料，数年之后，成片森林被砍伐，山秃林毁、燃料奇缺，许多灶民因此而歇业。

表2-1　　　　　顺治十八年至乾隆五十六年（1661—1791）

四川人口（丁）统计

年代	人口（丁数）	相距年数	净增率	年平均增长率	备注
顺治十八年（1661）	1万6096丁	—	—	—	
康熙二十四年（1685）	1万8509丁	24	15%	5.8‰	
雍正二年（1724）	40万9311丁（204万6555人）	39	2111%	82.6‰	
乾隆十四年（1749）	250万6780人	25	25%	8.2‰	
乾隆十八年（1753）	136万8496人	4	-83%	-16.3‰	本年可能是统计不全
乾隆二十二年（1757）	268万2893人	8	7%	8.5‰	
乾隆二十七年（1762）	280万2999人	5	4.5%	8.8‰	
乾隆三十二年（1767）	295万8271人	5	5.5%	10.8‰	
乾隆三十六年（1771）	306万8199人	4	3.7%	9.2‰	
乾隆四十一年（1776）	778万9791人	5	154%	205‰	
乾隆四十五年（1780）	794万7762人	4	2%	5‰	
乾隆四十八年（1783）	814万2487人	3	2.5%	8.1‰	
乾隆五十六年（1791）	948万9000人	8	16%	19.3‰	

资料来源：至1783年，根据《清朝文献通考》卷十九《户口考一》，新兴书局1963年版，考5023—5034。

四川井盐的自然地理特点决定盐井分布在"山脉绵亘川流环曲之处"①,尤其在夏季容易遭遇雨水浸灌、泥石流等自然灾害而致坍塌废弃,加之,雍正乾隆间的人口骤增,树林毁坏严重,四川地区夏季雨水充沛,每逢大雨山水陡涨,多数地区都会形成泥石流,盐井轻则渗漏停煎,重则坍塌废弃。正逢该时期天灾连年,川西北、川东南等盐产区,普遍遭遇灾害,尤以川北涪江流域的射蓬盐场为甚"井水枯涸,悬筒辍煎者,所在皆是,盐不敷引,而商与灶俱废矣"②,至此,四川以川北为中心的盐场遭遇毁灭性厄运。

其次,清朝初期,课井政策的调整导致税收积欠。

清初,课井政策经历了三次调整:第一次是顺治六年(1649)时,赵班玺调任四川巡按,奏请"招民煎盐开荒,免征一应课税"。经历战乱之后的四川井圮灶废,曾一度靠山西运城之盐接济,因而无可纳之税,只好免征;第二次是顺治十七年(1660)四川巡按张所志奏请:盐户在成功开凿盐井三年后向政府纳课,其纳课标准为"就其咸源之盈胱,卤之厚薄而定为则"。第三次是因为在宽松的盐业税收政策下,四川井盐业迅速崛起,至雍正十二年(1734),盐产迅速提高,四川总督黄廷桂和巡抚宪德认为,凿井见卤三年之后才征收课税为时尚晚,便奏请"新井见咸即课,亦勿得尽俟三年"③。

因征课年限缩短,各产盐厅州县井灶户,都极力逃避井课。四川的盐井有开凿艰难、维护困难的特殊性。④ 一遇盐井堵塞、坍塌或遇洪水浸灌,都有可能致井废。所以民间有言说"一年不掏而枯,两年

---

① (民国)曾仰丰:《中国盐政史》,商务印书馆1998年影印本,第53页。

② (清)黄允钦等修,罗锦城等纂:光绪重修《射洪县志》叙,1884年刻本。

③ 参看鲁子健《古井沧桑话川盐》,四川出版集团、巴蜀书社2010年版,第68页。

④ 对于四川井盐开凿的部分过程及困难程度,顾炎武《天下郡国利病书·四川》引《盐井图记》载:盐井其来旧矣。先世尝以皮袋井,围径三五尺许,底有大塘,利饶课重,工力浩巨,非一载弗克竣,今皆湮没殆尽不可考。民徇故业以纳课,率多以竹井制,其施为次第,在井匠董之。凡匠氏相井地,多于两河夹岸、山形险急、得沙势处,鸠工立石圈,尽去上面浮土,不计丈尺,以见坚石为度,而凿大小窍焉。

不修则废，三年不补即死"，而当时的制度是，即使旧井停煎掏补，但在掏补期间，井课仍旧征收。于是在"课如故"的情形下，"以是民率匿新井不报"。到了乾隆中后期，因为盐井四处衰竭而盐民不报新增盐井，盐户拖欠课税，"历年引井课羡积欠至二十余万两"，出现了"蜀盐大困"的局面，四川盐业陷入全面危机。[1]

再次，平定大小金川土司叛乱导致四川财政紧张。

大小金川是大渡河上游的两个支流，以产金而著名。乾隆时期，大小金川土司多次制造事端，侵夺邻境，扰乱边境，乾隆十一年（1746）和乾隆四十一年（1776），政府两次对大小金川的平定，使人员的投入及军费的开支十分庞大，以第二次金川战役为例，乾隆三十六年（1771）六月，军营调兵汉、土官兵16500余名，是年底，增至3万，乾隆三十七年（1772）五月，增至4万，乾隆三十八年（1773）十月，添至74900余名，乾隆三十九年（1774）五月，增为81000余名。[2]经费实际奏销6270万两，至少能够肯定的是四川提供经费在400万两以上。[3]乾隆中期，四川的财政岁入在180万两[4]左右，巨大的缺口使专管军费开销的藩司难以兼管，奉旨设立经费局，在四川督、抚、藩司领导下总管全部军费收支，基于四川财政紧张，加之盐务疲敝，课税积欠严重，对盐务的改革势在必行，林儁遂把此次改革的重点放在了盐业生产领域。

（二）林儁的改革客观上刺激私井的开凿

乾隆四十一年（1776），为改变蜀盐困境，时任四川按察使司副使的林儁大胆改革。改革的内容主要包括三方面：一是提出"听民穿

---

① 参看丁宝桢《四川盐法志》卷40《纪事》，1882年刻本。

② 赖福顺：《清高宗"十全武功"军需之研究》，博士学位论文，台湾中国文化大学史学研究所，1981年，第326页。

③ 徐法言：《乾隆朝金川战役研究》，博士学位论文，四川大学，2013年，第263页。

④ 鲁子健：《清代四川财政史料（下）》，四川省社会科学院出版社1988年版，第106—107页。

井,永不加课"的八字方针;二是根据各场产情况,因地制宜地征收税收,减轻课税负担;三是改配代销引盐,以融通产销、调剂厂岸供销平衡。关于林儁改革的后两方面内容及其成效此处兹不赘述,本文主要试析林儁在生产领域内对盐井的改革及影响。

"听民穿井,永不加课",即是沿用明代帮井纳课之法,允许盐户新开"帮井"(或称子井),代替枯废之井纳课配引。关于该帮井之法,史料无明确记载,具体执行过程中是否以一抵一,即凿一口新井抵枯废之井,或是可凿数井来填充废弃之井的课税?但可以肯定的是自林儁穿井之法出现之后,因为每户交税的总率不变,新井开凿得越多,井凿深度越深,盐井质量越高,井卤质量越浓,所平均摊附的课税亦越轻。这一改革大大调动井灶民的积极性,从而使井灶大增。以犍为盐场为例,据官方记载,改革后20年间井、锅及盐产提高数倍(见表2-2)。

表2-2   林儁改革后四川犍为盐场开设井锅及增产食盐统计

(乾隆四十一年至乾隆六十年)

年代	开淘盐井数(眼)	增设锅口数(口)	增产余盐数(斤)
乾隆四十一年	18	25	123.5万
乾隆四十二年	12	23	104.65万
乾隆四十三年	22	25	133.75万
乾隆四十六年	14	18	82.8万
乾隆五十九年	13	26	119.6万
乾隆六十年	12	20	100.3万

资料来源:鲁子健:《清代四川财政史料》,四川省社会科学院出版社1988年版,第9页。

林儁改革让四川盐业增产恢复的同时,也让井灶户"借口旧井枯竭,私开新井"之现象频仍出现,"惟实有之井与旧报输课之井多寡,迥不相符"[1]。雍乾时期,清政府为稳定课税,将四川产盐州县固定在40个厅、州、县,[2] 纳课的盐井亦随之固定,但产盐中心川北盐区遭

---

① (民国)吴炜:《四川盐政史》卷1,四川运使署,1932年铅印本。

② 40个州县见本书第一章第二节中的"盐场与盐产"。

遇盐井全面废弃后，林儁对盐井开凿的宽松政策一经出台，井灶户遂借"帮井"为名，影射私开盐井。自此以后，四川各地报官的课井即远远小于实际开凿盐井数。

以富荣盐场为例，乾隆二十年（1755）时，"上井二十九眼，设上锅四十七口……中井十七眼，设中锅三十一口……下井三百四十一眼，设下锅五百三十一口"①。乾隆四十九年（1784）时，"现在上下两井每年册报部档共井三百八十二眼，锅五百六十五口"②。仅就上下两井及其锅口的比较而言，乾隆四十九年（1784）比乾隆二十年（1755），井多了12眼，锅口少了13口。姑且不说这一数字从逻辑上推断存在疑问，《四川盐法志·井场五》中的记载方能说明问题："富厂新旧井四千三百有奇，除下锉、停锉、枯废（之井），各井实一千七百有七"，中间数字如此悬殊，即说明有诸多打着"帮井"的名号而不报官之私井存在。

雍正九年（1731），经四川总督黄廷桂奏请额定盐井为6116眼，到乾隆中期为7704眼，嘉庆初有8668眼，至道光时期8832眼，按照清代中后期四川盐产相对固定的原则，清朝晚期四川的纳课盐井应基本维持在这一数额。但是，宣统二年（1910）督办盐政大臣载泽等在清理四川盐务时奏称：

　　近年川省井灶日增，漫无限制。据盐［法］道列表呈报，该省各盐厂内有案可稽者：井八千八百二十一眼，③灶六十六座半，锅五千三百十一口。现时查出者：井十万八百十四眼，灶七千九百四十三座，锅二万五千九百十三口。其遗漏未经查出者，尚不在内，是私井、灶较原额已不啻十倍。④

---

① （民国）彭文治等修，卢庆家等纂：民国《富顺县志》，1931年刻本。
② （民国）彭文治等修，卢庆家等纂：民国《富顺县志》，1931年刻本。
③ 《四川盐法志》中记载同时期盐井为8830眼，两者统计略有误差。
④ （清）张茂炯等：《清盐法志》卷253《四川十·运销门九·票盐》，1920年铅印本。

由此可见，距离林儁改革虽时隔多年，但由此留下的私开盐井之风却有增无减，从官方报备数据和现实调查数据的巨额缺口，可以看出生产领域私盐的形成绝非一日之功。

林儁改革的目的是保证清王朝的利益，实现短期内恢复盐业、解决财政收入问题、稳定社会秩序的成效，并在客观上让渡部分经济利益于井灶户，刺激井灶户生产的积极性。但私开盐井之风又滋生出新的社会问题，对于该种情形，地方政府非不知也，只是在当时特殊历史背景下，要完成清政府的盐税任务，解决疲敝的盐务危机，平定大小金川稳固王朝统治，唯有让渡部分利益于井灶户，方能协调各方利益。因此，自林儁改革以后，四川省报官的课井数远远小于实际开淘盐井数，生产领域中大量隐匿的私盐致使"私从场出"，成为日后私盐猖獗之滥觞。

第三节　四川食盐运销制度与私盐问题

清代食盐国家专卖，为杜绝贩私，国家预设各种制度以规避盐业中的失序行为，运销制度便是其核心所在，作为整个盐业体系中的重要环节，制定与执行运销制度是为保证统治阶层利益而将私盐防患于未然。清代因社会处于剧烈变迁之际，各省盐政依据实际情况有所不同，四川盐政中的食盐运销制度与这个变更的时代相呼应，情况十分复杂，前后变化较大。这一时期的运销制度合理与否？执行程度如何？梳理食盐运销制度，有助于进一步厘清食盐运销制度与私盐的关系问题，本书第一章的内容中已勾勒清代四川运销制度的发展脉络，大体经历三种形式——民运民销、官督商销与官运商销。因四川盐业具体情况的复杂性，无论何种运销制度，都有产生私盐的事实与漏洞。

一　民运民销制度与私盐

清代四川地区，民运民销是指以使用票盐为凭证运销食盐的方式，即由四川布政司填发盐票，交由商贩到场购盐，运至附近地区销售。①
其特点是：除进货渠道由国家控制外，运销皆由民自主，商贩不需要雄
厚资本，销售没有固定口岸。表现为票盐形式的民运民销制度，在清季
四川虽不是主流，但经由反复，在时间上几乎贯穿整个清代四川社会。

从清王朝建立，至雍正七年（1729）将票盐改为计口授食政策期
间，清政府先后多次颁布在四川实行票盐的谕旨。

顺治八年（1651），四川盐区共行盐票 4940 纸。②

康熙六年（1667）至康熙二十一年（1682），在原有票额外，增
销 2288 纸。③

雍正五年（1727），奏准简州余盐暂用照票行销。

雍正六年（1728），奏准富顺余盐暂用照票行销。④

而同时期的两淮等盐区，则早已实行引盐制。之所以在清初四川
推行民运民销的票盐制，是因为四川社会在经历了明末清初的战乱之
后处于疗伤状态，井盐业尚处于恢复时期，虽盐产量在不断增加，但
较之其他盐区而言盐场规模小，盐产量不大，销区范围不广，加之战
乱引起人口凋敝、经济匮乏，"零星小贩既无一引之资，寥寥灶户又
无一引之货"⑤，因此，其他盐区推行的由户部颁发的大引在清初四川
无法推行，其运销方式只能以零星商贩销售的票盐为主，如顺治八年
（1651）时，行盐票 4940 纸，每票填盐水运五十包，陆运四包，每票
不过数千斤或数百斤食盐，相比 2.3 万斤一引的盐引而言，商人既能
承担，国家又能确保税收，于商于官皆有裨益。

表现为票盐形式的民运民销制度在清初盐政中作用显著，因为贩
盐数量少，不需要雄厚资本及昂贵运脚费等，价格较引盐便宜，运销

---

① （清）丁宝桢等：《四川盐法志》卷 16《引票一·颁行》，1882 年刻本。

② （清）贺长龄：《皇朝经世文编》卷 50《户政》，1827 年刻本。

③ （清）丁宝桢等：《四川盐法志》卷 17《引票二·历年增引》，1882 年刻本。

④ （清）张茂炯等：《清盐法志》卷 253《四川十·运销门九·票盐》，1920 年铅印本。

⑤ （清）丁宝桢等：《四川盐法志》卷 16《引票一·颁行》，1882 年刻本。

方式灵活。但与之而来的弊端随即显现，最突出的问题便是偏远地区民众淡食与该地区私盐活跃的肇始。清初之时，由于清政府对基层乡村直接控制的缺乏以及票商自身财力的有限，票商只将盐销往盐产地附近区域，一些山川险阻之区，商人往往不敢认领，"至偏远地方……或因路途远难，向未行引，或因人民散处，不易招商，往往盐价昂贵，民间淡食"①。繁华便利之处皆是票商，造成了运销上的混乱，而偏远地区由于无人认引与管辖，极易滋生私盐，实为盐政之弊，正如下列史料所述：

> 盐乃民生日用所需。查川省盐课考成，惟责之产盐州县，其余并无巡查之责，且有僻远地方不行官引，以致私贩充塞，甚为盐政之弊。应将官引通行全省，约计州县户口之多寡，均匀颁发，令其招商转运，倘有壅滞，责成各州县官定为考成。如此，则有司等自必加以查察，使私贩息而官引销，则弊端可以剔矣。②

　　雍正七年（1729）后，四川盐务改革，将票盐制改为计口授食的引盐制度，但票盐制在四川地区并未终结，乾隆三十年（1765）始，在实行引盐制的同时，票盐制又开始恢复。如果说雍正七年前，票盐制度的执行是因为盐产量低，盐商经济实力薄弱，那么乾隆三十年（1765）后，"以为权宜计不恒用"③的票盐制度在民间的复燃，则与具体历史条件相关。首先，以川北盐场为中心的盐业经济急剧衰退，而犍为、富顺等盐场产量增加，并有余盐出现，为防止余盐变为私盐，便采用权宜之计的票盐制解决余盐问题；其次，乾隆三十年（1765），恰逢清政府对大、小金川用兵之际，为杜绝私盐、筹措军饷，清政府始将零星余盐交商带销，这是引商兼销票盐的开始。

---

① （清）丁宝桢等：《四川盐法志》卷7《转运二·本省计岸》，1882年刻本。
② （清）黄廷桂、宪德修，张晋生纂：雍正《四川通志》卷14《盐法》，1736年刻本。
③ （清）丁宝桢等：《四川盐法志》卷19《引票四·票》，1882年刻本。

查得川省惟犍为、富顺二县近年产盐旺盛，除足敷额引之外，各灶每有存剩余盐。若为数零星，不能配引增课，而偷卖私贩，实属有碍官引。莫如饬令各灶，将零星余盐尽数报官登册，盐道查明各属引商行销额引之外，可带销余盐若干，发给印票，请按照引张税则，每斤牵算，量征公费银一厘五、七毫不等。如果疏通畅销，每年可征银万两内外。[1]

对余盐每斤征银一厘八毫，乾隆三十年（1765）至乾隆三十五年（1770），富犍两县余盐共征 13.45544 万两。[2] 之后，林儁改革盐井政策，私井大量出现，余盐不断增多，票贩因之活跃。尤其在一些地处偏远的行引之地，如大足、铜梁、通江等，该地民众愿自行缴纳税额通过盐票到附近产盐地购买，而不愿购买行商任意抬价后的食盐。这一要求虽不符合地方政府在此时已推行的计口授食的引盐政策，也未得到清政府的官方准允，但由于四川地区私盐激增，为抵御私盐泛滥，加强税收，地方政府不得不就此妥协，允诺票盐制再次实施。雍乾时期，票贩所售无税[3]价轻之盐兴盛，引商的销售价格自不能敌。因此，计岸不断受其冲击，引商势力大者便组织缉私巡役，将票贩作"私枭"缉拿，若引商势力小者，只有弃岸而逃，任票贩蚕食，造成引课亏空。地方官为逃避因此而带来的惩罚，遂将票税摊入地丁征收任由票贩运销。例如安县盐商谢定武、李尔寿病故，又无人承办，"知事王嘉猷合邑绅耆粮户人等会议，按照四乡地丁银摊征税截角银，每丁银一两，摊银一钱二分五厘"。[4] 又如什邡县，因票盐盛行，引盐难销

---

①　（清）张茂炯等：《清盐法志》卷 253《四川十·运销门九·票盐》，1920 年铅印本。

②　（清）张茂炯等：《清盐法志》卷 253《四川十·运销门九·票盐》，1920 年铅印本。

③　此处无税是指无各种厘金、羡截等杂费。

④　（清）杨英灿等纂：嘉庆《安县志》卷 24《食货》，载《中国地方志集成·四川府县志辑》，巴蜀书社 1992 年版。

"经绅粮罗缵等禀经知县沈瓖，改归地丁摊征"。① 道光三十年（1850）清政府正式承认四川三十一州县为"归丁州县"，"奏准汉州等三十一州县盐商逃亡，贫困无人接充，听民在附近场灶买食，老少余盐应完羡税，归丁灶完纳"②。此时的票盐已充斥计岸，至光绪初年（1875），"归丁州县"已增至四十一。③ 到宣统二年（1910），归丁州县已达68个之多（据《四川通志》记载有百余县，占一半左右）。为保护引商的利益，防止盐税的流失，光绪四年（1878），不得不开始对票盐征收厘金"于富荣、犍乐等厂设票厘局，定以每挑八十斤为准，给予护票，抽收厘钱，准其挑赴归丁州县卖"④。

民运民销的票盐制度在清初盐政中作用显著，因为贩盐数量少，不需要雄厚资本及昂贵运脚费等，价格较引盐便宜，运销方式灵活。但该制度的缺陷是，票商为追逐利益，将销售区域舍远求近，为偏远地区私盐的滋生提供了空间。当四川盐业改票盐为引盐制度后，新的社会矛盾出现，地方政府为解决因余盐增多而私盐充斥的问题，票盐再度浮出水面，看似票盐能抵御私盐保证税收，但相对低额的税费使其市场价低于引盐的市场价，以致官引滞销、引税锐减，直接造成对引商的伤害，最后不得不将国家损失转嫁于普通民众，只好将截羡等摊入地丁之中。

民运民销制度固然在特定时期，保证了四川盐业的良性发展，但随着社会变迁，民运民销制度的缺陷亦逐步彰显，导致私盐问题逐渐发轫。颇为戏剧的是，在四川盐业的发展过程中，因为此制度与全国食盐运销的发展态势不相适应，遂为官督商销的计口授食之法替代，而推行计口授食之法后，却因国家时局的变化和四川社会经济的原因，转身成为抵御私盐滋生的补救者。

---

① （民国）王文照修：《重修什邡县志》卷23《盐法》，载《中国地方志集成·四川府县志辑》，巴蜀书社1992年版。

② （清）张茂炯等：《清盐法志》卷253《四川十·运销门九·票盐》，1920年铅印本。

③ （清）张茂炯等：《清盐法志》卷253《四川十·运销门九·票盐》，1920年铅印本。

④ （清）张茂炯等：《清盐法志》卷253《四川十·运销门九·票盐》，1920年铅印本。

二 官督商销制度与私盐

所谓官督商销，就是政府控制食盐专卖权，招商认引，按引领盐，划界行销，承包课税，并设立相关的盐政衙门，对商人的纳课、领引、配盐、运销进行管理稽查。[1] 官督商销的运销制度是清代全国普遍推广的运销之法，也是清代四川食盐专营的主要形式。川盐除销售本省外，还销售到贵州、云南、湖北等地，该运销方式将场区和销区统筹规划，按照食口、运道，实行场岸对口、定额销售。甲场产盐固定对应乙岸，乙岸不得随意配销丙场盐，不但场产与销岸固定，且引盐由厂到岸也划定了固定运输线路，不能随意绕道行走。该制度的产生与盐业在清代四川地发展密不可分，也为私盐地滋生提供了空间，为更好说明该制度与私盐形成的关系，本书按官督商销制度在四川盐区所分销区，即计岸、边岸、楚岸三种类型，进行一一论述。

（一）计岸

随着清代全国盐业生产的恢复、人口的增加、交通运输条件的逐步改善，食盐运销制度也随之变迁。早在康熙二十五年（1688）时，国家就已开始废票改引，至雍正七年（1729），四川巡抚宪德以"川省腹地产盐州县，盐井分散，灶户凌乱，私盐透漏，不易稽查，影响国课收缴"为由，并上谕改行"计口授食"，四川境内才开始全面的官督商销之法。

> 查川省产盐之厅、州、县、卫共三十五处，不产盐之厅、州、县、卫共八十三处，每岁计行销水陆二引共三万八千三百一十一张，征收课税，尽考成于产盐之各州县，其余唯资盐利，并无考成……自应钦遵上谕，通行合省，不论有无产盐州县，约计户口之多寡，均匀颁发，令其各自招商转运。在商人于本地方官领引，

---

[1] 陈锋：《清代盐政与盐税》，武汉大学出版社2013年版，第121页。

即于本地方官缴销……惟是旧日产盐州县，原各载有报卖口岸，应饬各产盐州县，将报卖之口岸，某处原销水引若干，某处原销陆引若干，逐一报出，各自分认。或其中户口蕃育，所销盐斤不敷食用者，应令查明盐斤实数，再增引目，如数承领，以敷民食。至僻远地方……即将引目交地方官设法行销。①

取"计口授食"之意，即按照人口多寡配盐运销。此法根据各县人口繁稀，以定行盐之多寡，将原行的水引、陆引，分定某厅、州、县配某厂盐，按户口派引，行川省腹地的盐引称为计引，行滇黔邻岸的称边引，行湖北、湖南等地的称楚引，并确立了全省以川北潼引为中心的引岸产销对应体制。雍正七年（1729），黄、宪二人奏请四川食盐运销改为官督商销时，以射蓬、犍乐、富荣等为标志的盐场正迅速发展，产量骤增，引额已增至水引11166张，陆引61029张，折合食盐约9184万斤。② 正是由于经济的恢复、人口的增加、盐业的增产，改革运销制度势在必行。

表现为计口授食的官督商销制度运行之初仅限于四川销区，因此计岸通常指四川本省的销地。雍正初，黄庭桂、宪德已上奏四川计岸拥有销区134③厅、州、县、卫，至雍正九年（1731）时，巡抚宪德上奏每年额行水引增至12305张，陆引增至89811张。④ 前文已述及表现为票盐形式的民运民销制度的缺陷：一是因票商舍远求近的贩卖，根本无法保障偏远地区民众的食盐问题；二是该制度易造成管理混乱，偏远地区无人行销官盐，造成私盐充塞、官盐积滞的局面。

但对于本省计岸，新的运销制度的实行，似乎并未彻底解决运销领域的私盐问题，巴县档案遗留的大量私盐案中，如乾隆年间《渝城

---

① （清）丁宝桢等：《四川盐法志》卷7《转运二·本省计岸》，1882年刻本。

② （清）丁宝桢等：《四川盐法志》卷17《引票二·历年增引》，1882年刻本。

③ 134厅、州、县、卫包括：35产盐州县，83不产盐厅、州、县、卫，新设的彭县等10州县，改土归流的永宁、天全，建昌所属德昌所、迷易所、盐中左所，以及改设的清溪。

④ （清）丁宝桢等：《四川盐法志》卷7《转运二·本省计岸》，1882年刻本。

贩私盐商王大等人，拘捕殴伤差役等禀批文》、① 嘉庆年间《孀妇王岑氏上控岑南斗等挟忿诬控贩买私盐一案》，② 以及咸丰年间《巡役刘贵具禀拿获惯犯陶麻雀私盐反凶伤一案》③ 等，均可对其佐证。从现存较完整的清代巴县档案来看，在私盐案件中，计岸的零星肩挑背负贩私案件仍是其主体，私盐的运销在计岸并没因官督商销制度的实施而消亡，这也说明看似完备的新制度依旧有不可规避的漏洞。

（二）边岸

雍正九年（1731），在确定本省计岸的同时，又将贵州和云南两省食川盐之地纳入其中，因此，边岸特指川盐销于贵州、云南的引岸。黔滇边岸配引以黔边岸为主，占边引销额的85%，行引数占全省水引销额的35%以上，黔边岸以配行川北射蓬盐场的盐为主，兼配富顺、犍为盐场之盐。滇边引则主要配犍为盐场之盐，兼配其他盐厂之盐。

贵州地区盐资源匮乏素不产盐，完全由他省供给。顺治时期，该省食盐由四川、两淮兼济，贵阳、平越、安顺、思南、石阡、都匀、大定、遵义等府州县食川盐，镇远、铜仁、黎平、思州四府分食湖南所行之两淮盐。康熙二十五年（1686），覆准贵阳等府州县卫所兼食粤盐，康熙二十六年（1687），因云南盐课短银一万九千两有奇，云贵总督范承勋下令贵州改食滇盐，但此举导致"商民两病"，既未收回课税，又破坏贵州人民食盐的习惯，于康熙三十四年（1695）先将普安等处改食川盐，至乾隆初，"四川额销黔引凡五千八百九十六道"，后陆续增加，到乾隆中期，除黎平一府外，贵州全省陆续改食川盐。

---

① 《渝城贩私盐商王大等人，拘捕殴伤差役等禀批文》，巴县档案（乾隆），四川省档案馆藏，档案号：06－01－00136。

② 《孀妇王岑氏上控岑南斗等挟忿诬控贩买私盐一案》，巴县档案（嘉庆），四川省档案馆藏，档案号：06－03－00304。

③ 《巡役刘贵具禀拿获惯犯陶麻雀私盐反凶伤一案》，巴县档案（咸丰），四川省档案馆藏，档案号：06－18－00300。

在清代咸同以前的所有引岸之中,黔边岸是私盐问题较轻的地方,虽未必是四川地方政府自认为的"贵州向无私盐"①,但黔边岸地处偏远、交通不便的环境制约的确不利于食盐走私。乾隆元年(1736),划仁(仁怀)、綦(綦江)、涪(涪陵)、永(叙永)为四川向贵州运销食盐的四大口岸,"由永宁往曰永岸,由合江往抵黔之仁怀曰仁岸,由涪州往曰涪岸,由綦江往曰綦岸"②。

1. 永岸

永岸之盐由五通桥或自流井运出,经纳溪卸载转入永宁河,逆水行至叙永,再南下自叙永县经毕节、水城至普安,称为永宁道。出叙永后,又分为两条陆运之路。一过赤水经毕节发运大定、威宁、兴义、普安等府厅州;一过雪山关经大定的瓢儿井至大定、平远州、普定而达安顺府城、永宁州、镇宁州。整个运程中,从纳溪至叙永水运段,自古诗云:"永宁三百六十滩,顺流劈箭上流难。"③ 此处河流狭窄,船只常易失事。

2. 仁岸

川盐沿川东南至合江,由合江溯赤水河至仁怀厅,经猿猴、二郎滩、兴隆滩至仁怀县属之茅台镇,称为合茅道。上岸再分运至贵阳、安顺等地,"自合江至贵阳全程 527 公里,合江至安顺 615 公里"④。这其中,茅台镇为水运的终点和陆运的起点,是仁岸运输线路中的重要节点,合江至茅台镇主要靠赤水河水运,茅台镇以下各站点均为陆运,全靠人背马驮。

3. 綦岸

此运线由江津几江口起运,经綦江水运至贵州桐梓县松坎镇,再转

① (清)丁宝桢等:《四川盐法志》卷34《缉私三·各岸缉私》,1882 年刻本。

② (民国)赵尔巽等:《清史稿》卷123《食货志四·盐法》,中华书局 1977 年点校本,第 3633 页。

③ 赖佐唐等修,宋曙等纂:《叙永县志》之《咏永宁河》,载《中国地方志集成·四川府县志辑》,巴蜀书社 1992 年版。

④ 贵州省地方志编纂委员会:《贵州省志·商业志》,贵州人民出版社 1990 年版,第 286 页。

陆运经新站、山坡、板桥至遵义、瓮安、贵阳、定番、平越、都匀、独山、荔波等地，全程900余里主要为陆路（仅140里水路），对于当时经济落后，交通欠发达的贵州地区，綦岸依旧主要靠人背马驮的运输方式。

4. 涪岸

该岸由涪陵进入乌江，经彭水至龚滩，再经思南府入黔境，其中有龚龙道（龚滩至龙潭）、龚黔道（龚滩至酉阳）、濯龙道（濯水至龙潭）等五条比较著名的盐道，除龚黔道全程距离在90公里左右，其余运道均在100公里以上。涪陵至思南共有348公里，中有大小险滩176处，其中新滩、潮�〈石此〉、龚滩为乌江三重天堑，上下不通舟楫，航行之险、运输之难可以想见。①

从上述口岸的线路分布可以看出：由川入黔不仅路途遥远，道路艰难，且全程皆由水运转陆运。"凡盐船行大江皆顺流，惟滇黔常有转江入小河者，多湍流水浅滩多，艰险尤甚，一船须纤夫数十人，腰负纤绳，高者攀缘，岩壁低者匍匐沙际，两手据地而行，滩深处，奔湍成窨，船与水争至尽数十百人之力，仅乃得上，上则额手相庆云"②。由此，运脚贵、成本极高（见表2-3），使私盐无捷径可行，在咸同以前私盐几乎止步于边岸，偏远地区少数民族由于官盐价格高昂、私盐无从售买，而宁愿舍弃每天食盐。

表2-3　　乾隆六年（1741）川盐厂价与销售贵州市价比较

产区	厂价（盐每百斤/银两）	贵州市价（盐每百斤/银两）	差价为厂价的（%）	运输情况
三台	0.90	1.3—1.4	45—56	各运至彭水、綦江等处，转卖黔贩
中江	1.00	1.3—1.4	30—40	
射洪	1.02	1.3—1.4	17.7—27.5	
蓬溪	1.10	1.3—1.4	18—27	

① （民国）杨化育修，覃梦松纂：《中国地方志集成》之民国《沿河县志》卷3《舆地》，载《中国地方志集成》，巴蜀书社2006年影印本。

② （清）丁宝桢等：《四川盐法志》卷6《转运一·水运上滩图》，1882年刻本。

续表

产区	厂价 （盐每百斤/银两）	贵州市价 （盐每百斤/银两）	差价为 厂价的（％）	运输情况
富顺	1.30	1.8	38	运至永宁、纳溪， 转卖黔贩
荣县	1.20	2.2	83	运至仁怀、纳溪， 转卖黔贩
资州、内江	1.20	1.4	17	

资料来源：彭泽益《清代四川井盐工场手工业的兴起和发展》据《四川盐法志》卷 10 计算，《中国经济史研究》1986 年第 3 期。

云南地区虽和四川一样产井盐，但其产量远不如川，因此仍需靠外省供给。昭通、镇雄、东川、宣威、南宁、沾益、平益等州县均食川盐。这种配盐制度旨在解决滇黔人民淡食的问题，但滇黔盐运的曲折路径，在交通运输尚不发达且官督商销制度在全国普遍盛行的时代，难以有私盐入侵的动机，下述滇岸的复杂行程也是较好的证明：

> 滇岸由宜宾水运四百六十里至老鸦摊，起旱三百一十里至大关，又一百五十里至昭通小滇边，由宜宾下游十五里，南广水运一百七十里至高县，起旱一百里至筠连，又三百四十里至镇雄。[1]

咸丰之后至官运商销以前，滇黔边岸逐步废弛，引岸制度的不合理与社会的动荡，使引商不愿配引至边岸。于是，滇黔边岸巨大的市场，一改以往边岸少私盐的局面，诱惑贩私者在此铤而走险。私盐的充斥使原本疲惫的引商加速撤离边岸，引商对边岸的放弃，为私盐的横行进一步提供了空间。引岸制度的不合理主要因为该制度在口岸设置上僵化固定，缺乏因地制宜的考量和成本核算，部分运道舍近求远，为私盐带来可乘之机。以黔岸为例，川盐入黔主要靠水运，射蓬盐场的盐经乌江、綦江、赤水河、永宁河通过涪州、綦江、仁怀、永宁四大口岸转口入黔，其中最大的引岸是涪岸，即由涪江入长江至涪陵、

---

[1] （民国）陈谦等修，罗绶香等纂：《犍为县志》，1937 年铅印本。

南下乌江经由彭水龚滩入黔。而犍为盐场地处岷江支流茫溪之滨，紧邻滇黔边岸，从犍为盐场运盐至滇黔，在运道上可缩短三分之一以上的行程，运输成本大大降低。犍为盐场价格低于射蓬盐场且盐质优于射蓬盐场，然在食盐专营政策的规定下，百姓只能食用射蓬盐场之盐，自然容易滋生犍为盐场越岸配送的邻私。

（三）楚岸

推行官督商销的计口授食制度之后，将湖北食川盐区域或称为湖北计岸，或称为楚岸，具体包括先隶四川后改隶湖北的建始县，以及改土归流后的鹤峰、长乐、恩施、宣恩、来凤、咸丰、利川七州县。[①] 咸丰三年（1853）后，经历"川盐济楚"事件，楚岸扩大至湖北全省和湖南部分地区。在"川盐济楚"以前，四川只供给少量食盐与川连界处的楚岸，湘鄂两省居民以食淮盐为主。而湘鄂两省，尤其是湖北，紧邻川界，却因食盐专营政策下的引岸制度，导致销地固定，引发诸多矛盾，故川淮两地在楚岸的销地之争为之展开，这场争论明为抵御川私浸灌淮引，实则是多方利益的冲突与显现。

谈及私盐与楚岸复杂的关系，要从国家将湖北八处销地划归四川开始。乾隆元年（1736），清政府将原隶四川夔州府的建始县改隶湖北施南府，按照引岸制度当改销淮南引盐，因淮南相距此处两千余里，水商脚价每盐一斤（成本），价银六七分不等，[②] 而四川云阳盐场地近价廉，每斤不过两分，[③] 清政府在湖广总督史贻直的建议下，同意建始县仍配销川盐。乾隆三年（1738），湖北改土归流的鹤峰、长乐、恩施、宣恩、来凤、咸丰、利川七州县，按引岸制度当食用淮盐，总督史贻直以"今归流又近川，淮盐道远价倍，民弗便"为由，奏请仍同建始县例同食川盐。[④] 清政府为避免上述改土归流的苗疆滋生动乱，

---

① （清）张茂炯等：《清盐法志》卷 246《运销门二·引目二·引地》，1920 年铅印本。

② （清）丁宝桢等：《四川盐法志》卷 8《转运三·湖北计岸》，1882 年刻本。

③ （清）丁宝桢等：《四川盐法志》卷 8《转运三·湖北计岸》，1882 年刻本。

④ （清）丁宝桢等：《四川盐法志》卷 8《转运三·湖北计岸》，1882 年刻本。

允诺湖广总督的奏略，因此，湖北共计八州县食用川盐。

湖北与四川被巫巴山地阻隔，陆运道路崎岖艰险，水运之路滩险礁多。四川通往这八州县的盐道十分不易，楚商、淮商不愿认引，多由川人运销。对于引盐的运销，盐法规定必须"引随盐行"，以便稽查盐及盐斤数从何处配来将销往何处，否则以私盐论处，作为运销合法凭证的盐引，在前往楚岸的道路上，因滩险道阻，时常容易毁坏丢失，在这八州县的盐运稽查中，时有通融"引不随盐"之举，四川私盐借此得以在楚岸顺利运输。进入湖北境内后，川私在淮盐销地蔓延，楚商常指川商"借引行私，有碍淮纲"①，为抵御川私的浸灌，遂定由楚省招募商人，楚省招募了淮商张立达，而张氏"数年之久，屡催并不来川领引配盐，以致课引久悬"②，嘉庆十一年（1806），楚地八处盐引被迫仍由川商办理。长此以往地历史沿袭，加之"川盐济楚"事件，在其后的"复淮"之举中，可以想象川私在楚岸难以禁绝的情形。

事实上，想食用川盐的楚地并不止上述八州县，造成想食用却不能食用，不想食用却必须食用的矛盾，此矛盾源于引岸制度与现实供给条件的冲突。固定销岸是为防范私盐，同时，市场的需要又冲破私盐防范的藩篱。湖北巴东紧邻四川东部的云阳、大宁等产盐区，也是川盐进入淮盐销地的要扼所在。川盐进入巴东是顺水行舟，加之区域邻近，与逆水上行且路途遥远的淮盐相比，具有绝对的价格优势。因为巴东独特的地理位置，一直以来是川淮盐商激烈争夺的焦点，早在雍正四年（1726），巴东纸倍溪突冒盐泉，所产之盐以淮盐引张之名就地行销，四川盐商趁机冒混巴东盐入驻淮盐销地贩卖私盐，淮商惧怕事态扩大，"情愿认课，请封盐井"③，足见川私对淮盐销区的威胁。雍正六年（1728），四川总督岳钟琪，以川盐价廉等为由，奏请巴东改食川盐，被户部数援葛尔泰驳回，其中最大的缘由即是担忧川盐在

---

① （清）丁宝桢等：《四川盐法志》卷8《转运三·湖北计岸》，1882年刻本。
② （清）丁宝桢等：《四川盐法志》卷8《转运三·湖北计岸》，1882年刻本。
③ （清）丁宝桢等：《四川盐法志》卷8《转运三·湖北计岸》，1882年刻本。

巴东等县的销售会导致川私对淮盐销地的浸灌，影响国课的收入：

> 查湖广一省，行销淮盐十分之七，其所属归州、巴东、同山三州县连界川省，私贩易侵，全赖疆界攸分，以便稽查禁绝。今若改食川盐，则川私乘机透入，难以稽查，况雍正四年，巴东县地涌盐泉一案，淮商惟恐川私借名侵越，情愿增引纳课，请将井永行封禁奉有。谕旨钦遵在案，今又以川省之井盐运于巴东等县，是开贩私之门，诚恐蔓延全楚，必致雍滞官盐，若尽并归川省行运，则井盐所纳之税与淮盐所纳之课轻重不同，且此三州县原额淮盐一千七百六十引，又将归于何地行销？课饷上关国课，未敢轻易纷更。①

川盐在巴东、归州、同山等地开设引岸等请求的驳回，并不等于四川官盐和私盐在该地销售的禁绝。在"川盐济楚"事件前，也时常有小规模济楚行为发生，乾隆元年（1736），湖广总督史贻直同意"遇淮盐偶乏，听民零买川盐不得过十斤以上"。此政策一出，虽巴东等地非川盐销岸，但为川盐在该地的销售披上合法外衣，与此同时，私盐乘虚而入。虽无确切数据统计四川私盐在淮盐销地的销售数量，但乾隆二十九年（1764），从两淮巡盐御史高恒，为敌川私，奏请宜昌通判移驻西坝，且每年拨淮盐十万包屯宜昌贱卖的事实中，便能对川盐的走私规模窥见其余，以每包一百斤的重量保守估计，四川私盐每年在淮盐引岸销售的数量至少是千万斤左右。

之后，咸丰三年（1853），太平天国运动持续升级，太平军阻止淮盐北上，湖广等地民淡食。基于此，清政府下令"川盐济楚"，销售区域除原来政府规定的八州县外，额加原淮盐所属的武昌、汉阳、黄州、德安、安陆、襄阳、郧阳、荆州、宜昌、荆门九府一州销区。"川盐济楚"在特殊时期，对解决湖广地区民生问题、促进四川盐业迅

---

① （清）丁宝桢等：《四川盐法志》卷 8《转运三·湖北计岸》，1882 年刻本。

猛发展，以及稳固清王朝统治等方面有特殊贡献，但由此而造成的楚岸川私问题，成为日后令统治者头疼的难以调和的社会矛盾。"川盐济楚"事件，成为川私由部分浸灌到全面浸灌淮盐在湖广销地的始作俑者。

太平军的阻隔，使川盐对湖北人民的救济迫在眉睫。东南事起以前，四川到湖北的官方引额为：施南府鹤峰等七州县"水引三十四张，陆引一千一百九十六张"，建始县"水引九十三张"①，共计 1313张，而两淮之盐"湖北岁销淮引五十五万三千五百余道"②，其数额相距悬殊。在清政府下令调拨川盐济楚之时，川省官方余引为陆引五千余道，只救济给湖北陆引二千道，且陆引一引不及水引十分之一，故"不敷数日销数"。根据运销制度的规定，无论何时，引随盐行以便稽查，而楚岸告急的情形下，湖北官府恳请四川政府对前来四川购盐的商贩给予特殊照顾："湖北全省改食川盐，陆引二千不敷数日销数，现在湖北需盐甚急，而川盐来源绝少，即陆引到齐数日后又将告乏，请烦查照，速饬盐茶道遍谕川省盐场卡巡，各文武知悉嗣后，遇有楚省商贩持票赴场纳课买盐，请即验明放行，勿许刁难掯索，以裕国课而济民食。"③

对入楚川盐商给予特殊照顾的后果便是贩私现象开始蔓延，这一行为直接促使川私纷纷入境湖北：

> 楚省商贩持票赴场纳课买盐，即验明放行，则应配何场之盐，既无定所，究行若干之，票亦无确数，一任奸商私贩串通厂员作弊，曾否纳课，亦无从稽查。
>
> 户部议略，查两湖额销淮盐七十七万六千六百余引，内毗连四川之湖北，额引五十五万三千五百余道，现因淮盐不到借运川

---

① 川引成例，每水引一张载正耗盐 5750 斤，每陆引一张载正耗盐 460 斤，合计鹤峰等七州县水陆二引共 1230 张，共需正耗盐 742660 斤。参见《四川盐法志》卷 8《转运三》。
② （清）丁宝桢等：《四川盐法志》卷 11《转运六·济楚上》，1882 年刻本。
③ （清）丁宝桢等：《四川盐法志》卷 11《转运六·济楚上》，1882 年刻本。

盐，而川省仅借陆引二千张，不及百分之一，其为私充官滞，显而易明，该尚书访闻川省产盐较旺，地方竟有每日所煎盐斤不敷，所售者，则额引自不敷用，必当有增引裕课之益。顾何以该省现存余引五千道，尚不能尽数销售，而拨借湖北之引，并未及余引之半，探原其故，总由井灶利于得价，而售私小民利于贱食，而买私官吏利于贿纵，而徇私迫至，邻封借运则又奇货可居，价值昂贵而遂不足以抵私。今欲冀川盐之增引裕课，当先令川盐之化私为官，查四川夔州府属之巫山县与湖北宜昌府属之巴东县，壤地相连，凡川私船之顺流而下，势不能越巫山而飞渡，若于此处扼要设卡，专驻道府大员，凡遇私贩过卡，但按正引科则收取税银，即便给引放行，无论军民均许自行贩鬻，一税之后，不准胥吏再有丝毫需索，违者以赃论此，化私为官之一法也。再川盐产之于井，通省原额盐井八千八百三十三眼，按井眼锅口，各分上中下榷课，是产盐之盈虚，运销之畅滞，一目了然，非如海滨之散漫无稽者可比，若于井灶旺销之处，酌加引张，除正课之外，不再加分毫，则商贩自必不胫而走，此又化私为官之一法也。①

"引不随盐，官私无据"②，这一时段"凡川、粤盐斤入楚，无论商民，均许自行贩鬻，不必由官借运。惟择楚省堵私隘口，专驻道、府大员、设关抽税。或将本色抽收，或令折色输纳，均十取一、二，以为定制。一税之后，给照放行"③。在食盐大量缺口的现实面前，为解决当前的社会矛盾，官方默认私盐在特殊时期的合法性。

私盐泛滥的另一原因在于，为解决镇压太平军的军需，官盐不断摊派税费，以致官盐价格几倍于私盐，"民间买食每盐一斤须钱九十

---

① （清）丁宝桢等：《四川盐法志》卷 11《转运六·济楚上》，1882 年刻本。

② （民国）朱之洪等修，向楚等纂：《巴县志》，1939 年刻本。

③ （清）丁宝桢等：《四川盐法志》卷 11《转运六·济楚上》，1882 年刻本。

余文，较之现民间买食粤私，市价多至一倍有余"①，四川兼署督臣的奏陈道出了刺激私盐滋生的这一原因：

> 国家盐利虽失之于淮南，犹可收之于川粤，如果成本轻减，经理得宜。不独亿万穷民共需乐利，且当此军需匮乏，搜括无从与其行，一切权宜之政，扰攘而无补时艰竭？若求调剂之方，把注而可期实济，今川粤两省官盐价值，较私盐贵几倍余，势不至骗民食私不止。查粤盐每盐一包，完库正款只须银一两零九分七厘零，而商支外款则遁加至三两一钱三分，实较正款几多两倍。川盐在本地每斤不过十余文，即外款运脚加至一倍，亦不过二十余文，今国课不因借销楚省而议加，而各款反因广销邻省而增长，是无益于国而徒有益于商也。伏恳勅下广东、四川督臣，饬属从长计议，将商支外款各项大加删汰，务以私盐价值相抵，申严场灶售私官吏，腋削之禁以清其源。②

同治三年（1864），两江总督曾国藩，以太平军被平定，预谋复淮之计，但由于四川私盐在"川盐济楚"时期的泛滥，迟迟难得恢复。"川盐济楚"前，淮盐在湖北销区的年课额为百余万两，为确保淮盐税收，曾提出"重征川盐厘税，而薄征淮盐，以敌私"，岂图以此抵御四川私盐侵灌淮盐销区。在曾国藩的提议下，川盐厘税被征收至二百数十万两，然，因川盐味美且价依旧较淮盐廉，川盐在楚岸利销而淮盐仍滞。五年之后，即同治八年（1869），曾国藩因此计无效，遂将复淮岸之事再次提上议事日程，同时以封禁井灶以节源头、罢除局税以绝源流、煎炼盐色以敌私等为由，分别奏请四川总督吴棠、湖广总督李瀚章、两江总督马新贻。

---

① （清）丁宝桢等：《四川盐法志》卷11《转运六·济楚上》，1882年刻本。
② （清）丁宝桢等：《四川盐法志》卷11《转运六·济楚上》，1882年刻本。

曾国藩的复淮之路如同五年之前一般，并不平坦。"臣于同治三年间，整理蹉务，将邻盐税厘酌量加重，原冀川私本重而日衰，淮盐渐进而日旺，不谓川贩巧于趋避，百计漏厘，每运两引之盐，仅完一引之税。臣访知其弊，上年曾派委员至宜昌会同楚省委员，公同掣验。本年又减淮厘期收敌私之效，乃查鄂湘两局，积压淮盐不下十余万引，存数极多，销数极滞。"① 曾所虑及的是淮盐在湖广的固有销岸，以及淮盐积压税额难齐，他的出发点就他的立场而言有其合理之处，但对四川地方政府而言，四川在失去大部分临时楚岸之后，将面临诸多现实问题。如曾国藩所提封井一事，势必影响四川局势，因此在曾提出封井政策后，四川总督吴棠立即给予回应："川省取盐于井，井眼之深浅，自数十丈至二三百丈不等，椎凿甚属费力，须十余年或数十年始能见卤，凿井之费盈千累万。井户类多鬻产借债，以待取给。一旦饬令封禁，恐难甘服。且未禁之先，何处井灶应封，何处应留，官既不能意为区别，既禁之后，或封、或不封，又不能逐日监视。若令吏胥查催，势必讹索抑勒……况附厂人夫丁役以数十万计，一经失业，难保不流而为匪。"②

川民凿井的艰辛与成本的高昂，势必造成因封井灶而导致的社会矛盾，引起井灶户等相关盐业从业人员与国家、地方政府的利益冲突，形成社会不稳定因素。封井政策难于执行之处还在于，哪些井该封，哪些井该留，封与留，都有难以平息的社会矛盾。更为重要的是，于官盐而言，当时滇黔边岸已全面崩溃，倘若楚岸再度缩减，势必产生数以十万计的失业者，这些人又如何安抚？因此，湖广总督李瀚章对此提出了四川私盐不能遽禁的缘由："李瀚章以为不宜遽禁者有六：罢税则本轻，而私贩愈众，一也；黔乱道阻，盐率由楚，不能并禁，禁必滋事，二也；川税不能取偿于淮，行且亏帑，三也；鄂省岁出各

---

① （清）丁宝桢等：《四川盐法志》卷11《转运六·济楚上》，1882 年刻本。
② （清）丁宝桢等：《四川盐法志》卷11《转运六·济楚上》，1882 年刻本。

款，半出于盐，淮运如绌，即难改拨，四也；井封则失业且众，后患难言，五也；民喜川盐强所不欲，六也。"①

同时，同治八年（1869）四川总督吴棠对上述不能遂禁的缘由，做出了更为详细的说明：

查川盐行楚已久，商民习焉，相安现在，骤议停止，事关数省不得不通盘筹划，觉川盐难以遂停者，凡有数端，川商行盐之地，除本省外，向惟滇黔两边。咸丰四年以后，黔匪猖狂，滇匪相继扇乱，两省边地，人民流亡，引岸全失，川省井厂，亦遭滇匪蹂躏，商号不行，积年引滞税悬，始改代济楚，旋因川额军糈支绌，俱各设局添收厘税，商人本重利微办理，仍形竭蹶，不但旧引尚未销竣，新引亦多停滞，综计积欠税羡数百万，此时旧岸未复，若又停止济楚，边商苦无销路，所欠新旧税羡，势难责令空赔，此不可遂禁者一也。川省本年，京饷两次指拨盐厘，共二十三万两，此外如援黔勇粮，陕甘协饷，均取给于盐厘，年以数十万计，如停止济楚各局厘，源顿绝京外要需无款可以改拨，深恐贻误大局，此不可遂禁者二也。楚民喜食川盐，由来已久，官商继停，私贩势难禁绝，盖利之所在，众所必趋，如欲严塞漏卮，必须于水陆要隘多派丁役，四处拦截，而川楚交界地方，绵亘数千里，处处可通，不但难以悉堵，且恐办理稍有未善，既易滋生事端，复虑扰累行旅，况鄂省鹤峰、来凤八州县本系川省引岸，官私影射，界限难清，此不可遂禁者三也。两淮煮海为盐，其本甚轻，川省取益于井，眼之深浅自数十丈至二三百丈不等，椎凿甚属费力，须十余年或数十年始能见卤，凿井之费盈千累万井户类多鬻产借债，以待取给，一旦饬令封禁，恐难甘服，且未禁之先，何处井灶应封，何处应留，既不能意为区别，既禁之后，或封或不封，又不能逐日监

① （清）丁宝桢等:《四川盐法志》卷11《转运六·济楚上》，1882年刻本。

视，若令吏胥查催，势必讹索抑勒，弊实繁滋，况附厂人夫丁役，以数十万计，一经失业，难保不流而为匪，致贻隐患，此不可遽禁者四也。刻下，滇黔军事颇有转机，如能一律肃清，人民渐次复业，川省边岸畅销，则行楚之盐将不禁而自灭，惟淮南引地，不难仍复旧制，此时未便勉强从事，致多窒碍。①

为稳定国家大局，少生事端，在明知四川私盐破坏专商引岸制度的前提下，两江、湖广、四川总督三方达成一致，"惟川淮兼销于荆州、沙市设配销局率淮盐二成川盐八成以渐图复"。② 既稳住了淮盐势力，又保存了四川利益，实为权宜之计。

同治十一年（1872），淮盐在湖广的销售经户部批准与川盐二八分成配销方案后，并未立即取得成效，川私仍旧大量进入湖北等地"无日不以川私为言"③，曾国藩继续奏请限制川盐入楚并要求封禁盐井，还提出"撤去沙市配销局，就湖北九府一州分武昌、汉阳、黄州、德安四府专销淮引，以安陆、襄阳、郧阳、荆州、宜昌、荆门五府一州借销川引，淮销之地，不许销川，川销之地，仍兼销淮"。④ 此外，又续陈五条会议章程，扶淮抑川。

官督商销制度，即是政府利用商人资本代行运销业务而承包课税的专卖形式，借商人资本和经营能力以规避经营风险，以保证国家对盐的绝对掌控和对盐利的攫取。此制度是清朝使用最广泛的运销制度，由于政府对商人的依赖，商人的重要性显得格外突出，一旦商人出现问题，整个制度的运行将处于瘫痪状态。如同滇黔边岸，由于盐商疲惫不愿行引，导致口岸废弛、官引积压，而对食盐的刚性需求，致使私盐活跃并大量涌入滇黔边岸。官督商销制度中，对运销口岸的固定，

① （清）丁宝桢等：《四川盐法志》卷11《转运六·济楚上》，1882 年刻本。
② （清）丁宝桢等：《四川盐法志》卷11《转运六·济楚上》，1882 年刻本。
③ （清）丁宝桢等：《四川盐法志》卷11《转运六·济楚上》，1882 年刻本。
④ （清）丁宝桢等：《四川盐法志》卷11《转运六·济楚上》，1882 年刻本。

亦是引发私盐产生的重要原因,部分运道的不合理,对食盐习惯的不尊重,都会促成私盐的滋生。同时,清王朝和地方政府为保证政权利益,维护社会的正常运行,在太平天国运动等特殊时期,对私盐的控制半虚半实。

三 官运商销制度与私盐

官运商销制度是晚清四川地方政府在运销领域的一项重要改革。自太平军兴以来,四川盐业除保证本地人民的食用外,对其他引岸的运销重心在楚岸,加之滇黔边岸的交通不便、运销成本过高等因素,边岸盐商歇业、无人认引、引滞岸悬,至丁宝桢改革盐务之时,边计岸积引高达八万数千余张,积欠羡截一百数十余万两。[①] 边岸官引的滞销,为私盐的盛行提供空间,四川地方政府已切身感受到"川省私贩日充,地方时虞不靖"并"窃拟设法整顿"[②]。同时,由于楚岸私盐浸灌淮纲,迫于清政府与两淮地方政府的压力,"川盐济楚"政策已无法继续实施,全省大宗财富来源行将断绝。在此背景下,光绪三年(1877),时任四川总督丁宝桢,在会候补道唐炯的提议下,正式向清政府提出推行官运商销的缘由及改革措施。

官运商销分三个阶段完成。首先,从黔边岸开始,在泸州设立办理黔边盐务总局,由唐炯主持,所有黔岸边引,以及邻近的叙永、永宁、纳溪、合江、泸州、江津、南川、綦江、涪州、酉阳、秀山、黔江、彭水等本省各厅州县计引,均由总局转发配运,并规定了如何设局、购运、发商等事务的细则。各岸奏销由局自行专办,各州县以前的积欠引账,归局清查,分年成带还。运销工本,共58万两,由山东、湖北借款8万两,其余50万两由川东道盐厘、夔关盐税、富荣盐厘充任。

之后,于光绪四年(1878)十月,举办滇岸官运,代行近滇边之

---

① (清)丁宝桢等:《丁文诚公奏稿》卷13《筹办黔岸盐务官运商销折》,1907年刻本。
② (清)唐炯:《四川官运盐案类编》卷1《筹办黔岸官运商销盐务章程折子》,1881年刻本。

宜宾、屏山、庆符、南溪、长宁、高县、珙县、筠连、兴文、江安、马边、雷波十二厅、州、县。① 不久，丁氏又陆续收回湖北的鹤峰、长乐、恩施、宣恩、利川、建始、咸丰、来凤及滇黔官运途中的或邻近的巴县、江北厅、忠州、丰都、长寿、石柱等厅、州、县。共行水引19571张，陆引56046张，约占川盐全额的58%。

光绪二十九年（1903），在省内计岸推行官运，将现行商运的成都、华阳、温江、新凡、彭县、崇宁、灌县、新都、郫县、新津、双流、崇庆、金堂、夹江、峨眉、雅安、荣经、芦山、清溪、天全、眉州、彭山、青神、邛州、大邑、蒲江、仁寿、汶川、理番、达县、渠县、东乡、太平、大竹、广安、邻水、岳池、垫江38厅、州、县全改官运，共行水引3932张，陆引28990张，至此，全省61厅、州、县实行官运，仅少数州县实行民运民销或商运商销。

官运商销实施的初衷，是为解决盐务废弛、引积税欠、私盐充斥的四川盐务问题，尤其是滇黔边岸问题，以实现"禁川复淮"后四川盐业的发展，确保国家的课额。四川总督丁宝桢为找到推行官运商销的合理性，指出官督商销存在的缺陷：

> 虽经前督臣骆秉章、吴棠两次奏明展限督销，而积引益多，欠课益甚，空有督销之名，毫无行销之实。驯至私枭四塞，商困岸疲，因易而为改代改配，官吏借此婪索，商人遂违禁加斤，计每包二百斤私加至三百数十斤及四百数十斤不等，官以得其使费，明知之而故纵之，以致一引行两引之盐，举国视固然，毫不知惧，以致引张因之日滞，课税因之日绌。则官督商销之有病于国，固昭然可观矣。

丁宝桢将原有运销领域商人私加盐斤、官吏让私盐顺畅流通的做法，归结为官督商销制度的不合理，以此证明改革的必要性。官运商

---

① （清）丁宝桢等：《四川盐法志》卷13《转运八·官运上》，1882年刻本。

销之后，丁宝桢认为运输环节中的各种使费荡然无存，"商人无丝毫受累"，因此商人也不必私贩盐斤。在官运商销实施一年之后，他自认为解决了包括走私在内的复杂问题：

> 自臣上年开办官运后，本年奏销核计边计各额引已全数销清，复带销积引至一万余张，所收税羡截厘及各杂款至一百余万两，是皆以国家无用之废纸易而为有用之正供。而边计各商，无不自以为得利，民间亦无不称为食贱者。推原所自，盖由官运之事核实，所有商人从前一切无名使费，悉以删裁，而口岸又为划清，销路不相掺杂。其自买盐以至销盐，凡以前厂灶侵欺之弊，行运沉溺之险，船户偷漏之苦，私枭抢劫之害，全行扫除。商人无丝毫受累，而每引一张，该商坐获二十余两之利……是以官引日销，税厘日旺，实由于此，则官运商销之有利于国与商民又昭然可睹矣。①

丁宝桢的盐务改革，至于是否达到如其所说，不在此处讨论范围之列。但对于实施的结果，奉旨前来四川调研的礼部尚书恩承在一番考察之后，却颇有微词：

> 查道光三十年，四川督臣徐泽醇奏准花盐每包定位二百斤，每引五十包，重一万斤，于咸丰初年议定抽厘八两，嗣于同治年间，再议加厘，彼时商贩每引已私加至一万七千斤，经前督臣骆秉章署督臣崇实先后查知其弊，遂就其加斤，定位安斤加厘，除正引一万斤，仍抽厘八两外，从新按其私加之数，合计每引一万七千斤，又加厘十七两，合之正厘，共二十五两，使商人省引税之资，而饷需多厘金之助，夫前督臣岂尽贪墨徇私之吏哉，亦明知加厘为国家不得已之策，遂有此权宜之计，是以厘金不匮，而商民仍复乐，从今

---

① （清）丁宝桢等：《四川盐法志》卷13《转运八·官运上》，1882年刻本。

该督革除加斤之弊，每包仍复二百斤，每引仍复一万斤，规复旧章，讵非旧亦应改复八两之厘，若厘金复旧，则库储转绌，是以该督定为每引抽厘十八两，较之未改包以前每引抽厘二十五两，固属明减，核之初抽厘之时，每引抽厘八两，则实暗加也。①

光绪五年（1879），恩承上书的奏折与丁宝桢的自述迥异，恩承认为：川盐改归官运，开销靡费，官运局借拨成本数目不符，征收款项亦多，牵混杂款名目繁多，以致商民交困等，总之，于国计民生两无裨益。②

从两人反差较大的言论中，可以看出丁宝桢四川盐务改革的阻力与杂音，此书的目的不是关注丁宝桢盐务改革是否取得成效，或已取得的成效，意在关注改革后的运销领域内，对私盐的治理程度。姑且不论治理私盐对社会的作用，就私盐治理的层面上，客观而言，丁宝桢对私盐的治理是卓有成效的，官运革除了商人习惯上的走私陋习，堵塞了商人走私的通道，尤其在打击盐枭方面，应该如其自我描述的那样"私枭抢劫之害，全行扫除"，对横行川东一带十余年的著名巨枭的缉拿，可谓功劳显赫。重庆以下缉拿了江大烟杆、罗贵兴、谭登心、杨海亭为首的盐枭集团，泸州以下捕获了谭二疯亡、任韦驮、任长蛮等枭首。③ 解决了多年以来困扰四川社会秩序的顽疾。

但对私盐治理的成效，不等于根除了运销领域由来已久的私盐问题。滇黔边岸在官运以前的废弛状态下，私盐肆掠。复兴滇黔边岸，立即根除私盐问题，在犬牙交错的滇黔边境恐有难度，实施官运后的光绪四年（1878）十二月十三日，唐炯在《请咨办黔省武生纠匪劫盐详文》一文中说道：

> 光绪四年十一月二十日，据瓢儿井行号胡义盛、陈同春、马义

① （清）张茂炯等：《清盐法志》卷250《四川七·运销门六·官运上》，1920年铅印本。
② （清）张茂炯等：《清盐法志》卷250《四川七·运销门六·官运上》，1920年铅印本。
③ （清）丁宝桢：《丁文诚公奏稿》卷14《拿获重庆泸州巨枭片》，1907年刻本。

合、蓝德兴等禀称:黔省兴义五属向为永岸引盐销路,郎岱所属之把路一带,地方又为往来必由大道,其地有啯匪汪四幺自恃武裕,招聚亡命之汪大汉等数十人,盘踞当道,专以纠劫过客窝盗分赃,往来行旅受害者,不少单身贸客莫敢与较。光绪二年九月,劫杀张起顺等夺财害命,郎岱、平远均有案可查,汪四幺等具有甘结永保一路无事。近日,事久玩生,故恶复萌,今九月将蓝德兴运去官盐十一背恃众劫去,殴逐脚夫,虽经控厅有案,差役屡次比责而畏恶,莫敢过问。迄今数月之久,案犯未获,引盐无着,以致商贩视为畏途,裹足不前,兴义盐路不通皆由此于此。①

私盐问题未彻底解决,不仅在唐炯奏折中有所体现,在巴县档案中亦能得到佐证,从现有巴档中可以发现,官运商销阶段,有关私盐的案件和政府下发治理私盐的文件高达三十项之多,与贩私的顶峰时期(咸同时期)可相媲敌,足以证明,贩私问题在清季四川已成顽疾,根治非一日之功。

可见,恩承的话并无空穴来风,官运导致的冗费使计岸与边岸的食盐价差悬殊甚远,清末自流井的食盐,若在泸州销售,每引售价九十至一百两,倘若在贵州武川销售,约银三百六十两,至四百两,较官价约涨四倍。②

因此,尽管丁氏在官运商销时期,加大力度治理私盐问题,也打击了一批贩私巨枭,但现实的结果是,即便官运也减少不了食盐成本,贩私现象仍然存在。

在运销领域内,从民运民销制度,到官督商销制度,再到官运商销制度,经历着运销制度的变迁。制度的作用是解决社会中反复出现的问题,③ 清代四川三种食盐运销制度,都在特定状况下体现出抵御

---

① (清)唐炯:《四川官运盐案类编》卷 10《丁丑纲三》,1881 年刻本。

② (清)丁宝轩:《皇朝蓄艾文编》卷 23《矿政二》,上海官书局 1903 年刻本。

③ [美]杰克·奈特:《制度与社会冲突》,上海人民出版社 2009 年版,第 9 页。

私盐的作用，但每种制度，均无法根治私盐，制度的变迁正是由于制度中蕴含着不科学的因素所致，正如无论何种食盐运销制度中始终存在利于私盐滋生的土壤。

四 小结

清代食盐运销制度的变革与私盐在清代四川的盛行密不可分。食盐运销制度中的不合理性为私盐的盛行带来可乘之机，而私盐的盛行反过来促进运销制度的变革。但无论制度如何变革，贩私作为非法的经济行为和社会行为，其现象在清代四川均无法根治。

民运民销制度固然在特定时期，保证了四川盐业的良性发展，但随着社会的变迁，民运民销制度的缺陷亦逐步彰显，其中重要的原因是促进了私盐的产生，但颇有意思的是，在官督商销时期，又将民运民销的票盐制作为食盐运销制度的辅助手段，以解决日益盛炽的私盐问题。官督商销制度在四川的执行，尤其是"川盐济楚"事件的发生，使四川私盐的猖獗程度更加猛烈，达到了前所未有的程度。私盐的产生是极其复杂的社会现象，但制度的因素不无关系，官督商销机械呆滞的市场划分，缺乏因地制宜的考虑，因此私盐的滋生在所难免。从淮盐与川盐在湖北、湖南的销地之争，便能窥见一斑，如果不固定销地，允许自由买卖，也不会出现川私一说，淮盐的"据理力争"，漫长曲折，从这一过程不难发现，私盐已令统治阶层无所适从。之后的官运商销旨在解决末路的盐务问题，虽加大力度打击治理私盐，尤其是治理盐枭，但只要利之所在，私盐必趋之，食盐运销制度随着清王朝的没落在解决私盐问题上无力回天。

制度的作用是解决社会中反复出现的问题，而制度的变迁正是由于制度中蕴含着不科学的因素，清季四川食盐运销制度的变革正是其体现。在运销领域内，从票盐制，到官督商销的专商引岸制，再到官运商销制，变革因私盐而兴，亦因私盐而亡。

第四节　四川盐税制度与私盐问题

一　清代四川盐税制度的发展阶段

（一）咸丰以前相对平稳的征税阶段

清王朝建立政权以来，盐税虽关乎国家经济命脉，但由于四川地区盐井开凿艰难、常费数家之产的特殊性，清代前期食盐课税相对较轻。经历明末清初战乱后的四川，满目疮痍、盐业疲敝，所产盐斤数量不足以行引，遂由商贩肩挑背负，零星售卖。清初统治者吸取明亡教训，制定并执行了"安民为先""裕民为上""便民为要"的治蜀方略①。体现在盐业治理方面，具体表现为：在生产领域，盐井见卤三年后方征收税；在运销领域，凡贩运四十斤以下的贫弱商贩，免征课税，② 四十斤以上者，由政府发给盐票，"大商每票五十包，小贩填盐四包，每包额定税银六分八厘一毫"③。

至康熙时期，户部给四川颁发盐引，即盐商凭政府所发盐引到指定盐场购盐并运往销区售卖，至此，由零星销售发展为规模运销并开始征收引课。生产领域盐课定为常额，征收数额较稳定。康熙以后至咸丰三年（1853）以前，课税项目依然相对简单，主要分为井课（锅课、灶课）、引税及附加税三项，大致情况如下。

井课，或曰锅课或曰灶课，为生产环节的税收。"井、锅、灶三者不兼榷，榷其一免其二"④，其中，以井课方式征收为主。井课，即"榷

---

① 陈世松、贾大泉主编：《四川通史》卷 6 清，四川出版集团、四川人民出版社 2010 年版，第 3 页。

② 据《清史稿》卷 123 第 3612 页记载："初，世宗从宏恩言，命给贫民循环号筹，听于四十斤内负贩度日。至乾隆初元，户部题筹，日赴盐场买盐一次。"

③ （清）张德地：《奏减四川盐课疏》，参见《皇朝经世文编》卷 50《户政》，1827 年刻本。

④ （清）丁宝桢等：《四川盐法志》卷 20《征榷一·井课》，1882 年刻本。

于井者"，具体征收方式是，依据盐产品质量的分类定等按年征收，官盐"就其咸源之盈眺、卤味之厚薄而定为则"，共分为上、中、下、上中、中下、下下六等，各等征收税额不同。四川榷井的厅、州、县共有二十五，计有：铜梁、涪州、大足、合州、阆中、南部、南充、西充、蓬州、大竹、万县、三台、射洪、中江、遂宁、安岳、蓬溪、乐至、资州、资阳、内江、仁寿、井研、绵州、忠州。其次为锅课，即"榷于锅者"有十四个州县，计有：富顺、荣县、威远、犍为、乐山、简州、大宁、云阳、开县、彭水、奉节、江安、城口、盐亭，其征收方式与井课基本相同，将所煎之盐分为六等，按等级区别征收。最次为灶课，即"榷于灶者"，盐灶按规定不征课，全省只有盐源一县征之于灶，一灶称为一条，全县应课额灶共计六十六条半，每条"率课盐百斤，改征银一分二厘"[①]，共征银 13.2 两。全省井锅灶正额课税共计征银 14962 两。

引税为运销环节的税收。盐引依照运输途径的不同，分为陆引和水引，水引每张配盐五十包，课银三两四钱三分，陆引每张配盐四包，每张课银二钱七分二厘四毫。[②] 全省共征银 140410 两。

附加税含羡余、截角、纸朱、脚力四项。羡余缘于古代地方官吏之"浮征"，即正税之外额外征收的费用。截角，是指引商在运销过程中备查验和行盐完毕缴销盐引时被巡盐局卡截去引之一角所应缴纳的手续费，水引截角 0.6 两，运行各边岸者 1 两；陆引截角银 0.048两，行边者 0.08 两。纸朱，是指每年四川布政司派员前往户部请领盐引时，所缴纳的引纸印刷费 0.003 两。脚力又称脚力银，无论水陆引商，皆需摊派差役领引的路费，每引均纳银 0.004 两。如此计算，全

---

① （清）丁宝桢等：《四川盐法志》卷20《征榷一·井课》，1882 年刻本。

② 参看《清盐法志》卷255《四川十二·运销门十一·截验》，清初以盐百斤为一包，外加耗盐十五斤，每包一百一十五斤。雍正十二年，又兼权包皮、垫草，增加二十斤，每包重一百三十五斤。乾隆三十年减重五斤，每包重一百三十斤。道光三十年，定花盐每包二百斤，巴盐每包六十斤。晚清时期增至两百斤一包。

省每年征收附加税额共计 29856 两。①

以附加税羡余为例,凡井课、引税皆附征羡余,井课羡余依据各厂产量而定,井课一两羡一钱二分,量增至一两为率。引羡分上、中、下三则,上则视税倍之,中则减倍之半,下则无羡。无井而行引者,唯征引羡。一水引征羡银六钱,一陆引征羡银四分八厘;边引分行滇黔者,一水引征羡银一两,一陆引征羡银八分。② 全省总共征收井引课税羡余银 129837 两。

雍正八年(1730),四川巡抚宪德奏称:"据驿传盐法道刘应鼎详,蜀省盐务向因兵燹之余,民物凋残,课税俱从轻定制",这说明当时四川地方政府的初衷是要维护盐业的正常运行。但无奈"历任地方官,因循旧习,率多额外加征……如盐每水引一张,额征税银三两四钱五厘;陆引一张,额征税银二钱七分二厘八毫。乃历年来各州县竟不按额征收,有每张水引征至八、九两或四、五两并四两有零不等。陆引每张征至六、七、八钱或四钱并三钱有零不等。此外,又有各衙门'使费'、领架各种名色",以致"川省盐课茶税,正额之外,倍有赢余",为避免由此带来的包括私盐在内的各种弊端,宪德随后奏请将浮征之数定为税率,随正课征收。但此想法并未得到户部的同意,恐"行盐州县藉其名色,又行额外科派",故其羡余乱征收现象尚未根除,以致商民各怀欺隐。③

上述井(锅、灶)课、引税及附加税,四川省年均征收总额为315065 两,这一数额称为正额课税,咸丰以前,四川盐税大体保持在此数额。在此阶段,探究盐税制度与私盐的关系问题,核心之处在于附加税羡余。羡余的出现,实际上是在盐务管理中允许盐税的无限制征收,"一引之课,渐添至数倍有余",一旦国家财政紧缺,就"或倍征或再倍增",长此以往,这种税收制度必然会激化社会矛盾,官盐

---

① 参看鲁子健《古井沧桑话川盐》,四川出版集团、巴蜀书社 2010 年版,第 76 页。

② (清)丁宝桢等:《四川盐法志》卷 20《征榷一·羡余》,1882 年刻本。

③ (清)丁宝桢等:《四川盐法志》卷 20《征榷一·羡余》,1882 年刻本。

价格的不断抬升逼迫民众食用价格低廉的私盐，官盐不合理的税费刺激盐商希望通过售卖私盐保证利益，这些都为私盐的肆虐提供了空间。

（二）咸丰以后"疯狂"征税的阶段

咸丰三年（1853），在被列强侵略的同时，太平天国运动兴起，太平军与清军在长江中下游地区展开了拉锯战，长江航运不能正常进行，淮盐被截断运输通道，至此，开启了"川盐济楚"的历史。内忧外患之间，为清王朝正常运转助力的四川盐税显得尤为重要，这一时期，除上述常规税目外，于咸丰五年（1855）还增加了各种"厘金"和各项杂款的征收。盐厘主要包括厂厘、渝厘、夔厘等，其中以厂厘为大宗，其次为渝厘。

厂厘：又名引厘。咸丰五年（1855），四川总督黄宗汉于犍为、乐山、富顺、荣县、射洪等各盐场设厘局，具体抽收银两如下：行销楚地之盐，于犍为之五通桥，富顺之自流井、豆芽湾，蓬溪之康家渡设总局四处，抽每斤1厘之数，水陆引张，皆计斤抽厘。余盐每斤抽钱4文，简、资等小场，由地方官一律照办。咸丰十年（1860）以后，各厂厘金酌量加增，巴盐每斤加银1厘5毫，花盐每斤加银1厘。归丁之三十一州县，准赴各厂买卖余盐，又择各厂要隘之处设盐垣七处，灶户发卖余盐，皆令至垣交易，巴盐每斤加抽钱2文，花盐照旧每年抽银75万—76万两。射蓬厂在川北，其盐由川北直至重庆之唐家沱方入大江，后由重庆府为边、计引盐所总汇。咸丰十年（1860）又于府城设立总局，勿论边、计运楚正、余盐，皆令赴局完厘。运楚有引巴盐每包抽钱650文，花盐每包抽钱1350文，无引余盐每包抽钱1500文。小河所来余盐包口轻重不一，则每斤抽钱5文。其行销本省计岸之盐，按水引一张抽银2两。一年共收银二十五六万两。[①]

渝厘：又名重庆厘。厂厘以外，以渝厘为重。因地缘关系，重庆是四川前往湖北的必经之地，故在咸丰十年（1860），四川总督曾望

---

① （清）王守基：《盐法议略》，中华书局1991年版，第74页。

颜奏请设厘局于重庆府，分别在据重庆城上游十里的香国寺，和距重庆城下游二十五里的唐家沱设卡。凡运盐船只经过重庆运销湖北楚岸和本省计岸的引盐一律抽收渝厘，犍、富各厂济楚引盐，花盐一包榷厘钱1250，巴盐一包榷厘650，各余盐一包榷厘1500，计引则五六斤榷1钱，一年能榷厘二三十万两以上。①

夔厘：也是盐厘的重要组成部分，专榷济楚无引之盐。咸丰四年（1854）十二月，盐茶道蒋琦龄在夔州拟设立盐厘局及验盐埠头，对四川运往湖广地区的食盐在夔关设卡检查，凡无引之盐，一律完税给票放行。咸丰五年（1855）正月初一正式设关，"凡无引余盐，每斤抽银一钱三分。大宁一厂在夔关以下，其余盐入楚，在巫山之空望沱设卡，一律抽厘，每年约收银十二万余两。"②

据《盐法通志》中《四川款目说明书》所说：上述各厘皆列入正款，正款之外还有大约十四种杂款，共征银120余万两，此外还有加价各款140余万两。正款、杂款、加价各款三者合计350余万两。③

晚清时期，由于需要支付对外赔款以及筹措海防军饷等，盐斤加价及设立各项杂款名目征税的行为，较中期有增无减。

盐斤加价：光绪二十一年（1895）时，因筹措海防军饷，每引按花盐、巴盐分别征银12.5两和10两。后又以编练新式军队、偿付各列强赔款、举办团练、抵补鸦片税亏损等名目，一再加价，巧立名目的称为"新加价""滇团费""新军加价""赔款加价""抵补土药税加价"等，每引征收5两、8两、10两、18两不等。

官盐局卡各种经费：食盐实行官运之后，为筹补官盐各局卡薪水、办公经费以及缉私巡防等费用，设立局费、签验、防边经费、引底、预捐、勇饷、炮船经费、办公经费、改代公费等名目，每引分别征收1两、5两、10两、30两不等。此外，还有护本、生息、施济、康济

①　（清）丁宝桢等：《四川盐法志》卷24《征榷五·引厘》，1882年刻本。

②　（清）王守基：《盐法议略》，中华书局1991年版，第74页。

③　参看（清）周庆云《盐法通志》卷82《征榷十四·款目六》，文明书局1914年铅印本。

等名目，每引征收 1 两至 8 两不等。

据《蜀海丛谈》记载，晚清曾先后加厘五次："第一次曰旧加厘，第二次曰新加厘，第三次曰赔款加厘，第四次曰新军加厘，第五次曰抵补土税加厘。又统谓之加价。"[①] 表现在销售领域，即是每斤加价 2 文至 3 文，总之，无论加价多少，最终皆转嫁于食盐之人。

二 清代四川盐税制度对私盐的影响

保证税收，是食盐专卖的根本目的。清初，课税项目承明之制，自道光年间，为"筹办南河大工"始而盐斤加价。咸同年间，各省办理军需，始行"抽厘助饷"，在盐课之外另立税目。光绪之后，为偿还各国赔款及满足军饷等，税目更加浩繁。

清代私盐的产生与税收不无关系。首先，税收制度中，尤其是中晚期税收的繁重不得不说是私盐产生的诱因之一。税收随着政治时局的变化而不断增加，最终到民众手中的食盐价格十分高昂，无形中为逃避税收而价格低廉的私盐拓宽了市场空间。以光绪年间每引摊征正杂各款为例，便能窥见其余（见表 2-4）。

表 2-4　　　　光绪年间四川计岸官运盐斤每引（水引）

摊征正杂各款数目　　　　　　单位：两

摊征款目 ＼ 厂别	富厂计岸花盐	射厂岳广岸花盐	射厂岳池岸巴盐	乐厂巴盐	简厂巴盐
引税	3.405	3.405	3.405	3.405	3.405
羡	5.595	4.895	4.895	2.670	3.345
截	0.600	0.600	0.600	0.600	0.600
厂厘	18.000	7.575	7.575	18.000	18.000
三次加价	43.750	43.750	35.000	35.000	35.000
新军加价	12.500	12.500	10.000	10.000	10.000
抵药加价	18.750	18.750	15.000	15.000	15.000

① （民国）周询：《蜀海丛谈》卷 1《制度类上·盐税》，巴蜀书社 1986 年点校本，第 22 页。

续表

摊征款目＼厂别	富厂计岸花盐	射厂岳广岸花盐	射厂岳池岸巴盐	乐厂巴盐	简厂巴盐
渝厘	2.000	0	0	0	0
局费	5.000	5.000	5.000	5.000	5.000
办公经费	3.000	1.000	3.000	1.000	1.000
勇饷	30.000	10.000	10.000	10.000	10.000
防边经费	0	0	0	0	0
护本	2.000	2.000	2.000	1.000	1.000
引底	1.000	1.000	1.000	1.000	1.000
砲船经费	0	0	0	0	0
康济	8.000	5.000	5.000	5.000	5.000
签验	0.600	0.450	0.450	0.600	0.150
每引合计	154.200	115.925	102.925	108.275	108.500

资料来源:李竹溪、刘方健编:《历代四川物价史料》,西南财经大学出版社 1989 年版,第 149 页。

表 2-4 中显示:每引除引税这一正额税外,其余杂款达 16 项之多,额数超过百余两。富厂因食盐质量上乘、产量丰厚,需摊征更多费用,比同时期射厂、乐厂、简厂每引多达 40 两,以每引 12000 斤计算,每斤摊征价格在 0.01285 两(一分二厘八)左右。易钱摊本,每斤盐的出场钱价在 18—20 文①,折合成银价为 0.0257—0.0285 两,加之上述各种杂费,每斤盐价为 0.0385—0.0413 两,最终到达百姓手中的盐价还要加运脚费等成本,因此,光绪四年(1878)时,南川官运盐价每斤高达七八十文②(0.1143 两)也不足为奇。为解决国家财政的经费问题,盐税制度的屡屡改变,使晚清时期的盐价,相比乾隆二年(1737)每斤卖六七厘至一分三四厘③的价格,高出数倍。

在特殊的时代背景下,从对济楚之盐征收繁复而昂贵的厘金,

① 民国《富顺县志》卷之五以及吉尔的《金沙江》中均记载,当时的银与钱的比重为银一两易钱七百文左右。

② 李竹溪、刘方健编:《历代四川物价史料》,西南财经大学出版社 1989 年版,第 146 页。

③ 李竹溪、刘方健编:《历代四川物价史料》,西南财经大学出版社 1989 年版,第 86 页。

以及后来为解决赔款及军费问题，不断将各种杂费摊入税收之中的做法，笔者以为是可以理解的。一则盐税是清代财政的主要来源，抵御内忧外患的饷银需靠盐税不断地充盈，二则滇黔边务因内乱而开始疲惫，边岸的几近废弛，使楚岸和计岸成为盐税的重要支撑，尤其是楚岸的食盐流通，更成为重要的经济来源。但川盐使费过重，在表面取得一定经济成效的同时，不断加价的做法迫使社会地下秩序的形成，即食用私盐人数的增加与私盐市场的扩大。以晚清时期的工资水平而言，普通织布工人的日薪在五十文至六十文，[①] 轿夫每十里每人仅得三五十文，[②] 洋行的学徒日薪在十七文左右[③]……不断加税后的盐价，基层民众的日薪尚难以支付一斤食盐的价钱。

相比前清的盐价，广大民众不愿"舍贱食贵"。与此同时，私盐的价格比官盐便宜一倍有余，[④] 自然有更广阔的私盐市场，以致清时川东地区巫山县东南小磨滩下，有专门以"私盐溪"[⑤] 命名的河流，足以窥见当时私盐市场的广阔。市场需求促使商人的越轨与行为的失范，因此，私盐在高额税收的刺激下不断滋生：

　　川省盐务，需索甚多，商人领引配运则有费，运盐过关验签则有费，盐斤到岸销售则又有费；而费之至重而无定者，则尤在改代改配，引张套搭。此外如厂灶买盐之欺诈，江河行驶之覆溺，船户之沿途偷卖，私枭之纠众抢夺不与焉。[⑥]

---

① 参看彭泽益编《中国近代手工业史资料》第二卷第十三章《中国手工业解体的趋势》之《Repore of the Mission to China of the Blackburn Chamber of Commerce 1896—1997, pp. 33 - 34》，中华书局 1962 年版，第 268 页。

② 徐心余：《蜀游闻见录》，四川人民出版社 1985 年版，第 79 页。

③ 参看刘方健辑《重庆工商史料》第 1 辑《在洋行垄断下的山货业》，重庆出版社 1982 年版，第 29 页。

④ （清）丁宝桢等：《四川盐法志》卷 11《转运六·济楚上》，1882 年刻本。

⑤ （清）周宪斌纂：《巫山县乡土志》，1906 年抄本。

⑥ （清）王先谦、朱寿朋：《东华续录》（光绪朝），上海古籍出版社 1999 年影印本。

　　税收制度中，依靠对盐税的过度征收来缓解某一社会矛盾的做法，必然会导致另一社会矛盾的滋生。除了税收制度自身的缺陷造成私盐产生外，税收制度的执行也是重要因素。清季四川，官盐间的区域税收有十分明显的差异，以南部与西充为例，南部上井榷三两，中井榷二两，下井榷一两；西充上井榷二两一钱三分，中井榷一两六钱二分，下井榷一两五钱。① 再如，富顺县与彭水县，富顺县上锅榷五两，中锅榷四两，下锅榷二两，而彭水县上锅榷六两二分八厘四毫，中锅榷二两六钱一分八毫一丝，下锅榷二两四钱四分三毫六丝。税收的差异表面上来自盐质本身的差异，而这种差异性实则依靠人为的经验判定，各种税收之后的价格差异，可以在《光绪六年重庆府转总督丁批江北厅行号恒昇元禀控缉拿私贩案》中得到佐证："各邻计岸及合州、璧山归丁州县之盐成本甚轻，较江北局价每斤贱至七八文、十余文或二十文不等，以致私盐愈纠愈多，官盐愈售愈滞"。同为食盐，因区域不同而有价差，民众固然避高取低，愿食价格低贱之盐，一旦有市场就有买卖，有利益就有贩私。因此，低盐价区域之盐自然会流向高盐价区域，地域征收税收价格的差异，导致私盐在市场的流通。

　　制度的制定或执行，若与社会的正常运行有相悖之处，尚需修正调适。清代四川的税收制度，从表 2 - 5 中可以看出，不但未得到修正，反而加大征收税银的力度。咸丰四年（1854）时，每引"捐"八两，光绪十年（1884），"湘鄂加川盐每斤二文，两江加川盐每斤三文"②，光绪二十年（1894），"川盐每斤加价二文，以佐军需"，"富、犍、射、下五垱巴盐，每引收库平银十两；富、郁花盐，每引收库平银十二两五钱；云、宁花盐，每引收库平银八两四钱三分七厘五毫。"③ 光绪二十一年（1895），

---

　　① 参看《四川盐法志》卷 21《征榷二·榷额表》，1882 年刻本。

　　② 华国英:《四川官运盐案类编》卷 8《己亥纲》，转引自宋良曦、钟长永《川盐史论》，四川人民出版社 1990 年版，第 276 页。

　　③ 华国英:《四川官运盐案类编》卷 41《癸巳纲》，转引自宋良曦、钟长永《川盐史论》，四川人民出版社 1990 年版，第 276 页。

因中日战争筹拨海防军饷，与摊认英德俄法四国偿款，继之筹还赔款等案，奉文三次盐斤加价报拨部用之数。三次内，盐价共加之 10 文，光绪二十七年（1901），因筹还赔款，川盐每斤加钱 3 文，引盐自辛丑纲开运之日起，巴盐每引征银 15 两，花盐每引征银 18.75 两，云、宁花盐每引征银 12.65625 两。[①] 到光绪二十八年（1902）时，通过加厘摊派，每引可收银 15 两，[②] 每年可收新加团费银 3 万两，[③] 以应邻急，但带来的后果是"川盐三次加价，已觉官价过昂，如再每百斤加银一两，则私盐之价愈贱，私贩之势愈横"[④]，光绪三十二年（1906），因筹措练兵经费，再次将川盐每斤加价 2 文，花盐每引收银 12.5 两，巴盐每引收银 10 两。[⑤] 光绪三十四年（1908），因推行禁烟而药税无征，为抵补药税，各省盐斤每斤通加 4 文，四川自八月一日开征，经度支部批准，川省盐斤一律减征 1 文，按每斤 3 文征收，但次年随即按 4 文足额征收。盐斤不断加价，税额不断提高，其结果是将私盐推到无法控制的境地。

表 2-5　四川滇黔官运盐务局历年征收税羡截与盐厘杂款总数比较

光绪四年至宣统元年（1878—1909）　　　　　单位：两

年代		纲别	税羡截收数		盐厘及杂款收数		共计
			银数	百分比（%）	银数	百分比（%）	银数
光绪年	四年（1878）	丁丑	203419.67	19.7	828119.83	80.3	1031539.50
	五年（1879）	戊寅	213131.29	17.8	986177.95	82.2	1199309.24
	六年（1880）	己卯	222935.00	17.5	1053705.00	82.5	1276640.00
	七年（1881）	庚辰	208086.90	15.9	1103164.13	84.1	1311251.03
	八年（1882）	辛巳	217704.98	16.4	1110352.41	83.6	1328057.39
	九年（1883）	壬午	222454.69	17.0	1083945.34	83.0	1306400.03

---

① （清）张茂炯等：《清盐法志》卷264《四川二十一·征榷门六·奏销》，1920 年铅印本。
② （清）张茂炯等：《清盐法志》卷261《四川十八·征榷门三·课税三》，1920 年铅印本。
③ （清）张茂炯等：《清盐法志》卷261《四川十八·征榷门三·课税三》，1920 年铅印本。
④ （清）张茂炯等：《清盐法志》卷261《四川十八·征榷门三·课税三》，1920 年铅印本。
⑤ 《四川官报》，光绪丙午三十二年二月中旬第三册，公牍类，第 2 页。

续表

年代		纲别	税羡截收数		盐厘及杂款收数		共计
			银数	百分比(%)	银数	百分比(%)	银数
光绪年	十年（1884）	癸未	225717.37	17.1	1097520.23	82.9	1323237.60
	十一年（1885）	甲申	220589.15	16.8	1092475.85	83.2	1313065.00
	十二年（1886）	乙酉	223662.59	17.0	1092220.79	83.0	1315883.38
	十三年（1887）	丙戌	229039.99	17.0	1114702.98	83.0	1343742.97
	十四年（1888）	丁亥	225817.84	—	—	—	1334392.40
	十五年（1889）	戊子	216025.45	16.3	1106566.97	83.7	1322592.42
	十六年（1890）	己丑	217298.55	16.3	1113997.89	83.7	1331296.44
	十七年（1891）	庚寅	216022.97	—	—	—	1324760.00
	十八年（1892）	辛卯	216992.06	—	—	—	—
	十九年（1893）	壬辰	207382.16	—	—	—	1301810.00
	二十年（1894）	癸巳	224398.14	17.0	1094346.61	83.0	1318744.75
	二十一年（1895）	甲午	201813.26	11.6	1540378.65	88.4	1742191.91
	二十二年（1896）	乙未	229349.06	11.8	1706183.66	88.2	1935532.72
	二十三年（1897）	丙申	—	—	—	—	—
	二十四年（1898）	丁酉	232593.34	11.5	1786479.09	88.5	2019172.43
	二十五年（1899）	戊戌	231162.08	11.5	1775286.43	88.5	2006448.51
	二十六年（1900）	己亥	231271.34	10.1	2057673.57	89.9	2288944.91
	二十七年（1901）	庚子	231177.88	10.2	2025311.34	89.8	2256489.22
	二十八年（1902）	辛丑	231201.58	8.8	2401988.96	91.2	2633190.54
	二十九年（1903）	壬寅	—	—	—	—	—
	三十年（1904）	癸卯	231272.69	8.3	2547253.60	91.7	2778526.29
	三十一年（1905）	甲辰	231367.48	8.0	2667347.43	92.0	2898714.91
	三十二年（1906）	丁巳	232788.14	7.1	3066432.72	92.9	3299220.86
	三十三年（1907）	丙午	231391.15	7.2	2967662.74	92.8	3199053.92
	三十四年（1908）	丁未	231413.54	6.7	3246262.60	93.3	3477676.23
宣统	元年（1909）	戊申	232827.18	6.2	3506836.72	93.8	3739053.91

资料来源：原表据军机档案奏折及所附盐税厘及杂款历年收数清单有关数据整理，转引自国立中央研究院《中国近代经济史案例》，第3卷，1935年11月第2期，吴铎《川盐官运之始末》一文。

清王朝通过对食盐无限制增加税收以维护其统治，而市场与商人却不能如此。对于市场而言，过高的盐价无法适应民众的需要，使原本岌岌可危的官盐市场更加疲敝；对于商人而言，不能依靠无限制抬高盐价来夺回因国家不断增加税收而失去的盐利。因此，之于市场，私盐是此时最合适不过的商品；之于商人，唯有贩卖私盐以保证其利益。所以，"凡引课银八钱三分至一两一钱七分，而商非银二三两不能运一引。其后，向之二者增而三，四者增而五，鬻一纲之盐才得三百万，而所费殆二千万。欲不贩私得乎？"①

---

① （清）葛士浚：《皇朝经世文续编》卷43《户政二十·盐课二·论盐三》，清末铅印本。

第三章 清代四川私盐与地方社会各阶层

第一节 与私盐相关的"社会各阶层"

盐是静态的固体，而贩私食盐的主体却是鲜活的人，要窥视清季四川私盐的全貌，除了从制度层面进行研究，还要从社会领域进行梳理。书中已谈及川私难以禁绝，至清末之时，四川私盐之风仍炽，贩私之众，多达数十万人之巨。而这数十万人究竟为何人？这些人的身份、地位？贩私的动机？贩私的途径？以及对他们的惩治等。要厘清这些问题，必须先弄清贩私的主体。人在社会之中，如同地层构造一样，都有属于自己的位置和层级，其学术表达为社会分层。① 社会分层常被社会学家喻为剖析社会诸现象的起点，现被广泛运用于社会科学的研究之中。为便于对历史上贩私这一失范行为的研究，必须对贩私主体进行层级划分，此处的分层有别于广泛意义上对清代社会全体民众利用阶级分析法进行分层，本书是将所有贩私人员视为一个大群体，并依据这些人在社会中所处的位置划分为小群体。

----

① 关于社会分层的论说有很多种，卡尔·马克思与马克斯·韦伯以及涂尔干等均有关于社会分层的论说。围绕这些论说，中外学者对其做了不同定义，对于社会分层定义的语言描述各有不同，在此不一一赘述，但其核心思想大致相同，即主要指社会成员、社会群体因社会资源占有不同而产生的层化或差异现象，尤其是指建立在法律、法规基础上的制度化的社会差异体系。造成这种地位差异的因素是多方面的，主要包括政治资源、经济资源、文化资源等。

小群体的位置如何界定？之所以有社会分层现象的出现是因社会成员、社会群体在占有社会资源时的不均等所致，这种不均等主要参考政治资源、经济资源、文化资源这三个维度。因此，要想对走私成员进行分层，理论上需要借助现代统计技术对上述资源进行数据分析，但由于古代社会数据资料的记载方式和程度与现代社会差异很大，且对于已发生的历史过往，不是每个研究对象都能生搬硬套地进行量化分析，以经济资源、文化资源的占有程度作为主要分类标准显然不太适宜。针对该种切实操作具有一定难度的研究对象，并非意味着不能用社会分层理论对私盐进行研究。根据已有的关于中国古代社会的分层研究，并依据清代盐业的实际运行情况，可以政治资源的占有程度作为盐业贩私主体社会分层的重要参考因子，即主要参考该成员等级在社会中享有政治权力的多少，并参看贩私人员的职业[①]做出分层，最终将贩私人员分为社会上层、社会中间层及社会下层。[②]

社会上层的贩私人员，主要是指具有影响他人行为的政治权柄或享有某种特权，能直接或间接对盐务有所掌控权力的社会群体。参与或纵容贩私的官员、盐绅等均属于该群体，贩私的种类通常有所谓的"官私""军私""功私"等。

社会中间层的贩私人员，在政治上不具有直接影响他人行为的权力，亦不能直接或间接管理盐务，但因享有部分经济资源，被社会上层赋予一定参与盐务经营的权力，与盐在社会中的流通有直接关系（或他

---

① 以职业为标准，也是社会分层的一种方式，为何只参看而不主要依照传统职业进行分类？按照清代的职业分层，"以士为首，农次之，工、商其下也"。但将这种分层置于盐业走私之中，是不太确切的。以商人为例，国家对商人既抑制又依赖，在清代盐业体制中，国家专卖制度得以顺利实施，很大程度上离不开商人的功劳，盐商的每一次重大行动将直接影响社会顶层的制度改革与重建，因此，不能简单地将盐商置于末流，同时，商人又在长期的政权抑制中努力攀附官员，并通过金钱的力量完成社会流动，在事实上取得实实在在的高级地位。综观中国士绅阶层，核心为大地主，其次是富商。如果按照士、农、工、商来进行贩私主体的分层，不足以窥见清代盐业的全貌，无法准确、客观地描述私盐史，因此，必须综合贩私主体在盐业中的参与程度，和因盐而获得的政治资源多少来进行划分。

② 陈倩：《社会分层理论视野下的清代私盐分类思考》，《东南学术》2013 年第 6 期。

们的职业都与盐的产运销有关系），并以制度的形式确立下来。盐商、井灶户即属于该层级，其走私类型包括惯常所说的"商私""场私"等。

社会下层的贩私人员，他们几乎不享有任何政治资源，经济资源与文化资源的占有也十分贫乏，因此处于社会最下层，并与其他各层形成既对立又统一的关系。平时，该层人员为社会上层和中间层人员做关于盐业产运销最底层的工作，但一旦与社会上层和中间层的利益冲突被激化时，不惜采用武力解决的方式。该层贩私主体为盐工、盐背子、船工、贫民、盐枭等，其贩私类型主要有"枭私""肩私""担私""船私"等。

分属于不同层级者，怀揣不同的贩私动机，其走私力度、规模及方式各有不同，本章将对各阶层贩私情况逐一阐述。

第二节　官员、盐绅与私盐：社会上层人员的贩私形式及原因

按照上述内容中关于盐业贩私人员所属阶层的阐释，清季四川的社会上层人员主要包括官员以及由盐商演变过来的盐绅。其中，官员①阶层较为复杂，有直接管理盐务的官员走私，有不管理盐务但利用政治权柄通过其他渠道进行的走私，有自己参与贩私的行为，也有纵容他人贩私的行为。总之，社会上层人员与私盐的关系纷繁复杂，本节对其与私盐的关系试做分析。

一　官员与私盐

（一）官员贩私的表现形式

1. 官员直接参与贩私

在表有法律，实则人治的"官本位"古代社会，官员无疑是贩私一族中的便捷群体。对于古代社会的控制与管理，除非有"为天地立

① 官员不仅指直接参与盐务管理者，也包括非盐务管理官员及军人等。

心，为生民立命，为往圣继绝学，为万世开太平"的士大夫情怀，否则，从皇帝到各级普通官员，一旦缺乏礼、义、仁、智、信的道德约束和较强的自我内在控制力，极易越轨失范。因为中国传统历史记述的关系，关于官员直接参与走私的人数及盐斤数量无从一一考证，但从现有史料记载中不难看出，利用职权之便直接参与贩私的官员屡见不鲜，已成为举国之风气。如康熙四十四年（1705），大学士李光地疏劾云南布政司张霖："假称奉旨，贩卖私盐，得银百六十余万两。"①雍正三年（1725），议政大臣等题奏年羹尧时指出其罪证："一、擅用私票行盐……一、捕获私盐擅自销案……一、遍置私人，私行盐茶；一、私估咸宁等盐窝十八处。"② 至道光年间，时任两江总督的李星沅指出："向来淮扬一带，几成贩私渊薮，自上年（道光二十七年）九月起（至道光二十八年二月止），获贵池官运私盐一百一十五万余斤。"③ 已查处的尚如此之多，未查处的更不计其数。

　　清代四川，有文字记录的较为轰动的官员走私案，是发生在雍正元年（1723），先为夔州知府后为四川按察使的程如丝走私案。程利用所握权柄，贩卖私盐四万余包并武装拦截商家盐船，同时扯出四川巡抚蔡珽收受程如丝银六万六千两、金九百两的巨贪大案。④

　　　　先是夔州府知府程如丝，自贩私盐而捕楚民之贩私者枪毙甚众，川陕总督年羹尧劾之。适四川巡抚蔡珽、甘肃巡抚石文焯皆言其冤抑，如丝遂免逮，擢四川按察使。至羹尧败，上阅其党汪景祺逆书备载，如丝贪残不法，珽受如丝重贿及文焯妄断状，于是命侍

----

① （清）蒋良骐：《东华录》卷20，1765年刻本。
② （清）蒋良骐：《东华录》卷27，1765年刻本。
③ （清）李星沅：《李文恭公（星沅）奏议》卷17《会筹淮南盐务仍宜合力缉私折子》，1865年刻本。
④ 《清实录》之《世宗宪皇帝实录》卷61《雍正五年九月》，中华书局2008年影印本，第6795页。

郎黄炳赴川覆案其事。且论宪德将楚民被害者查带往鞫已而鞫实，如丝、斑拟斩决，文焯永停给俸。宪德寻调抚四川疏言，川省驿盐茶三项向皆臬司，兼管稽核未周，请增设驿盐道专司其事，诏如所请寻请设盐茶大使从之，十一月奏程如丝在监自缢。①

上述史料记载了程如丝贩私被捕的事实，也记载了程在执行走私案过程中人格的双重表现，一方面披着合法外衣对其他贩私者严惩，另一方面却利用自己所处层级的便捷性进行贩私。② 程之所以能明目张胆地贩私，是由于该层人员权力集中且缺乏对其严格的监管机制所致，侧面反映出清代地方社会治理中的漏洞，正如材料中所述"川省驿盐茶三项皆臬司，监管稽核未周"。同时，程的嚣张与四川巡抚蔡珽收受贿赂之后对其庇护不无关系，中国传统社会中，官官相护普遍而复杂，为"官私"的产生提供生存土壤。

官员贩私中，另一类较为严重的是"军私"。"军私"又称"兵私"，即军队中的官吏走私。军人虽不直接参与盐的产运销过程，但因其在古代社会享有政治特权，地方政府无法直接干涉，故将该种走私种类的主体归为社会上层走私一类。军私问题在顺治一朝较为突出，兵丁"张弓挟矢，列械连墙，虽设巡缉员役，如塞羊之遇虎狼，谁敢过而问哉……彼设兵原以防剿，而反兴私贩，是御暴为暴也"③。为抵御军私，顺治三年（1646）在《大清律例》中专门制定有《兵丁贩私律》：

> 凡军人有犯私盐，本管千户有失钤束者，百户初笞五十，再犯笞六十，三犯杖七十，减半给以俸，千户初犯笞四十，再犯笞五十，三犯笞六十，减半给以俸，并附过还职，若知情容纵及通

---

① （清）丁宝桢等：《四川盐法志》卷30《职官四·职官表四》，1882年刻本。
② 在本书第四章第一节中将谈到四川缉私机构，可以看出程如丝的职权范围。
③ 郭正忠：《中国盐业史（古代篇）》，人民出版社1997年版，第772页。

同贩卖者，与犯人同罪。

该律例出台之后，军人贩私的情况并未有所好转。顺治四年（1647）上谕已指出："兴贩私盐，屡经禁约。近闻各处奸民指称投充满洲，率领旗下兵丁车载驴驮，公然开店发卖，以致官盐壅滞，殊可痛恨。尔部即出示严禁，有仍前私贩者，被获鞭八十，其盐斤等物入官。巡缉员役纵容不行缉拿者，事发一体治罪。"① 至顺治十三年（1656）时，户科给事中王益朋称：

> 臣请言其大者，莫如经略军前之食盐。虽奉有令牌，户部批照，然其弊不在军前之食盐，而在差官之夹带。连墙巨舿，蔽江而下，御史不敢问，关津不敢诘。湖南诸处所食之盐，大率皆军前夹带之盐。私盐多，而引盐不行……②

顺治朝，"军私"目无法纪的猖狂，地方缉私官员的无奈，有其内在的底层逻辑，即新王朝的建立与维护离不开功勋卓著的武装力量为后盾，因此，清政府在治理私盐与保护政权的权衡中，自然倾斜后者，以致"军私"嚣张跋扈。从有关军人贩私的律例中，不难看出清王朝对其所做的一再让步，关于军私的惩罚除了只受皮肉之苦外，还有"附过还职"一错再错的机会。这与其他贩私阶层动辄杀头，或直接发配的惩治力度是远不一致的。军人特殊地位所导致的地方政府对私盐治理的妥协，无形之中给予"军私"一条顺畅之路。

如果说"官私"与"军私"所代表的，是赤裸裸的社会上层人员走私，那么，"功私"则代表上层社会中另一种较为隐匿的贩私形式。在官员的缉私奖励中规定，将所获私盐斤数的二成充公，其余充赏，

---

① （清）张廷玉等：《清朝文献通考》卷28《征榷考三·盐》，新兴书局1963年影印本，考5097。

② 郭正忠：《中国盐业史（古代篇）》，人民出版社1997年版，第772页。

如果数目不大，则全部用做充赏①。官员们因此找到贩卖私盐的合法外衣，即"借缉私之名，在产地购买私盐，运往销地贩卖，沿途所有缉私关卡船舶，均作为私盐分销储藏之用"②，手段高明、天衣无缝，如此一来，既能实现个人经济利益，又能应对盐官考成任务，实为名利双收。

2. 盐务官员收受贿赂纵容走私

官员与私盐关系的另一种形式表现为：收受贿赂，纵容走私。运销领域是盐业利润最高的环节，因此最易产生为走私而进行的权钱交易，清代私盐之所以屡禁不止，缉私查私不力，与官员中饱私囊，大开走私之门不无关系。此类现象不仅普遍，且形式多样。早在雍正五年（1727）之时，即有富顺县朱缉衣将引外余盐私行墨票，卖给引商，侵引税银的行为发生，③道光三十年（1850）四川总督徐泽醇仍奏言官员对私盐的放纵，内容如下：

> 川省盐务之弊甲于各省。不惟胥吏暗中侵蚀，即各处关隘设立官员，明为稽查，暗则私放，只知自饱囊橐。私盐则贪贿纵放，引盐则多勒索陋规，其间种种各目，不一而足……牛华溪水运有引之盐，又复夹带私盐者，名为有引夹带，除正引外，每私盐一百包，估作四十包，每包取银一钱。如纯系私盐，每一百包估作三十包，每包取银一钱。嘉定批验所运有引夹带，每私盐一百包，估作四十包，每包取银一钱二分。正阳关运有引夹带，每引一张，约取银一两四五钱。如纯系私盐，每五十包取银多则一两，少则八钱。石佛关、姜家关，运有引夹带，每引一张取银一两或八钱。如纯系

---

① （民国）林振翰:《中国盐政纪要（上册）》第三篇《运销·缉私》，商务印书馆1930年铅印本，第318页。

② （民国）林振翰:《中国盐政纪要（上册）》第三篇《运销·缉私》，商务印书馆1930年铅印本，第318页。

③ （民国）彭文治等修，卢庆家等纂:《富顺县志》卷5《食货》，1931年刻本。

私盐，视所载轻重取银，或二两、五两，钱或四千、五千不等。①

此外，《清盐法志》中的记载又佐证了徐泽醇的这一说法：

> 一雅关设立铜沙之侧，离嘉定郡城十里，亦系府经历所管，遇有引夹带，每引一张约取银二两，如纯系私盐亦然。一下河之大河坝所产私盐，必由四望关经过，一百包估作六十包，每包取银一钱二分。一铁蛇坝所产私盐，每一百包约取银二两八九钱。
>
> 以上各条是正引夹带，取银反多，而纯系私盐取银反少，明示人以运私之便以图自饱囊橐，即有船只装载，纯系引盐，每引一张亦勒算重秤，加包盐五包取三钱，是又装载正引者之反受勒索，不如夹带私盐者之反能图利也，以致私盐日充而正引滞销，且熬盐之锅旁边，旧有小温锅二口，近日灶户以小温锅亦改为大锅，是一锅变为三锅，其课仍照一锅缴纳，所熬之盐每年可供十张引，熬盐愈多，故私行愈甚，应如何酌量妥善一并妥议。②

因此，不难理解，为何国家和四川地方政府花大力气设关卡、制定相关政策以整治运销领域的私盐，结果贩私之风却日炽。官员对私盐的放纵及受贿行规"功不可没"。如同前文中，官员自行贩私还造成缉私假象去邀功充赏一样，官员纵私的方式也毫不逊色，对此，史料中有如下记载：

> 大帮私盐过境前数日，先由私贩知照缉私营，报明将于何日过境，共有若干船，纳贿若干，或预备私盐若干船。两军对垒时，故意弃下数船盐斤，以为缉私营要功之地，是曰放私。于是缉私

---

① （清）丁宝桢等：《四川盐法志》卷33《缉私二·关隘》，1882年刻本。
② （清）张茂炯等：《清盐法志》卷255《四川十二·运销门十一·截验》，1920年铅印本。

统领，遂张大其辞，谓某日先得侦探报告，有大批私盐过境，如何设谋，如何对敌奋勇争先，如何出力始将盐船并获。上司亦明知而慰勉之，此又司空见惯之伎俩也。①

上述史料告诉我们：盐务官员在放私前，与私贩事先沟通，讲好贿金数目、何时过境等事宜，并商榷如何制造互相打斗及留下部分私盐的场面，既能有效避开盐法，中饱私囊，又能成为名为"缉私"实为"放私"人员的邀功之证。

3. 官员各种规费的收取变相刺激走私

于商人而言，在税收领域，已需缴纳"井课""引税""羡余""票课""楚厘""渝厘""厂厘"等名目各色的课税，常常"一引之课，渐添至数倍有余"②，以富顺县为例："巴盐每斤征厂厘五文，海防加价二文，筹饷加价二文，赔款加价三文，新军加厘三文，抵药加厘四文，共计每斤十九文；花盐厂厘三文，五次加价加厘与巴盐同，共计每斤十六文"③。但官员并未就此完结，除按盐政的规定收取税费外，还要向商人收取各种惯例性陋规，如康熙三十八年（1699），查审原任四川提督岳升龙霸引行盐，借端科派"令属员议凑银两"一事，以至"商家安得不重困"④。各地陋规项目因地域不同虽有所差异，但其本质相同，以云安厂为例，其规费收取情况如下：

> 查云阳县所属云安厂，向有甲费名目，每年由厂绅甲首私派收支，按照老租价，每一串派费三百六七十文，价约五万串，每年共额

---

① （民国）林振翰：《中国盐政纪要（上册）》第三篇《运销·缉私》，商务印书馆1930年铅印本，第318页。

② 清高宗敕撰：《清朝通典》卷12《食货十二·盐法》，新兴书局1963年版，典2089。

③ （民国）彭文治等修，卢庆家等纂：《富顺县志》卷5《食货》，1931年刻本。

④ 《清实录》之《圣祖仁皇帝实录》卷198《康熙三十九年三月至四月》，中华书局2008年影印本，第11页。

派费一万六七千串不等。若遇别项酬应涉讼，则加派愈多，至三至四，厂绅派之灶户，灶户摊入成本，厂困销滞，值此之由，然每借衙门规费为词，始得行其把持挟制。查向议衙门陋规：县署季规银一千二百两、寿礼银一千两，县官到任拜井夫马钱八百串，每年食盐二十八包，衙门内外丁书差役规费银一百三十二两、钱一百三十三串，节礼及丁役杂费钱三百四十五串二百文，夔州通判查锅口银一百一十两，汛官规费钱二十四串，本府委员查厂程仪夫马钱四十四串。①

陋规历史由来已久，非清季社会才有。各种冗费叠积，盐商转嫁消费者有一定限度，之后，只能靠非法渠道来实现规费等额外费用的补缺。面对如此困境，"至使费过重，则商力不支，于是将先之所花费者，转而取偿于加斤"②，"加斤"即是盐商在营运官盐的同时夹带私盐，为盐务行业所默认。因此，在运销领域"影射重照""浮春夹带"等社会问题接踵而至。换言之，官员的各种摊派，社会的各种陋规，变相刺激了食盐走私。

（二）官员贩私纵私的原因分析

纵观整个清代社会，官员参与贩私纵私，最核心的因素是该群体享有特殊的政治资源，掌握支配盐务或关乎社会运行的特权。他们之所以无视盐法等社会治理手段，无视社会己任、明知故犯，除了被公认的主观上的唯利是图、利益驱使外，是否还需要关注其他客观的外部因素？因为个别官员的贩私纵私很正常，但一个群体全国范围内由上至下较为普遍地贩私纵私就非正常。众所周知，清王朝中后期体现出了明显的腐败无能，社会治理能力低下。笔者认为，这种低下无能广泛体现在盐业领域官员群体中，还源于清代社会的官场运行法则以及维系这个苟延残喘王朝的社会治理手段。

---

① 鲁子健：《清代四川财政史料（下）》，四川省社会科学院出版社1988年版，第273页。
② 李竹溪、刘方健编：《历代四川物价史料》，西南财经大学出版社1989年版，第147页。

　　清代尤其自乾嘉以后，从中央到地方，官场贪赃成风，政以贿成，四川吏治更是江河日下，积重难返。嘉庆四年（1799），洪亮吉在上军机王大臣书中说"十余年来，督、抚、藩、臬之贪欺害政，比比皆是……出巡则有站规，有门包，常时则有节礼、生日礼，按年又有帮费，升迁、调补之私相馈谢者，尚未在此数也。以上诸项，无不取之于州县，州县则无不取之于民。钱粮漕米，前数年尚不过加倍，近则加倍不止"①，据记载，四川总督每年可收受陋规十余万两，藩、臬两司亦可分别收入四五万两，道、府一级可收受数千两至一万两不等。嘉庆十六年（1811），御史韩鼎晋奏称时指出，官场风气败坏，陋习百出，仅藩、臬以上官员借生辰一项而言，此等事情每年会出现五六次至十余次不等，各州县、府每次份金十余两至三四十两不等。② 各州县借办差名义，巧立各种名目，以中饱私囊。这种风气上行下效，相沿成习。至咸丰年间，何绍基在针砭四川官场陋习时指出：凡要缺州县每年向总督、藩、臬、本管道、府三节两寿所送规礼，高达两万数千余两。③ 到同治年间，官场积弊更甚，四川总督出道任，藩、臬、道各进千金为寿，以至通省府、厅、州、县优缺，无不争相馈献，从一百两至四百两不等，据统计，总督到任便可收受"白金近二万金"④，盐茶道、盐通判等均属肥缺要职，每年需"进贡"金额可想而知。

　　陈规陋习相袭始于当时整个社会的运行法则，总督、巡抚们乐此不疲地收受贿赂，只因这些重臣早已侵染清政府的贪腐气息，并将之带给地方政府。以乾嘉时期其中的三任总督为例，均是奢靡成习、贪腐成性之人，嘉庆初，勒保督川，"在蜀数年，民不堪命，致有'蜀

①　（民国）赵尔巽等：《清史稿》卷356《洪亮吉传》，中华书局1977年点校本，第11313页。

②　（清）韩鼎晋：《奏陈四川应除积弊六条疏》，见光绪《长寿县志》卷10。

③　（清）何绍基：《东洲草堂诗集》卷2《请旨饬裁陋规折》，上海古籍出版社2012年版。

④　（清）刘愚：《醒予山房文存》卷10《治蜀问答》，1862年刻本。

督赋'之徭"①，又时为重臣的福安康被派往四川任总督期间，为满足贪婪而征调赋役，府库枯竭，州县疲敝，继福康安之后，"崇尚华奢"的和珅之弟和琳督蜀，即使在军营，仍"日夜饮酒听乐"。各级厅、州、卫、县官吏，相继上行下效，欲保持自己的层级与官位，势必"进贡"督抚，盐务官员也毫不例外。而自身财力有限，唯有在管辖范围内收受贿赂，与在各行业中索取规费，捐输摊牌，更有甚者选择亲自贩私的铤而走险之举。

以夔州府"盐通判"为例，"盐通判"是府厅州县一级掌管盐务的官员，道光年间，地方政府为其"额设俸银六十两，养廉银四百两"②，辅佐其工作的"衙役六名：内门子一名，皂隶四名，马夫一名，每名岁支工食银六两，共银三十六两"③，相比之下，"盐通判"的年薪远高于盐捕府的其他工作人员，仅俸银一项都远高于六名杂役的总和，加上养廉银四百两，"盐通判"一年的收入相当于六名杂役十二年的收入，从理论上讲薪水很高，不应当再徇私枉法。但联系当时官场之弊，在其级别之上的各级官吏，有新到任礼、祝寿礼、节礼等，若按"通省府、厅、州、县优缺，无不争相馈献，从一百两至四百两不等"④ 中最低标准，一百两每次为单位计算，每年数十次的各种礼节，该通判薪金恐怕远难支其所用，更不用说比盐通判薪金低二百多倍的盐衙役等人员了。由此可见，官员贩私以及收受贿赂纵私是有深刻社会潜在原因的，在陈规陋习百出的清代官场，官员欲保住其位，必遵守社会运行之法则，欲遵守此法则，唯有不择手段敛财为之。

如果说官员自身的贩私以及为收取贿赂的纵私行为造成社会的失序，那么官员的另一种纵私行为则是某种程度上为维持千疮百孔的晚清

---

① （清）昭梿：《啸亭杂录续录》之《啸亭续录卷二·勒相公》，上海古籍出版社 2012 年点校本，第 297 页。

② （清）恩成修，刘德铨纂：道光《夔州府志》卷 9《赋役》，1891 年影印本。

③ （清）恩成修，刘德铨纂：道光《夔州府志》卷 9《赋役》，1891 年影印本。

④ （清）刘愚：《醒予山房文存》卷 10《治蜀问答》，1862 年刻本。

政府正常运转的举措。自川盐济楚始至清朝结束这一时期，对于部分盐务官员的纵私原因，应该有不一样的解读。咸丰三年（1853），太平军占领南京，阻截了淮盐北上之路，为解决湖北湖南人民淡食问题，清廷下令川盐济楚。此时，私商假名运销无引之盐，而关卡只在征厘，例不查私，无论有无官引，完厘放行，始而船户稍带，继而全船皆私，卒至公私莫辩，弊实百出，枭贩充斥。① 此时，运销楚岸之盐作为四川官盐的重要税收来源，各种巧立名目的征收项目不断浮出，为保证税收，无论私盐、官盐只要交够厘金便放行，无疑是对私盐的产生注入一剂强心针。

　　巧立名目、纵私放私，在晚清时期，并不只是盐务官员的收财之道，也是维持内忧外患时局下清政府运转的不得已之举。用恩承的话讲，"夫前督臣岂尽贪墨徇私之吏哉，亦明知加厘为国家不得已之策，遂有此权宜之计，是以厘金不匮"，在特殊的社会背景下，国家和盐务官员一心只想多收盐税，在推行官运改革以前，对商人的走私盐斥熟视无睹。此处的纵私，与收受贿赂后的纵私有本质不同。常规时期，关卡的行政职能只在缉私，不在征厘，而特定时期，关卡则只在征厘，却例不查私。关卡的盐官非不知其为私，亦非明知而渎职，是在特定的历史背景下，所做出的特殊举措。地方政府可谓"有意"的"无意"放纵，这是在面临社会重大冲突的时候，社会上层为集中解决重大问题，而暂缓其他社会矛盾的权宜之计，为避免再生事端，便让渡部分利益与社会其他各层。当时，清政府不仅要解决湖北人民的淡食问题，还要解决镇压太平军的资金问题，盐务官员这种睁只眼闭只眼的做法，实为一种社会控制的手段和技巧。因此，对于此时官员的纵私行为，我们不能简单归结为利欲熏心、贪腐成性，需要全面而立体地分析。

二　盐绅与私盐

　　在中国传统社会有这样一个阶层：他们同官场之内的官僚，共同主

---

① （民国）朱之洪等修，向楚等纂：民国《巴县志》卷4，1939 年刻本。

宰着中国政治与社会各领域，是与地方政府一道管理当地事务的地方精英。这个阶层被称为"士绅"阶层，即瞿同祖所认为的"local elite"①。中国士绅阶层，从衣着穿戴，到服役纳税，拥有诸多特权，② 但最重要的不同之处，即是唯一能合法代表当地社群与地方官吏共商事务，并参与政治过程。这一特权也延伸至事关国家经济命脉的盐业之中，因而伴生有"盐绅"阶层。

（一）盐绅

现存有关清代盐业史料中，常会有"灶绅""厂绅""垣绅"或"盐绅"等词出现，因其都是与盐有关的士绅，为方便行文，本书故将其统称为"盐绅"。将"盐绅"与官员放置一个阶层来考虑，是缘于他们的权力都来自传统政治秩序，盐绅作为享有特权的阶层，有别于普通盐商，他们既享有一般盐商所拥有的经济资源，又拥有一般盐商所没有的政治资源，因此，有必要将其从盐商中单列出来谈及。

根据瞿同祖先生对中国士绅的群体判断，主要由两部分构成：

1. 官员

包括现职、退休、罢黜官员，其中包括捐买官衔和官阶的。

2. 有功名（或学衔）者

包括文武进士（具有第三级功名者，即通过京师会试的人）；文武举人（具有第二级功名者，即通过各省乡试的人）；贡生（地方官

---

① 瞿同祖：《清代地方政府》，法律出版社 2011 年版，第 267 页。有些学者将"士绅"译为"gentry"，笔者更认同瞿先生的翻译"local elite"，意为"地方精英"。

② 特权主要表现在：只有士绅才能出席官府在孔庙举办的祭祀仪式，通常由他们主持宗族里的祭祖礼仪；在穿着打扮上异于常人，穿镶蓝边的黑袍，用毛皮、刺绣、锦缎、金银等华美饰物装扮靴子、腰带、冠帽等；他们与知县享有平起平坐的权利，因此可免受普通人的侵犯，避免官吏等的纠缠，例如遭遇官司，可不用亲自出庭，只需派仆人前往即可；士绅能豁免强制性劳役，凭借身份与教养可免除体力劳动，同时享有低额的地丁税，普通民户每石缴纳地丁银六千文至七千文铜钱，而士绅只需缴付二千文至三千文。以上参见 ［美］徐中约《中国近代史：1600—2000，中国的奋斗》，世界图书出版公司 2008 年版，第 58 页。

学学生考选贡入国子监肄业者，包括捐买此衔者）；监生（国子监学生，包括捐买监生资格者）；文武生员（官学学生，第一级功名获得者，通常称为秀才）。[①] 可见，"士绅"享有的特权本具有排他性。

19 世纪后半叶，由于清政府内忧外患，贸易失衡，清廷无法抵御其屡屡的罢市行为，盐商作为清廷的重要依靠之一，乃允许少数富有盐商介入政治，与士绅一道商议本地事务，至此便有"盐绅"的出现。[②] 并不是所有从事盐业经营的富商都能成为"盐绅"，只有在向政府购买官衔或学衔成为可能时，财富和身份之间的关系才可能最紧密。19 世纪的中国，清廷财力衰微，对清政府而言，这是获取财力的另一途径，对个人而言，这是唯一绕过科举考试直接获取功名的方法。四川自流井盐业世家之一的王三畏堂便是典型案例，其创始人王朗云有极强的权力欲，他不甘于做一名普通盐商，除经营盐业外，希望谋求政治上和社会地位上的最大权势，遂在致富后，纳资捐官，得江苏候补道虚衔，为他成为自流井盐业四大家族之首的盐绅奠定了基石。

清代地方政府（主要是指州县一级政府），掌管着所有包括财政、教育、卫生、风俗、道德等事务，古代州县职官的任命遵循异地调入的原则，即本地人不担当本地县令等职位，因此，很多时候对棘手问题的处理就会依赖熟知当地情况并具有一定权威的当地士绅来共同解决。盐业具有特殊性，部分大盐商随之享有特权而荣升为"盐绅"，协同地方政府共同管理盐务，共同处理盐业问题，享有其他盐商所没有的政治特权。

（二）特权庇护下的盐绅贩私

盐绅是盐业社会结构中的一个特殊阶层，他们拥有一定的财富，[③]

---

① 瞿同祖：《清代地方政府》，法律出版社 2011 年版，第 271—272 页。

② 见《东华续录》卷 190、卷 200、卷 201、卷 203；《张文襄集·奏议》卷 57；《愚斋存稿》卷 19、卷 17；《清史稿》卷 149。

③ 中国盐商尤以富甲天下文明，18 世纪下半叶，总利润约 2.5 亿。见 Ping-ti Ho, "The Salt Merchants of Yang-chow: A Study of Commercial Capitalism in Eighteenth-Century China", *Harvard Journal of Asiatic Studies*, 17: 149 (1954)。

受过相应的教育，① 他与地方政府官员拥有的正式权力相比又具有非正式权力，与官员之间既对立又合作，对社会秩序的稳定具有积极与消极双重作用，在盐业事务中，既帮助政府惩治私盐，又在特权的庇护下参与贩私。

《四川盐法志·征榷五》的记载，是盐绅两面性的真实写照，同治元年（1862），骆秉章因"盐多漏私"在富厂下五垱设垣收征收余盐，其理由是："（余盐）率由灶绅任意包纳，其弊滋多"，并要求在征收税厘时"拣择公正盐绅经管，凡灶户煎有余盐，无论多寡概须归垣发卖"②。

盐绅在生产领域对余盐具有绝对的掌控性，余盐的来源及数量均由盐绅把握，余盐若不按盐政制度正确处理，则变成官盐正引以外流入市场的私盐主体，即所谓"私从场出"，意即"场私"是一切私盐之源，而盐绅的权力恰巧给予余盐蜕变成私盐的机会。在下述唐炯欲改革四川余盐管理的奏陈中，盐绅的特权及参与贩私的事实都彰显其中：

> 从前收解多寡并不张榜晓谕，银钱价值，时市涨落不一，故官绅得以捏报乾没，其弊六，其他数钱串底，种种弊端尤难悉数，立法既已不善，所用又不得人，无怪余厘日减，私枭日炽。职道自到厂半月以来，博访周咨，悉心筹划，惟有改设票厘局，撤垣归灶，就灶抽厘，局员发票卡，绅验票，其票根一由局员汇缴，一由卡绅径缴，每次数目，官绅按票会算，张榜晓谕。所收钱文赴官运局按时价易银报解，卡绅由总绅公举公正殷实粮户，巡丁由总绅卡绅公募本地身家妥实之人，均出具保结。自贡两井县丞有地方之责，亦责令随时巡查官绅互相钤

---

① 费孝通：《农民与士绅：中国社会结构及其嬗变的解释》，《美国社会学杂志》1946 年第 1 期第 2 卷。

② （清）丁宝桢等：《四川盐法志》卷 24《征榷五·票厘》，1882 年刻本。

制，弊实可期革除。①

关于盐绅贩私，在清朝社会并不鲜见，就四川地区而言，以盐区富顺县较为突出。上则材料反映自贡盐区盐绅，对余盐"捏报乾没"的普遍性，下则关于富荣盐场四大家之首的"王三畏堂"创始人王朗云的个案，鲜活展现了盐绅贩私的事实。

　　王余照又名王朗云，历以运售楚岸花盐夹私漏厘致成巨富。咸丰年间，在原籍富顺县犯事受刑，随朦捐候选道员，交结官绅，鱼肉乡里，远近切齿。同治七年七月，以抗阻井捐经前署督奏参革职，拿办潜逃，严缉未获。乘崇实交卸督篆，朦准开复，自此愈无忌惮恃，其豪富横霸一方，欺凌乡里，把持井厂并私抽盐厘，合厂商灶民人畏之如虎，绅民控案甚多，前经李春霖、李吉庆、张永发等赴臣署，具控该劣绅私抽井厘数万两，估夺民妻，并控有广行贿赂，交通京外等语，情节甚重。臣当饬盐道委员行题来省审办，而王余照竟敢抗违不到，委员实无如何复经，臣将该劣绅奏参革职，严提在案，兹复无端窃名捏控，冀图上扰国计，以遂其豪霸之习，实为桀骜之尤除，再委员勒提，并通饬各州县严拿获解审办……②

王余照生于嘉庆十八年（1813），卒于光绪十年（1884）。③ 他深谙为商之道，不仅将井、枧、灶、号业务集于一身，还在政治上谋求特权成为厂绅领袖。王余照案例是盐绅参与地方执政的真实缩影，王氏凭借特权的庇护，走私盐斤，成为富甲全川的人。有意思的是，王在咸丰年间犯事受刑之后，仍能"随朦捐候选道员"，继续

---

①　（清）丁宝桢等：《四川盐法志》卷24《征榷五·票厘》，1882年刻本。

②　（清）唐炯：《四川官运盐案类编》卷1《丁丑纲》，1881年刻本。

③　自贡市政协文史资料委员会编：《自流井盐业世家》，四川人民出版社1995年版，第2页。

有恃无恐地鱼肉乡民，横霸一方。在经灶民控告之后，盐道委员对其审办，盐绅的特权竟敢让王余照违抗审判而缺席庭审现场，后又在同治年间，砸水厘局，但依然毫发无损。此处仅是王氏的单个案例，却足以窥见盐绅阶层作为利益共同体，在处理私盐的举措上大同小异。盐绅的走私行为破坏了地方政府的行政秩序，鉴于民众的告发，在对待盐绅欺横的问题上，地方政府不得不有所举措，而其享有的特权令这种举措又十分尴尬。

盐绅群体中，更有甚者，凭借自己在地方的威望和权力，同盐枭沆瀣一气，成为盐枭的保护伞。唐炯在协助丁宝桢改革盐务时，对此所做的评价是部分盐绅在四川盐业中的真实体现：

> 川省隐患一曰会匪，一曰私枭。会匪中不仅游民光棍，即家道殷实绅士亦有与之联络通气，如从前包揽盐厘之奸绅土豪，平日朘削灶贩，侵蚀公帑，皆必分润，会中之人始得高枕无恙，否则劫夺不免相习成风，毫不为怪，甚至会匪事发而劣绅反为之出名营救。若不变通整顿，地方何以望其久安？①

由于盐绅阶层特权独有，既高于普通盐商，又有别于普通盐官。国家和地方政府鉴于对他们在治理地方社会中的依赖关系，对他们在私盐问题的管控上似乎有意模糊，因而，关于盐绅贩私纵私以及为盐枭做保护伞的详细记载少见，只能从散见资料中寻找出有关踪迹。② 尽管资料相对较少，但不难推断出，盐绅近乎与知县（州）平起平坐的地位，以及地方政府需依赖盐绅对井灶户进行管理等因素，使得地方政府与盐绅的关系若即若离，为私盐的滋生留有空间。

---

① （清）唐炯：《四川官运盐案类编》卷 2《戊寅纲》，1881 年刻本。

② 如同治二年（1863），私枭刘四十勾绅私逮张大同之案，见朱之洪等修，向楚等纂民国《巴县志》卷 4，1939 年刻本。

第三节　盐商与私盐:社会中间层人员
　　　与私盐关系研究

　　依据前面的论述,在四川地方社会中,与盐业有关的社会中间层主要是指不包括盐绅在内的盐商阶层。清季社会中,大多数产盐区,盐商特指运销商,在海盐产区,由于盐水出自天然,晒盐制盐的投资不用太多,更多需要人力,且"民籍之外,惟灶丁为世业"①。因而在生产领域晒盐熬盐的灶户多为贫苦之人,"缘各场灶户穷者居多,商人每于寒冬先给钱文,次年灶户陆续缴盐,而灶户所领之价,寒冬用去,次年无以度日"②。而在清代四川,情况却与其他盐区迥然,盐商贯穿了产运销三环节。

　　四川盐井的自然属性,决定了生产领域是个极为复杂的过程,从自贡地区留存至今的盐业契约中,不难看出井灶的所属者——井灶户,绝非为贫苦穷民所能为。巨额的凿井费用以及维护盐井正常运转的庞大开支,需要有一定财力的商人为之。以自贡为例,由于明末清初的战乱,四川经济凋敝,自雍乾时期,以陕籍商人为主的大批外地富商云集于此,开凿盐井发展盐业,进而垄断井盐业的产运销。历时十六载修建的西秦会馆,便是当时灶户或盐商资本实力雄厚的体现,因此本节所讨论的普通盐商阶层与私盐的关系问题,是包括四川社会中井灶户在内的。

一　盐商贩私的形式

　　既然四川地区的盐商包括井灶户与运销商,盐商贩私从生产领域到运销领域均有涉足。对于井灶户的贩私形式,主要是通过私凿盐井、私

---

　　① (清)张廷玉等:《清朝文献通考》卷21《职役考》,新兴书局1963年影印本。

　　② 《奏报查明淮扬私贩情形及查办盐枭缘由事》,嘉庆五年八月十二日,中国第一历史档案馆馆藏,档案号:04-01-35-0483-002。

熬盐卤、隐匿余盐的方式，将盐发卖给运销商和普通贩私民众，经济实力强大的井灶户，如富顺盐场的四大家"王、李、胡、颜"，同时皆充当运销商的角色。运销商主要有下面三种贩私方式。

（一）影射重照

食盐专营制度的推行，要求商人在领引配盐完成后一年之内，将引张交还官府进行销毁，但商人往往不照此办理，用旧引侵占正引以逃避课税，此种做法被称为"影射重照"。影射重照，是商人图利贩私的重要途径，也是清政府行政雍滞、治理失序的结果。据道光二十八年（1848）统计："历年未缴之引，共有二十二万六千九百六十七张，为数多于额引"①。商人多利用新旧引交替的空档，以及"灶户的无知"，仍以旧引去各盐场配买盐斤，最终出现"影射重照"的局面：

> 灶户惟知见引卖盐，而此引已经零星买过盐斤若干，在灶户茫然无知，以致商人领引一张，于赵甲处配二百斤，再于钱乙处配三百斤，又于孙丙处配四百斤。如陆引一张，只应配正耗盐四百六十斤，而已配至九百斤。②

照上述"影射重照"的结局推断，私盐在市场流通的数量占有相当比例，难免正引堆积滞销，无人认领。为杜绝此种情况，雍正十一年（1733）之时，四川巡抚宪德为治理"影射重照"，下令在部引墨匡内外，有空白之处，让灶户填写清楚，某年某月某日在某处配盐多少斤。③该种方式，不仅对贯穿生产、运输、销售整体环节的大盐商而言毫无监管力，"影射重照"依然如鱼得水，而且对一般盐商而言，约束力亦十分有限。从道光三十年（1850）的一则奏折中，可以发现"影射重照"之现象并未得到改观，引商又用租借引张、模糊引张字迹的办法继续贩私。

①　（清）丁宝桢等：《四川盐法志》卷23《征榷四·积欠》，1882 年刻本。
②　（清）丁宝桢等：《四川盐法志》卷16《引票一·颁行》，1882 年刻本。
③　（清）丁宝桢等：《四川盐法志》卷16《引票一·颁行》，1882 年刻本。

徐泽醇奏略:向来发给正引及引根引纸,并无某商行销某处字样,以致奸猾之徒得租借引纸,随处影射捵越口岸,不清实由于此。拟请嗣后发给引张,由道查明行销口岸,盖用墨戳,并将年月模糊之引,填注明白发交地方官,添注本商姓名,询明何时可以配销,完竣随即填注缴残,限期转给,庶影射捵越之弊不禁自除。①

(二) 暗增引斤

盐商通过"影射重照"等手段在获得远超出自己能配盐斤数后,将多余盐斤发往销地进行销售,则需靠"暗增引斤",又或称"正引夹带"。所谓"暗增引斤",即是运销商在国家规定盐斤包装数额外,私自增加盐斤数的贩私行为。清初,盐产量低,规定每包正盐一百斤,加上耗盐十五斤及包装二十斤,每包盐共一百三十五斤,而商人常常私加重至二百数十斤不等,且"相沿既久,骤难裁革",遂改为巴盐一百六十斤成包,花盐以两百斤成包。② 但商人并未因此罢休,引商行盐"斤数暗与引数悬殊,一引可行数引之盐"③ 的形势并未改变,道光时期"嗣因商人舞弊夹私,逐年暗加每包重至三百陆拾斤,甚至四百斤不等"④,此外商人还利用所谓"带手盐""赤膊盐""丁包盐"等名目,私贩盐斤。⑤

(三) 废引改配

盐商还有一种获取私盐的途径是利用废引进行配盐。在第二章中已述及清代四川食盐运销制度的演变过程,清末部分地区由票盐制度向引盐制度转换。由于票盐在计岸的影响力短时间内难以消除,以致引盐难销,遂改归地丁摊征,计岸逐渐转为归丁州县,之前有课税的盐引作废。但据《清盐法志》记载,有些州县"将前项废引仍令商人领出,奸

---

① (清) 丁宝桢等:《四川盐法志》卷16《引票一·颁行》,1882 年刻本。
② (清) 王守基:《盐法议略》,中华书局1991 年版,第73 页。
③ (清) 李榕:《十三峰书屋全集》卷4,1890 年刻本。
④ (清) 唐炯:《四川官运盐案类编》卷1《丁丑纲》,1881 年刻本。
⑤ (清) 王守基:《盐法议略》,中华书局1991 年版,第73 页。

商因之贩私，书吏从而渔利。以此无课之引，改配旺厂，既不纳课，尽饱私囊"①。

盐商主要通过上述三种途径获取一定数量的私盐。除此之外，还利用贫苦百姓可贩卖一定数量没有任何附加税收食盐的政策，收售贫民购买的此类食盐。之后，各类私盐在官盐身份的庇佑下，顺利进入流通领域，盐商便以数倍于私盐市场价格的官盐价格进行赢利。

二　盐商贩私的动因

（一）丰厚的盐利

官运食盐的市场价格，是在出厂价格之上，加所摊征的正杂款目，以及商人的利润。清末，食盐改为官运之后，价格上涨幅度更快，以四川滇黔官运盐务局规定为例，官盐运入边界，发交边商运盐进入滇黔两省境内及湖北八州县岸区销售，因远近各殊，运脚不一，盐价由商人自行随市发售，官局不作硬性规定，因此，遇到狠心坐商，就会造成部分地区盐利过高，光绪四年（1878）间，据南川分局申报牌示，定价每斤三十七文，由普渡河运赴南川不过应加一文，即由木洞陆运亦不过加至每斤四十文，但当时任商人加至七八十文。② 宣统元年（1909），陶宏猷在《调查报告》中指出大宁盐场之盐："每盐一包（180 斤），除工资杂费外，通常可获利润钱一二百文。"③ 无论商人定价的理由何为，食盐作为垄断性行业，巨额的利润空间已暴露无遗，其高额利润在下面的史料中亦得到佐证：

煮盐所得利益，土人种（秘）而不宣，无从悬拟。惟有一人，曾言每盐一磅，赚钱一文，其人每年可煮盐三百引，则每年所赚，已得银一千五百两；在中国商务中，亦可首屈一指矣。现自流井有大商二，一姓王，一姓李。王处有锅四十口，每日出售

① （清）张茂炯等：《清盐法志》卷 253《四川十·运销门·票盐》，1920 年铅印本。
② 李竹溪、刘方健编：《历代四川物价史料》，西南财经大学出版社 1989 年版，第 146 页。
③ 明安生编著：《秦巴古盐道》，长江出版社 2008 年版，第 76 页。

四十引，粒子、锅巴并做。做成之后，俱在泸州销售，因是处有督销官盐局，每引售价，白银九十两至一百两。倘在贵州武川，售价约银三百六十两至四百两，较官价约涨四倍。[1]

"秘而不宣"的盐利仅由上述材料中的个人所说，不足以信服，但盐商所请"丘二"[2]的规模及盐商的奢华生活足以说明盐利的丰厚。以"李四友堂"为例，除去管理阶层拿高薪的帮工，参与一线熬制盐卤的各灶房帮工情况如下：烧盐工人一百人以上；桶子匠数人；挑卤水工人一千二百多名；挑白水工人数名。除挑水工人临聘外，其余均为长期职工，每个灶房的长期职工，少者几十人，多者一二百人，大同、大成、泰来三大灶的长期职工共五百多人。以银价每两八百多文，米价每斗六百文至八百文来核算，这些职工月薪如下：烧盐工人月薪四吊（每吊一千文），另每月烟钱一百文；桶子匠一吊到一吊多；挑水工人一吊至四吊多。此外，还有伙房、守盐仓工人、抬轿子的大班及打杂工人等若干，如果"李四友堂"没有丰厚的利润，是无法给养如此多的帮工和支付数量不菲的薪水的。[3]

盐商奢靡的生活，也是盐利丰厚的另一表现。以"胡慎怡堂"为例，胡氏三代，特别是在胡汝时代所建祖宅，豪华之盛、排场之大，远非一般富户所能比拟。胡汝嫌老宅不够华丽，对其进行修葺：

将原建仓屋等移于宅右，改建四重堂正屋，添修了前后花厅、水榭、花园。还在宅右添修了五开间戏楼，九开间里外间总柜房一院。光绪三十一年（1905）又在宅左，利用灌田上下水池，高树茂林，仿照"红楼梦"的大观园法式，修建祖祠一院，名曰崇安祠

---

[1] （清）于宝轩：《皇朝蓄艾文编》卷23《重庆盐火井总论》，上海官书局1903年刻本。

[2] "丘二"是四川方言，指老板所请帮工。

[3] 自贡市政协文史资料委员会编：《自流井盐业世家》，四川人民出版社1995年版，第82—84页。

堂。怡堂园林中有著名书法家赵熙的墨迹，题有"灌园""怡堂"
"花随四时"等匾额及对联。梁启超也书有"大山松所"横额，以
颜慎怡堂。名士王自翔、曾国光等在石门碑柱上也题有对联。①

竣工后的房屋，所费资金因耗时长久无从统计，但占地面积约 30 亩
的房屋，依山临水，豪华陈设为自贡盐场所罕见。胡汝大手笔的修葺行
为，非因其家底丰厚，不能成就其所想也。据统计，胡家在光绪三十二年
至光绪三十三年（1906—1907）每年赢利白银 12 万两，拥有流动资金白
银 20 余万两（白银 100 两相当于银元 140.8 元，合计银元 30 余万元）。②

只有拥有丰厚的盐利，才能带来如此奢靡的生活。有利可图的行
业自然刺激各大盐区商人通过各种方式追逐盐利，其中包括冒险走私。
因此，才有了清代四川社会中"影射重照""正引夹带""废引改配"
等走私手段。

（二）井灶户凿井的艰辛与风险

所谓私出于场，场不漏私，私从何来？这在清朝历代皇帝主政期
间，都深知其理。无论是生产海盐的两淮盐区，还是生产池盐的河东
盐区，以及生产井盐的四川盐区，场私都难以禁绝，私贩向场商、井
灶户或灶丁购盐，价格相较高于运商，③ 但依然趋之若鹜，是因有利
可图之共性也。在四川，经由井灶户之手所出"场私"还有其自身地
域性原因。前文谈到，四川盐井因自然原因之故，多分布在深山密林
处，不便管理，以致为场私的出现提供可乘之机，这里将重点阐述，
井灶户开凿盐井的艰难亦是其走私的重要动因。

---

① 自贡市政协文史资料委员会编：《自流井盐业世家》，四川人民出版社 1995 年版，第
123 页。

② 自贡市政协文史资料委员会编：《自流井盐业世家》，四川人民出版社 1995 年版，第
121 页。

③ （民国）林振翰：《中国盐政纪要（上册）》第三篇《运销·缉私》，商务印书馆 1930
年铅印本，第 318 页。

　　四川盐井在机器化生产以前，主要经历了两个技术分段时期，一个是宋代以前的"大口井"阶段，另一个是宋代以后的"小口井"，又称"卓筒井"时期。"大口井"局限于劳动者用锄、锸、凿子等简单的铁制工具，直接破碎岩石并逐渐深凿后始得盐泉。据西晋的《博物志》中记载："临邛火井一所，从广五尺，深二、三丈"①，"大口井"的缺陷在于口径大，井不深，地下水易渗入，淡卤且容易坍塌，一旦崩塌难于修复。后北宋仁宗庆历至皇祐年间（1041—1054）进行改革，发明大口直径约八九寸、深可达数十丈的小口井"卓筒井"。卓筒井最先出现在今四川南部的井研县，一经问世，就在四川地区迅速推广，其中一个重要的原因就是"占地面积小……便于掩藏以逃避课税"②，但同样也有修缮困难等问题。虽在产量及后期修缮方面大有改善，但"卓筒井"的开凿仍是十分艰辛的过程。③ 四川盐井不仅开

---

　　① （西晋）张华：《博物志》卷9，重庆出版社2007年版。

　　② 宋良曦、钟长永：《川盐史论》，四川人民出版社1990年版，第380页。

　　③ 凿井全过程：凿井又名捣井，夙匠（即有经验的工人），就地撷草，拾土嗅之，即知下有盐脉，始鸠工除地，初开口宜宽，否则浮泥易圮或碍施工，泥浅则担出，稍深则架木上置辘轳，下置竹器，两人转上之。泥尽有数尺见石者，有数丈始见石者，数丈需用锉数尺者，先用石工椎凿之，石屑多仍以木架转出之。石圈方二三尺，中穿圆径八九寸，或尺一二寸，累数石至数十石为隔白水（岩际水横出不咸者曰白水）及崩岩坠石则下，易施锉石重不易下，置木架二上横短木，再用长木衡其上，绳紧石圈木末载重石，缀木杪类枯又如衡称物，徐扬其末，而下之以省人力旁用土石坚筑之。锉井者先锉大口，利用大锉由石圈下捣锉紧于转槽子，转槽子紧于篇笆上，由花滚子（又称腰滚子）下达于地滚，环绕车盘大口自八九丈锉至二三十丈不等，大口以下视岩有白水，则急入木竹以隔之。庆历皇祐以来蜀始用筒井用圆刃凿如碗大，深者数十丈以巨竹去节，牝牡相衔为井，以隔横入淡水，则咸泉自上。竹有木竹、革竹二种，木竹夸大木二，以麻合其缝，以油灰弥其隙，革竹出马湖山中。木竹以隔白水，深者数丈至三十余丈，浅者以松木为之，深者必用柏木取，其质坚免崩漏之病。白水俗曰冒白，锉井者最忌木竹以外，以布以麻继缠，以桐子油春灰，融傅之，使无渗漏，井眼大几何木竹如之续处牝牡相衔，本末相接或曰木中空若竹，然故曰木竹云。木竹下井先立天车，卓两巨木相向，各距井口八九寸，高或五六尺至丈二尺，视井之深浅两木杪铆以横木，旁建斜木，后微高，前微低，下再横数木，卓去井口丈许，令稳固，又天车绝绝，别于两巨木，侧植两木相维持高及半。天车高视井，井深者汲水筒长绝顶横木上置小轮（曰天滚子），以圆木二片夹之以约篾又有木架，前建两木高丈二尺许，后用两木前后皆宽五尺四，旁铆以横木，复剖圆木为二，取其活脱置架上以搁机板，机板者丈许，井浅亦有八九尺者，宜坚木两端微昂，中微凹首阔而末削末束以麻取，足蹈其上不滑，数人舂之。

凿艰辛、前期需要大量垫资，出卤之后，因为盐井诸多自然特征及外界环境影响，经常会有转瞬即逝的改变，正如清人宋治性在《盐井歌》中所言：

> 高山凿井百丈深，井深一丈千黄金。井水不知在向许，年来已是三易主。东山山匠巧心力，能补地穿鳌脊。脚踏圆刀二百斤，凿断千山万山脉。自言十五走犍为，便自五十身未归。长把竹头敲明月，更与人家管兴歇，朝敲破宅成高楼，暮敲高楼转破宅。君不见，西山井房全盛时，挽歌彻夜群马嘶，只今篱破屋无瓦，惟有饿儿傍晚楼！①

在非井盐生产区，如海盐生产地，取盐便捷，灶户煎熬盐的成本投入小，被学者们称为"贫穷灶丁"的生产者，亦能置办工具煎熬。但在四川地区，由于盐井开凿艰难，投入成本巨大，是绝非所谓穷苦百姓能为之，"井上工费，或数万金，少亦万余金"②。而且根据盐矿蕴藏规律，盐卤水的含盐浓度与井深成正比，一般的井口通常须凿至一二百丈以上，才有可能取得较为稳定的咸卤，而这样的井"常程可四五年，或十余年，有数十年更数姓而见功者"③。井越深，其所凿成本越大，所以盐业投资者多为大商贾和放高利贷者，且多为集体投资开凿。开凿见卤之后，还面临昂贵的维修费用和烦琐的维修程序。

凿井不仅成本过高，且风险很大，如果择位不当，有可能"费至三四万而不见功者"，或"凿之十余年而不及泉者"④。正如当代学者彭松久对四川盐井开凿的艰难做了如下概括：其一，凿井时间长短不定。常程为五年左右，但一二十年或二三十年者也有，甚至历数代人

---

①　（民国）陈谦、陈世虞修，罗绶香等纂：《犍为县志》卷23《盐务》，1937年铅印本。

②　（清）李榕：《十三峰书屋全集》卷1，1890年刻本。

③　（清）丁宝桢等：《四川盐法志》卷2《井厂二·井盐图说》，1882年刻本。

④　（清）严如熤：《三省边防备览》卷10，1830年刻本。

而始成者亦非仅见。其二，凿井费用多少不定。一般需银数千两，也有花耗数万两乃至更多。其三，凿井最终成败无定。凿井得面临成与败两种结局，常程常费见功自是万幸，等而下之为耗时费资见功，最坏情形是历尽千辛万苦而无成，此种最坏情形使盐场投资者谈虎色变，但又无法避免。其四，见功投产之后效益高下不定。有些井虽勉强见功，投入生产，但效益甚低，或仅够缴用，或略有盈余，实际等于背上一个包袱，与不见功而报废之井相较，亦所剩无几。其五，盐井幸而始成后井推事故发生无定。有些井因开凿过程中的质量原因形成井病，难以根除，致使后来井推不畅，更有突发事故，使旺井于顷刻之间报废，或虽未废，但由此转入低产，永无复兴之望。[1] 所以，通过自贡市档案馆遗留的大量盐业档案，可以发现盐井多为合伙经营，就连盐业四大家的发家起源，也难逃与秦商等合资所为。

除了高昂的开凿成本、巨大的开凿风险，所幸出卤后，还需应对各项杂费、燃料费等。例如水牛是井灶户的重要资本之一，盖洛在游历四川自贡时，就发现灶户烧盐的不易，"其中一个业主的 100 头水牛，在一年内就更换了 80 头，这使得业主们不敢大意……一家牛皮和油脂公司专门做死牛的生意，靠盐井业主们的不幸着实赚了一大笔"[2]。

利之所在，人必趋之。纵使凿井几多艰难与风险，但投资者们无所畏惧、欣然前往，这是追逐高额盐利的心理内驱力使然。就商业活动的一般规律而言，盐井一旦出卤，井灶户希望在盐井处于常态的情况下，快速收回成本并获得利益，这为贩私带来了心理动机，即"多以售私为牟利之终南捷径"[3]，所以，一旦有余盐产生，就会不禁铤而走险。

（三）税收、捐输与规费等

关于税收，尤其是晚清时期的繁苛，成为商人贩私的诱因，已毫

---

① 彭久松主编：《中国契约股份制》，成都科技大学出版社 1994 年版，第 28—29 页。

② ［美］威廉·埃德加·盖洛：《扬子江上的美国人从上海经华中到缅甸的旅行记录（1903）》，晏奎等译，山东画报出版社 2008 年版，第 137 页。

③ （民国）林振翰：《中国盐政纪要（上册）》第三篇《运销·缉私》，商务印书馆 1930 年铅印本，第 317 页。

无疑问（见第二章第四节盐税制度部分），而"捐输""规费"等与盐商贩私有何关系？

捐输报效肇始于雍正年，芦商捐银10万两，嗣后乾隆中期金川两次用兵、西域荡平、伊犁屯田、平定台匪等，淮、浙、芦、东各商所捐，自数十万、百万以至八百万，通计不下3000万。[1]简言之，盐商即因国家有难而捐献财务。

晚清政府财政严重赤字，表3-1中的各项重大财政开支，足以说明政府沉重的负担。光绪二十五年（1899），政府的开支高达1.01亿两，而当年总收入为8840万两，其中总收入的30%左右即2400万两需用来偿还外国贷款。[2]末路之下，其中之一的无奈之举，即是加强对盐税的征收，除此以外，在盐业领域中的另一种依托方式便是"捐输"（或称"商捐""报效"）。

表3-1　　　　　　　　　晚清政府部分重要开支

时间	开支事项	开支金额（两）
1875—1881年	用于新疆的军费	5200万
	伊犁赔款	500万—600万
1884—1885年	中法战争赔款	3000万
1887年	治理黄河费	1000万
	救灾费	3000万
1894—1895年	中日战争花费	6000万
	中日战争赔款	2.3亿
1901年	庚子赔款	4.5亿

资料来源：［美］徐中约《中国近代史》，世界图书出版公司2008年版，第344页。

盐商在积累起巨额资本以后，"捐输"是其资本的主要流向之一，盐商"捐输"，即国家在遭遇大事发生且财政紧张的状况下，通过盐商的捐赠，以解决燃眉之急的途径。清代盐商捐输分为五种情况：一

---

[1]　（民国）赵尔巽等：《清史稿》卷123《食货志四》，中华书局1977年点校本，第3613页。

[2]　［美］徐中约：《中国近代史》，世界图书出版公司2008年版，第344页。

是应急军需的"军需报效"，二是兴修水利的"水利报效"，三是备皇室之用的（内务府备公、帝后寿辰、南巡）"备公报效"，四是遇水旱等灾难而举行的"赈济报效"，五是缉私或办理新政等的"杂项报效"。在此大背景下，四川盐商亦不例外，裕瑞的奏略对四川盐商捐输的缘由及依靠盐商的原因表明得十分清楚：

> 裕瑞奏略：再，各省军务未竣，需费浩繁，库款支绌，筹饷惟艰。川省地处边隅，在无事之时，每岁所入不敷所出，向赖邻省协济。前因贼匪复窜武昌，川省派兵防堵，现在贼匪尚聚黄州，本省防兵未便，遂行撤退，行装口食，需费浩繁。值此库藏不充，不特邻省协济难期且迭，奉部拨接济外省，是以度支益形竭蹶，亟应广为筹备，以免匮乏之虞。第尔年以来，筹饷捐输，巣变仓谷，及举行团练，修建堡寨城工，在在借资民力。现复办理按粮津贴，供意已觉其繁。此外，欲求挹注之方，几至一筹莫展。臣督同司道各官及熟悉盐务之员，再四筹商，惟有盐务尚可设法办理……①

自咸丰起，"捐输"时有发生。如咸丰四年（1854），为解决镇压太平天国的军需费用，四川荣县、富顺、资州、井研、简州、绵州、南部、三台、射洪、蓬溪、中江、乐至、遂宁及盐亭等十六州县，各商、号、灶户三分引张，每水引一张捐银八两，或按三月完纳，或按四月呈缴，当年捐银31.1万两。② 光绪四年（1878），河南大饥，刑部侍郎袁保恒奉命往赈，岂图令湘鄂恢复淮岸，以增收厘金，四川总督丁宝桢为保全川盐在湘鄂的市场，便令诸商集银五万两助赈。③ 之

---

① （清）丁宝桢等：《四川盐法志》卷25《征榷六·商捐》，1882年刻本。

② （清）丁宝桢等：《四川盐法志》卷25《征榷六·商捐》，1882年刻本。

③ （清）王延熙、王树敏：《皇朝道咸同光奏议》卷35《户政类·盐课》，1902年刻本，参见来新夏主编《清代经世文全编》，学苑出版社2010年版，第183页。

后，又屡次捐输，仅以光绪朝为例，就多达数项（见表3－2）。

表3－2 光绪朝四川盐商捐输概况

时间	捐输事由	捐输金额
光绪四年二月二十日	河南赈灾	银五万两
光绪十年十二月	海防捐输	数目不详
光绪十三年十二月初五日	河工赈务	银十万两
光绪十七年九月初四日	普捐	数目不详
光绪十七年十月十三日	普捐	银十万两
光绪十八年三月十七日	普捐	银十万两
光绪十九年	顺、直赈灾	银一千九百四十八两四钱八分八厘

资料来源：《皇朝道咸同光奏议》卷35；傅崇矩《成都通览》，第338—340页；《刘文庄公奏议》卷5；华国英《四川官运盐案类编》卷38；《刘文庄公奏议》卷7；华国英《四川官运盐案类编》卷62；周询《蜀帑出纳汇览》卷3。

关于"捐输"，清政府将其粉饰为"朝廷平日深仁厚泽所由致也"，而对于部分盐商而言，他们起初的做法，是将捐赈款项转嫁于普通食盐民众身上，这种行为，多少看出些"捐不由衷"。为杜绝商人售价多取的做法，政府将市场价格预定为未捐输前之价格，并昭示于民众。① 直观上看，"捐输"想从提升盐价上获取补偿，是不太现实的，且三令五申"倘敢借口捐输，私加盐价，一经查实，或被告发，除不准请奖外，仍悉数追缴，革究示惩"②。

为安抚商人情绪、协调各方利益，此时的清政府也不得不采用一定的治理手段以达其目的。即通过经济上的获利给予盐商政治上的补偿，具体方式是：各盐商捐输一次，解部充饷，所捐之银，准照现行新海防事例，给予实职、虚衔、翎子等项，并准移奖子弟一条。③ 政府迫于经济压力，也能很快兑现：

① （清）丁宝桢等：《四川盐法志》卷25《征榷六·商捐》，1882年刻本。

② 鲁子健：《四川财政史料（下）》，四川省社会科学院出版社1988年版，第822页。

③ （清）刘秉璋：《刘文庄公奏议》卷7《奏酌拟筹饷办法疏》，1912年铅印本。

窃查郑工新例，前于光绪十三年十二月初二日开局起，已将初、二、三、四、五、六次收捐银数，暨各捐生姓名、年貌、籍贯、三代分起造册，先后具奏在案。兹据布政使嵩藩详称：自光绪十四年六月二十一日起，至七月二十日止，届满一月，共收实职一员，贡生四名，又监生四十五名，武监生二名，从九品职衔九名，实收库平银三千四百六十五两，部饭银五十一两，照费银一十两零二钱。除将收捐银两专款存储，听候指拨，并将部监饭照银两封固存库，遇有便员搭解外，所有七次郑工捐款，造具各捐生年貌、籍贯、三代清册，详请奏咨前来。臣覆查此项银数，核与郑工新例相符。合无仰恳天恩敕部，迅予核议给奖，颁发执照来川，以便给发，用昭激劝……①

因此，诸多商人能"仰体时艰，急公好义"，踊跃捐输。优厚的条件，不仅使富裕的盐商顺利晋升为盐绅阶层成为可能，而且买取的功名还能包庇盐商的罪行，将其不法行径化为乌有。前面所述富荣首富王朗云，即是如此，在贩卖私盐、砸水厘局之后，被扣押入狱，恰逢当年顺天、直隶、山西、河南、安徽、湖北、陕西及四川等地大闹饥荒，王朗云捐输七万金，遂被赏二品顶戴及三代一品封典，并立即释放。② 可见，"捐输"在帮助国家渡过难关的同时，也在为盐商从事违法行为提供庇护。

包括惯例性收费陋规在内的摊派行为，也是盐商走私的动因所在。盐商要取得运销等环节的经营权，势必要通过各种渠道与官员打交道。原本早在雍正四年（1726）时，四川巡抚马会伯就对浮费陋规进行了清查裁减，将 6.6 万两浮费陋规"裁减归公"③，情形有所好转，但后

① 中国第一历史档案馆编：《清代钞档》，捐输题本 264。

② 自贡市政协文史资料委员会编：《自流井盐业世家》，四川人民出版社 1995 年版，第 10 页。

③ （民国）赵尔巽等：《清史稿》卷 299《马会伯传》，中华书局 1977 年点校本。

因时局变动，川盐济楚时期，浮费陋规等再度活跃。按理说，川盐济楚期间，四川盐务大为发展，淮盐在湖广地区销售的终止，促进了四川引岸的增加和市场的扩展，井盐业的迅速崛起，对四川而言，也是一个黄金发展时期，但商人收入的增加与相应规费的滋生不成正比：

> 是济楚虽获利，而官吏牟利越甚，商家耗资越增。在此二十余年间，地方经济一时虽呈繁富现象，然每年陋规需索，上而道署下而地方官吏，繁费滋多，终至商人负欠国帑，相继受累，而官吏已飏去矣。①

> 湖北八州县引岸废弛，土豪因以为利，私立各项陋规，有于盐贩每斤取钱一两文者；有每包取盐一瓢者；有取作本地庙宇香灯之用者；有取作本地书院、义学、保甲、修路经费者；有盐行脚店私自抽收，藉端开销，以为故事者。种种陋规，兴非一日，积习相沿，竟被视为应得之利。湖北如此，他岸亦可推知。②

历史的偶然是原本能给商人带来更多利润，只因弊政陋规，繁费滋多，不仅要支付国家镇压太平军的军需费用，还要供养各等贪官劣绅。原本应当是发展契机，反而造成了引张滞销，滇黔销岸凋敝的现象，形成了难以消解的矛盾。引张囤积，无人认领，但产量又大增，其盐产去向何处？无疑是通过走私的途径消化余盐。四川地方政府"以为济楚时代，宜其畅销"，结果是"川中积弊引转增数十万张，积欠正款亦多至一百四十余万两"，就以当时二十文一斤的平均盐市值计算，造成该结果的原因就是"皆由官之营私废公，而后商人从而趋之"。到同治、光绪年间，各种规费更甚：

---

① （民国）陈谦、陈世虞修，罗绶香等纂：《犍为县志·经济》，1937 年铅印本。

② （清）唐炯：《四川官运盐案类编》卷 28《查明楚北八州县情形并裁革陋规酌给地方官津贴详文》，1881 年刻本。

商运每边引一张，由县领引，各关投文，开签截验以及落地税，食盐，漱口盐，种种规费，共约需银二十余两；恣意盘剥，踵事递增，迨入黔境，局卡层层，如布网罗，每引一张，共约需银五十余两，而地方官之需索苛派不与焉。加以本省课、羡、厘金、厂价、运脚，每引一张共需银二百七八十两不等。①

除了官员对盐商的摊派索要，盐商之间，亦是层层盘剥。自乾嘉以后，川盐引商渐渐游离于运销领域，仅把持引岸专利特权，从事垄断生意，运销事宜由专门的行商完成。行商欲从事盐引运销，需先向其典租引岸，除完羡纳课外，岁取岸租，月纳引息，如遇行号畅销兴旺，则又加租，种种讹索，形同无赖。② 摊派之风、索要之风，自然会使以追求利润最大化的盐商绞尽脑汁地挽回成本，客观上刺激了盐商对私盐的贩卖。所以，"川盐济楚"之后，开启了川盐史上盐商贩私的高峰期。

第四节　社会下层人员与私盐关系研究

一　盐工与私盐

"盐工"这一称谓，并非与井盐业相伴相生。自有盐井以来，很长一段时间并无专业盐工，均由农民耕地时兼而为之。到宋时，方有盐工的雏形，直至明清之际，盐工身份得以确定，被盐业界惯称为"灶丁"。"灶丁"在两淮等海盐区有世代相传为业的灶籍身份，但基于四川盐业的特殊性，盐工身份相对自由，如自贡、犍为盐场的大多数盐工，也有以农民兼煎煮盐者，如川东之大宁、开县、奉节等场，

---

① 鲁子健：《古井沧桑话川盐》，四川出版集团、巴蜀书社 2010 年版，第 120 页。
② 鲁子健：《古井沧桑话川盐》，四川出版集团、巴蜀书社 2010 年版，第 118 页。

平日专于熬盐，每逢水涨卤淡，则忙农事。①

　　盐工工种多样，队伍庞大，盐工身为制盐一线人员，与贩私问题难逃瓜葛。盐工贩私，从夹带私盐开始，盐工带私，已是盐业领域中不争的事实，盐工通常在有盐熬制出锅后，利用包装、捆绑、搬运等工作之便，顺带余盐出厂贩卖，经年累月，积少成多，逐步成为贩私队伍中不可小觑的力量。盐场工种繁多，对于盐工无确切统计，据清代李榕推算，光绪初年，仅自贡盐场的直接和间接盐工，可达三四十万人，② 推而广之，全省盐工人数不下百余万人。无法考证所有盐工是否都有贩私经历，可以肯定的是，夹私贩私的人员绝不在少数，《四川盐法志》中记载："捆盐工匠向有夹带盐斤之恶习"③，捆盐工匠尚且如此，参与市场流通过程的灶上经办人，更是与盐垣勾结，暗加称斤，以谋私利。

　　盐工贩私的动机，主要源自超强的劳动负荷与较低的工资收入。关于盐工劳作的艰辛，历来不乏文学作品的描述："农人之苦有春秋，灶民之苦无旦昼。其或咸水枯竭，樵薪难构。人事之反复，风雨之驰骤。常觉祸福之无时，固可得而细密也！"④ 盐工长年劳作，不得休息，凿井之工，"岁停除日元日"，烧盐之工，"岁不停日"。

　　对于盐工而言，最苦莫过人力推车汲卤。各盐场井灶，因井灶户的财力不同，或用牛（骡）推，或用人汲。人力不及牛力，但牛（骡）力给养昂贵，⑤ 非一般井灶户所能承受，所以大多用人力。清时，人

---

　　① 1942 年 12 月四川省盐业公会筹委会编：《四川盐工概况》，转引自宋良曦、钟长永《川盐史论》，四川人民出版社 1990 年版，第 348 页。

　　② （清）李榕：《十三峰书屋全集》卷 1《自流井记》，1890 年刻本。

　　③ （民国）宁德、林振翰：《川盐纪要》第 12 章《缉私》，商务印书馆 1919 年版，第 410 页。

　　④ 乾隆四十二年《富顺县志》，转引自宋良曦、钟长永《川盐史论》，四川人民出版社 1990 年版，第 352 页。

　　⑤ 据《自流井盐业世家》第 85 页记载：李四友堂家其中一个井灶用骡子拉水，共有骡子二三十匹。骡子比工人吃得好，尤其在夏季，每天要吃大量蜂蜜、鸡蛋、麻油。这些食品需储备很多，从宜宾运来的岩蜂糖，一买便是两三担，从附近运来的鸡蛋，一买便是几百个，由于麻油价廉，购买数量更多。

力汲卤被惯称为"人车"，主要出现在彭水、犍乐、富荣等场，一般由井灶户自己招雇的称为"兄弟车"，由地痞恶棍转雇的，称作"班房车"。关于四川盐井以人力汲卤的情状，《自贡场人力汲卤》一文中这样描述道：

> 人力汲卤的历史遗迹，在太平天国军兴以前主要残存在自流井的吞口山、凉水井、蒋家沟、叶沟、沙鱼坝和贡井雷公滩的边缘地区……太平天国之后……已经不是长期的人力推汲，仅在每年的夏季。
>
> 充当人力汲卤的工人，包括男女老壮及儿童。推汲时首先在肩上套上"搭肩"，而"搭肩"的尾端系在身后大车的杠子上。一声号令开动就一起把手扶着前面的杠子，伏起身躯拖着后面的杠子走动，带动大车旋转。
>
> 一般每班，需50—60人，全井共分三班，约150—200人……每推3—5筒卤水轮班一次。
>
> 关于人力汲卤的劳动力募集，一般是由井上包给一些流氓负责（称管事）募来编班之后，也就是由这些所谓管事管理。推汲时在旁监视，如果发现谁的"搭背"索没有绷伸，用篾片打他的屁股，和用畜力推汲时驱牛马一样。工资是按照推汲的筒数计算，每推一筒水，由管事发给一匹签，晚上数签发出。
>
> 这些人都是先由"管事"在烟馆或饭馆给他垫付了烟饭钱才募来的（一般称"点班"）。垫付的钱就要在工资内扣除。在推卤时"管事"又弄些小吃、烟赊给他们吃，作高价。因此这些人又一面挣工资一面还债。越还越吃不饱，越吃不饱越要负债。债永远还不清，人就永远出不来。人力汲卤和班房里的犯人一样，进去以后，就走不脱。一般地就把人力汲卤称为"班房车"。在个别由车上直接招雇的情况下，比较自由一些，称为"弟兄车"。推汲卤水的劳动强度是很大的。特别是在管事向柜房包推的时候。

譬如包的五牛车，每车 64 人，实际上是用 50 人或 54 人推汲。在推车的时候，人是伏着身躯用脚劲，下车疲劳后又被回车的风吹，一般都患有脚肿或脚硬的病症。冬天到外面，大多站不稳，要倒下地。同时又吃不饱穿不暖，大多数推不很久就由病而死。①

上述关于汲卤工人的艰辛，只是盐工劳作的一个侧面，还有烧盐工、凿井工等各个工种。四川盐工中流传的一些俚语，也是盐工艰辛工作的反映。如"老板算盘响，空子泪长淌（空子即盐工）"；"盐工莫下场，困在盐灶房，吃的灰灰饭，睡的天足床"，最形象反映烧盐工人的是，"灶旁煎盐工，赤身过冬夏；为了美观瞻，腰间围一帕"②。

盐工的收入状况，以清末支付薪水较高的王三畏堂为例，烧五口锅的盐工月收入四串（一串相当于一千文，当时米价为每斗八百文）、桶子匠一串八百文、车上一串二百文、白水工一串……以收入较高的烧盐工为例，以今日之度量衡计算，烧盐工一月工资能买 62.5 斤米，当时中国家庭平均人口数在 5 人左右，按每人每天平均食用半斤米，照此计算能勉强维持温饱，而车上等工种，则难以度日。

劳动强度高且收入微薄，其付出与收获远难相当，加之他们的付出为井灶户创造出享之不尽的财富，更令其心理难以平衡，因此利用职业之便，夹带私盐，由于厂灶内有监管，盐工夹带数量较少，但盐工人数众多，卖于厂外食盐收购者，积少成多，经年累计，其数量不敢轻视。

盐工夹带私盐的行为，井灶户固然心知肚明，但他们并不严加管理，"灶户以防其挑剔之故，不敢明言，其所夹带之盐，积少成多……"③尽管井灶户在工作中对盐工苛刻严厉，但井灶户为维护自身利益，对盐工有所利益让渡，盐工一旦与井灶户矛盾积深，盐工则以罢工的形式

---

① 宋良曦、钟长永：《川盐史论》，四川人民出版社 1990 年版，第 356—357 页。

② 宋良曦、钟长永：《川盐史论》，四川人民出版社 1990 年版，第 363 页。

③ （民国）林振翰：《中国盐政纪要（上册）》第 3 篇《运销·缉私》，商务印书馆 1930 年铅印本，第 319 页。

进行反抗,势必影响井灶的正常运行。在此情形下,盐工将夹带的盐用来贩私成为可能。

二 盐背子、船工与私盐

"盐背子"与"盐工"均为运商、井灶户所雇帮工,"盐工"在生产领域内打杂,而"盐背子"多指在陆路上帮运商挑背盐的背工。古蜀盐道,路窄艰险、陡峭壁刃、行走不易,加之交通工具落后,陆引的运输基本靠马驮和靠人肩挑背扛。"盐背子"背盐道路的艰辛,今人无法想象,除了道路的险峻,还有与土匪的抗衡,付出生命时而有之。因此,加入贩私队伍之列从情感上是可以理解的。

据湖北省竹溪县中峰镇朝阳村时龄 92 岁的"盐背子"惠昌富,[①]回忆几十年前到四川大宁盐场背盐时说:

> 从大宁厂麻柳树出来,货坐船,人走路,到檀木坪后起脚,走白鹿溪、鸡心岭、瓦子坪、石砦河、九弯子回竹溪……路上很凶(险)啊,到处都有棒老二(劫匪)。有的盐被他们抢了,人被杀了……

后对活跃在巫巴山地古盐道上的民国时期盐背子陈谋善[②]老人的采访过程中,听其谈论关于土匪抢劫的事情:

> (盐道上)有土匪,抢了几次,都是本地人,抢过桃园子,47—48 年,土匪来了,有部队一个班 10 多个兵保护盐,(土匪)攻进警队,被警队打死了几个。

---

① 惠昌富,男,1920 年生,湖北竹溪县中峰镇朝阳村人,新中国成立前常年由四川背盐至湖北,2012 年 10 月为重庆市巫溪县委宣传部等单位在"重走巫盐古道"活动中采访。

② 陈谋善,男,1931 年生,重庆巫溪县宁厂人,十多岁开始背盐,2013 年 5 月 27 日采访该老人。

虽然老人们谈论的是民国年间的事情，但在食盐生产方式、运输方式、管理方式沿袭前朝而没有剧烈变革的时代，这些口述史料具有一定的参考价值。陈谋善老人提道：

> 背过私盐，私盐是质量差点的盐，从王家滩爬上山，下猫儿滩，拿去卖，偷点税钱，为逃避稽查，从晚上 11 点爬到第二天天亮。

"盐背子"贩私，因利而趋，毋庸置疑，但各地的具体表现形式有所差异，如川陕鄂盐道上"盐背子"贩私的主要原因在于盐能充当货币使用，可以以物易物。在四川大宁盐场至湖北竹山、房县的古盐道上，带十斤盐走两三个月不愁吃喝，外地货郎和商人用三斤木耳或三斗苞谷换一斤盐，有时能以一斤盐易一斤米，甚至更多。此外，在川陕鄂古盐道上，青楼赌坊林立，这些场所的消费都是能以盐替代货币的。川黔古盐道上的"盐背子"贩私，则更多是因为盐在黔地的珍贵性。贵州素不产盐、盐价昂贵，且耗费时日、运道艰难（见表 3 - 3），加之盐商士绅经常克扣脚力钱，促使"盐背子"夹带私盐沿途贩运。

表 3 - 3　　　　　　　　永岸运输路线、方式及日期

起迄	路线	方式	日期
叙永至毕节	旱道	背负	夏季十天，冬季十五天
毕节至水城	旱道	背负	七天
毕节至威宁	旱道	背负	一天
水城至盘县	旱道	马驮	五天
叙永至瓢儿井	旱道	背负	夏季十天，冬季十五天
瓢儿井至大定	旱道	马驮	一日半
瓢儿井至织金	旱道	马驮	四日
瓢儿井至安顺	旱道	马驮	六日
瓢儿井至普安	旱道	马驮	五日
瓢儿井至兔场	旱道	背负	七日
瓢儿井至鸡场（坪）	旱道	马驮	二日半

续表

起迄	路线	方式	日期
鸡场至羊场	旱道	背负	三日
安顺至镇宁	旱道	马驮	一日
安顺至兴义	旱道	马驮	六日

资料来源:陈建棠等《贵州之川盐贸易业》,转引自邓军《川黔古盐道》,西南交通大学出版社 2019 年版,第 25—26 页。

社会下层人员在运输领域内,除"盐背子"在陆路贩私外,船工也是走私大军中不可小觑的成员。需要说明的是,四川地区的船工走私现象较为复杂,因为四川水系发达,且陆路崎岖,各种货物的运输皆靠水运,所以为各类船工夹带走私提供了便利。首当其冲的是盐运船工,食盐水路运输需靠盐船,在盐船装载官盐运赴销岸的过程中,船工往往私带盐斤,于沿江停泊之处,售给私贩或普通民众以谋利。此外,除了官盐船的船工走私,还有从云贵地区运往京城而途经四川的官铜铅船只。云南产铜,贵州产铅,云南的铜料经泸州、重庆运往汉口,贵州的铅料经涪陵、万县抵达湖北,最终经仪征、扬州沿运河北上至京城。由于铜铅船肩负运输朝廷重要物资的任务,一般沿途关卡不便稽查,由此以来,铜铅船工经川盐产地时,便私买川盐沿途偷卖。

早在乾隆四十六年(1781),湖广总督舒常便奏陈:"运铜铅船只多有夹带之弊……倚势装载铜铅,公然藉差偷漏,如现审滇省委员李治铜铅船载私之案,可为明验。"① 道光年间,铜铅船只夹带更为严重,道光九年(1829),湖广总督蒿孚指出:

> 惟查四川铜铅船只,每月一起,每起大船二十四只,向系顺流而下,并不拢卡盘查。闻得该船中舱,皆带私盐,跟随大、小船数十只至百只不等,指称预备起拔及沉溺救护等事,其实尽载

① (清)丁宝桢等:《四川盐法志》卷 34《缉私三·各岸缉私》,1882 年刻本。

私盐。一过官渡口等卡之后，在江口、董市、沙市、太平口分散售卖，卡员不敢过问，地方官因系铜船，亦不办理。①

道光十五年（1835），上谕："讷尔经额等奏，查铜铅船只，自四川装运北上，一路收买私盐，入楚售卖。经由卡隘，并不听候查验。自非督饬严拿，不足以镇压。"② 道光十七年（1837），上谕："林则徐奏，铜铅船只夹带私盐，请将运员、总兵分别议处一折，所奏甚是。滇黔铜船，向由川船装载，藉差夹带私盐，为弊滋甚。"③ 船工所夹带私盐，主要销至湖北地区，湖北大部分地区为两淮盐区的销岸，船私直接影响到两淮盐区在湖北销岸的销售，因此，时任两淮总督的陶澍奏称："铜铅船自四川装运北上，一路收买川私入楚售卖者，经由卡隘，并不听候查验，以致宜昌一郡尽食川私，并灌及下游荆州各属与荆门之远安、当阳，湖南之澧州、石门等处，大为淮纲之害。"④

三 盐枭与私盐

盐枭即是以武装为后盾进行食盐走私的平民阶层，通常以有组织的群体形式出现，该群体在社会中的走私被惯称为"枭私"，但盐枭又不同于一般意义上的匪徒，主要是指有组织的以抢掠、盗卖私盐为主的社会群体。⑤ 是走私群体中对社会最具破坏力与危害性的阶层，因此是被权力层打击的重点目标。

清代枭私问题由来已久，早在康熙年间，枭私就已成为社会问题；至清代中期，枭私问题依然突出，嘉庆十七年（1812）七月，云阳盐

---

① （清）丁宝桢等：《四川盐法志》卷34《缉私三·各岸缉私》，1882 年刻本。

② （清）丁宝桢等：《四川盐法志》卷首《圣谕》，1882 年刻本。

③ （清）丁宝桢等：《四川盐法志》卷首《圣谕》，1882 年刻本。

④ （清）葛士浚：《皇朝经世文续编》卷42《会同两湖督抚筹议楚省醝务疏》，清末铅印本。

⑤ 参看吴海波《清中叶两淮私盐与地方社会——以湖广、江西为中心》，博士学位论文，复旦大学，2007 年，第 158 页。

大使虞廷干进场查井，"被枭徒拉出轿外，剥衣殴打，捆掷山涧"①，行为着实猖狂；咸丰以后，"盐价益贵，以致私盐畅行，盐枭蜂起"②，同治初年"私盐贩黄金三等倡率党羽斩关夺门，抗不纳厘，由自流井运盐至牛腹渡顺流而下，船经城外，弹子飞落城中，后愈猖獗掳掠富户，拷取财物，官兵不敢过问"③，加之枭匪与四川会党的紧密结合，全川"私枭数十万，群起而与之争，沿江剽夺，所在皆有"④。

枭私问题，对清朝政府的困扰不止在破坏经济秩序、减少财政收入，更为严重的是，已经严重影响到社会的治理与政权的稳定，由盐枭发展为政权篡夺者的历史案例不在少数，唐末至五代，农民起义领袖王仙芝、黄巢，后蜀皇帝王建，元末自称诚王，改国号为周的张士诚等，均是私盐贩出身。因此，打击盐枭已成为当时整合社会的重要命题。在此，以清代四川最著名的私枭案例来认识盐枭，先看丁宝桢拿获任韦驮、江大烟杆等枭匪时的奏折：

> 在川省川东一带，水陆勤繁，私枭最伙。近年以来，句（勾——作者注）结益众，到处横行。又复烧香结盟，与各路会匪通气，抗官拒捕，其势力渐不可制，亟须及早歼除，以遏后患。查著名巨枭，重庆以下以江大烟杆罗贵兴、谭登心、杨海亭为最，泸州以下以谭二疯亡、任韦驮、任长蛮为最。而谭二疯亡、江大烟杆又系著名会匪，该匪等纠众贩私已十余年。谭任各匪则盘踞于泸合江永一带，江罗各匪则出没于巴江涪合夔万一带，动辄号召一二千人或数百人，均置有枪炮器械炮船，拒敌官兵。从前劫抢杀人，官几不敢过问，即有团保呈诉，辄肆杀害，以致乡民畏不敢言，匪踪益为巨

---

① 《清实录》之《仁宗睿皇帝实录》，中华书局 2008 年影印本，第 4644 页。

② （清）刘锦藻：《清朝续文献通考》卷36《征榷八》，商务印书馆 1936 年铅印本，考 7894—7895。

③ （清）陈运昌、邹稷光、欧阳铸纂：《富顺县乡土志·兵事篇》，清光绪三十一年抄本。

④ （清）唐炯：《四川官运盐案类编》卷首，1881 年刻本。

测，叠经前督臣，饬派兵勇查办七八年来，迄无弋获。三年正月内，匪势日炽，前护督臣文格饬派前虎威营勇剿办。臣到任后，接据禀称：三月十七日侦知谭任各匪大股札踞，合江白云场龚姓宅院，当即督队围攻。该匪等闭门抗拒，飞掷瓦石，施放洋枪，勇丁多有受伤，随经抛掷火蛋入内，一时火发，该匪始突门蜂拥而出，与官勇短兵接仗，力战三时之久，毙匪九十三人，生擒匪首罗贵兴、曹三、杨海亭、谭登心、田椿三、张经元、王福兴、胡义兴八名，并余匪等三十八名，夺获枪炮军械九十七件，救出被虏团总王北轩，团约陈理仁、赵元先等多人，营勇阵亡一人，受伤六十余人。

而谭二疯亡、任韦驮仍乘间逃逸，请饬查拿等情。臣查该匪一日不除，川省后患滋大，第其凶狡异常，实难遂获。三年十一月初十日，据署合江县知县杨作霖、泸州知州田秀栗等，禀报该匪谭二疯亡，率党窜至合江县之胡槽山，该县等带领勇团会合营勇，极力围攻，毙匪多名，并将该匪谭二疯亡、任长蛮立时生擒，派员解省讯办，讵谭匪解至资阳县，在监病故，即经委验，明确批饬戮尸，传首枭示泸合一带，其拿获之匪首罗贵兴等多名，当饬泸州讯供，实系伙抢有年，且系阵前擒获，罪无可逭，均于审明后正法，以快人心！

其任韦驮一匪，先经查明自合江白云场击败后逃至黔省一带，意图句聚。臣一面飞咨黔抚臣饬属会拿，复饬泸州田秀栗多派干勇跟踪追捕，旋据禀报。于四年正月二十五日，在贵州丹江地方，会合该处团练，将该匪拿下，获解回该州解省审办。

至江大烟杆一匪，占据重庆小三峡地方，路僻江险，踩缉倍难，前据川东道姚觐元禀报三年三月十四日，探知该匪纠众数百人，潜窜万县之武陵场抢劫盐商文子英盐店，并掳去店伙文宏宽等，拒伤汛炮船十余只，逆流迎拒相持许久，陆路之勇会同巴县李玉宣所带练丁，齐上水师炮船并力交攻。巴县六品军功勇目萧贵，带勇奋力迎击，轰沉匪船四只，溺毙伙匪百余人，余始败溃上岸分窜，复经兵勇追杀十余人，夺获炮船四只，军械五十余件，水师兵勇共受伤二十四名,查讯江大烟杆仍复脱逃等情。臣以江匪狡悍素著,经此惩创,恐其远扬外省,潜句会匪随饬各属,四路确探,即据巴县知县李玉宣探的,该匪已窜赴陕西汉中府城固县一带,当经檄饬汉中府知府林士班一体饬属会拿,李玉宣又派练目萧贵带领勇役兼程前往,密禀该府林士班,该县徐德怀添差协缉该府县等,随即亲督差练星夜围捕,将江大烟杆即时擒获,禀报递解来川讯据,供认纠众贩私多年抢店杀人,拒毙官兵不记次数。随于讯明后正法,传首重庆各处,枭示用昭炯戒。

此先后拿获重庆泸州两路巨枭及歼除凶党之实在情形也。臣查历来私枭酿成大患,该匪谭二疯亡、任韦驮、江大烟杆、任长蛮等暨系著名巨枭,又系著名会匪,结党日多,凶焰益炽,已成鸱张之势,若不及早歼除流毒,将不可收拾。今幸按名擒获,一无漏网,即匪党亦殄灭无遗,实为川省剪除大患,现在川东各处匪踪渐净,江路一律肃清,洵堪仰慰。①

以上是关于抓捕四川著名巨枭情况的详细材料,从其耗时费力的程度,可以判断盐枭对社会的影响非常大,结合上述材料,可从以下几方面来进一步认识盐枭。

(一) 盐枭的主要社会成分

奏折从一开始就表明盐枭的危害,"在川省川东一带,水陆动繁,私枭最伙。近年以来,句结益众,到处横行",欲了解盐枭贩私的具体方式与危害,须先厘清盐枭的人员构成。在清代,盐枭并不少有,两淮等地枭私迭起,但四川地区,盐枭在人员的构成方面,有来自全国的普遍特征,也有其自身区域背景。

1. 贫民

贫民是四川盐枭中的重要组成部分,之所以有如此规模的贫民出

---

① (清)丁宝桢等:《丁文诚公奏稿》卷14,1907 年刻本。

现，并参与到私盐的运销中，有其特殊的历史背景。

（1）清初战乱频繁，农业荒废，生存危机，多靠抢掠。顺治元年（1644），张献忠攻克重庆、成都，建立大西政权。之后不久，"献忠见川人心恋故主，愤闷已极，于是虎威大作，势若疯癫，即下令剿灭川人"①，顺治三年（1646），清军入川建保宁政权后，曾六次派兵攻打成都、重庆等地，康熙十二年（1673），吴三桂发动叛乱，四川又成为平吴战争的西部战场，平吴战争中，产盐之地富顺一两百里内，耕牛被清军征去装运行李，而且军队所到之处，行为不受约束，致使"路无行人，道惟荆棘"②。在以农业为主的清代四川，清初频繁的战争，严重阻碍了四川经济的发展，不能耕种的农民逐渐沦为贫民，这为盐枭集团的形成，提供了社会条件，正所谓"盐枭之所以为盐枭，有迫之所然者也"③。

（2）"湖广填四川"的消极影响。为解决因战乱而造成经济凋敝的困境，自康熙中晚期始，鼓励湖广地区没有土地和财产的流民到四川开垦，此举在对四川经济的复苏起到不可磨灭作用的同时，也带来了系列社会问题，乾隆八年（1743）时，四川巡抚纪山奏称："查湖广等省外来之人，皆因误听从前川省地广人稀之说，群思赴川报垦，不知川省已无荒土可辟。"④ 现存四川清代档案中，大量移民与当地农民争地的案件，更证实了这一说法。"无荒土可辟"直接带来系列社会问题，其中之一便是部分无地可耕的贫民转化为影响社会秩序的"啯匪""流棍"，即是后来盐枭的组成部分。

2. "会党"势力的渗入

盐枭对社会的影响，不止于经济，其与会党的紧密联系，把原本与政府对立的局面推拒更远。会党，即清末以反清复明为宗旨的

---

① ［法］古洛东：《圣教入川记》，四川人民出版社1981年版，第19页。

② （清）吕上珍辑，罗廷权等修：同治《富顺县志》卷18，1872年刻本。

③ （清）贺长龄：《皇朝经世文编》卷30《户政五·赋役二》，1827年刻本。

④ 《清实录》之《高宗纯皇帝实录》卷203《乾隆八年十月下》，中华书局2008年影印本，第20811页。

一些原始形式的民间秘密团体的总称。四川地区情形较为复杂,除袍哥势力兴盛,其影响力与青帮、洪门不相上下外,还有白莲教、灯花教等各种秘密结社组织,这些会党势力和私贩勾结,因此,盐枭势力在四川一直十分猖獗。丁宝桢督川时,提到巨枭"复烧香结盟,与各路会匪通气",其背景大致为:官兵在追捕盐枭任韦驮的同时,拿获其同党灯花教首胡潮得。① 灯花教又称红灯教,乃清乾隆年间白莲教之余部。清末时期,灯花教首领李南山、李冈中等率领一千多人起义,起义军攻打资阳县城,围攻教堂,并在天古庄打败清军,远近震动。凌天顺、曾洪春、何耀山等也率红灯教徒数千人,三面攻入天古庄,焚毁教堂及教民房屋无数,击毙击伤教民七人。红灯教著名女首领廖观音也率教众于石板滩起义,后又大败清军于龙潭寺,甚至一度攻破成都,进入市区,震惊全川。对于清政府而言该教是"叛道离经、惑人心志,是王法所必诛也",在永川、江津、合江、泸州及三峡地区一带,盐枭出没较多,在隆昌、荣昌与泸州嘉明镇交界处,无论贫富,信教者不少,二者关系盘根错节,彼此融合,在抓捕任韦驮一案中,发现任韦驮、陈丰、谢三、管大即、李小鬼、朱大即、刘万盛、赵海山、廖全山、贺大即、郝大即、刘万熊、杨二、徐松柏、张老五、刘玉廷、陈三娃儿、瞿银娃儿等,② 皆属盐枭与会匪身份同兼者,基于此,作为官府代言人的丁宝桢在奏折中痛恨切齿地欲将其切除。

(二) 盐枭贩私的行为方式

盐枭获取食盐的主要途径之一是依靠有组织的集体抢掠,"动辄号召一两千人或数百人",③ "川东一带私枭充斥,汉州、彭山、什邡、

---

① 《巴县遵札呈复奉发虎威宝营告示及贴过处所及川东永宁两观察会禀筹商议室查拿盐教各匪章程卷》,巴县档案(光绪),四川省档案馆藏,档案号: 06-31-03359。

② 四川省档案馆档案:巴县档案(光绪)《巴县遵札呈复奉发虎威宝营告示及贴过处所及川东永宁两观察会禀筹商议室查拿盐教各匪章程卷》全宗号清6,目录号31,案卷号03359。

③ (清)丁宝桢:《丁文诚公奏稿》卷14,1907年刻本。

犍为、广元、昭化、忠州等处白昼聚党，千百为群，抢劫盐店"①。以前文丁宝桢《拿获重庆泸州巨枭片》的奏折为例，缉拿重庆地区大盐枭江大烟杆的导火索，源于江在万州武陵场抢劫盐商文子英的盐店，并劫去店伙文宏宽。政府闻讯缉拿时，溺死百余盐匪、上岸后追杀了十余人，逃跑者人数不详。从已有人数，可以断定此次抢盐是有组织的大规模抢掠。光绪三年（1877）三月十七日，泸州各路会匪札据合江白云场龚姓宅院，三个小时的火拼，官方击毙匪徒九十三人，擒获匪首罗贵兴等八名，另余匪三十八名，且谭二疯亡与任韦驮等势力乘间逃脱，其聚众规模可想而知。

聚众贩私本已是社会隐患，而以武装器械为后盾，明目张胆与政府为敌，则是盐枭的另一重要特征。在围攻罗贵兴等盐枭时，众匪先在屋内"闭门抗拒，飞掷砖石，施放洋枪"，待官兵投入火蛋之后，蜂拥而出与官兵火拼长达三余小时之久，尽管最后缴获了枪炮军械九十七件，但官方损失也不在少数，勇丁受伤者六十余人，阵亡一人。在围捕江大烟杆匪党案件中，副将张廷芳带勇三百名，并炮船七只，分水陆两路前往围捕盐枭的十余只炮船，击沉炮船四只，缴获四只，军械五十余件，追杀十余人，官方受伤水师兵勇达二十四名，江大烟杆等仍成功逃脱。有武器为后盾，故"从前劫抢杀人，官几不敢过问，即有团保呈诉，辄肆杀害，以致乡民畏不敢言"。

盐枭主要在盐产区的州县交界处活动，一则有盐源，二则便于窝藏、逃离。"川盐济楚"之后，盐枭在三峡沿江一带开始活跃，奏折中均有所体现。盐枭武装抢盐的事实十分确凿，而关于销售私盐的方式，各种史料记载虽少，但通过《四川官运盐案类编》中对晚清"屏山属之黄丹、舟坝等场均有私枭、啯匪，聚集甚伙，各带洋枪器械，估将私盐摆摊明卖"②的记载，可以推断也是强买强卖。

---

① 《清实录》之《仁宗睿皇帝实录》卷312《嘉庆二十年十一月》，中华书局2008年影印本，第33600页。

② 鲁子健：《清代四川财政史料（下）》，四川省社会科学院出版社1988年版，第857页。

盐枭除了抢卖私盐，还以充当"保护伞"的方式，保证其他私盐的正常销售。

> 卑职到（彭县）任之初，访得九尺铺、石头堰、敖家场、升平场等处，皆有匪徒抽收私盐厘金，每石百文，设立码头，名曰"财神会"。纳厘者，私中之官，给予凭飞，即在各场当街摆卖；漏厘者，私中之私，从重处法。该匪等聚敛此费，亦既历有岁时，文武衙门书役、堂勇、兵弁皆有规费，不肯捕拿，团保甲约亦均徇私包庇。于是，匪党明目张胆，以抽收之费制备洋枪利刃，以资拒捕。凡遇外来匪徒，住宿有资，送迎有费，以故频年抢劫拉磕之案，层见迭出。①

罗贵兴、任韦驮、江大烟杆等巨枭，逍遥法外十余年。其秉性凶残，拥有武器，抵御拒捕等，与政府形成了对抗之势。对抗之下，一方面地方政府需对此进行治理，令官兵营勇对其穷追不舍。另一方面盐枭的凶悍使部分地方官员惧怕管理，最后遂成妥协之势。如嘉庆十二年（1807）十一月盐大使虞廷干被盐枭在云阳殴打之后，状告夔州府，知府置之不理。长此以往，坐视养痈，反而与盐枭形成新的合作关系。以下江巴前哨哨弁王良弼的禀称中能发现端倪：

> 卑职七、八两棚，分札江北厅瓮杠子地方，离江北厅二百五十里，秦家场十五里；该场为私贩必经之路，每月所过私盐不下数百余挑，明目张胆，肆行无忌。推其原故，由于驻场防汛把总李国栋历年串同本地团首刘元太狼狈为奸，每私盐一挑，抽收钱六十文，以饱私囊。刘元太又开有歇店一处，窝留往来私枭，如巡勇往缉，该汛弁、团首辄出头袒庇，私贩恃为护符……以故私

---

① 鲁子健：《清代四川财政史料（下）》，四川省社会科学院出版社 1988 年版，第 857 页。

枭日炽，莫可如何！①

此等事情并不鲜见，还有官运盐务局的炮船水勇等通同包庇的情况，他们"贪夜放船偷渡，暗地分肥，以致私贩来往肆行，充塞销路"②。

最后，由于盐枭与政府的势不两立，在四川的辛亥革命运动中，盐枭迅速投入其中，尤其在保路运动中，盐枭闻声响应，纷纷汇集同志军行列，"毁盐店，击岸商之暴动"遍布全川，他们劫夺官运局货财，为同志军提供巨大饷需。广大盐枭行动的初衷，是否如所描述的那样，"拼人民无限之身躯"，启迪"忧时虑远之士，期谋国利民福，知非破除设阱陷人之引界不为功"③，有待考证，但可以肯定的是，他们的参与客观上促进了四川的近代化进程。

四 贫民与私盐

社会底层之贫民贩私，除了加入盐枭行列，结伙抢盐强卖以外，便是自行肩挑背负的零星贩卖。此种贩私形式较为特殊，是在盐法允许下的售卖政策的蜕变。

清朝成立之初，制定了体恤百姓的政策，明文规定"十斤以下不为私贩"。至雍正、乾隆年间，为维护社会稳定，解决百姓淡食问题，则规定"贫穷老少男妇挑负四十斤以下者，概不许禁捕"④，这些政策意在体恤民情，解决贫困之民的生计问题，允其"在本境售卖，核计日获余利不过二三分不等"⑤。具体操作的方式为：对老弱贫民，在报官注册后，政府发与腰牌，凭其入场购买，免收其税，此类盐斤来源

① 鲁子健：《清代四川财政史料（下）》，四川省社会科学院出版社 1988 年版，第 856 页。

② 鲁子健：《清代四川财政史料（下）》，四川省社会科学院出版社 1988 年版，第 858 页。

③ 邓孝可：《川盐改税新编》第 1 册，转引自鲁子健《古井沧桑话川盐》，四川出版集团、巴蜀书社 2010 年版，第 143 页。

④ （清）张廷玉等：《清朝文献通考》卷 29《征榷》，新兴书局 1963 年影印本。

⑤ （清）常明等修，杨芳燦等撰：嘉庆《四川通志》卷 68《食货·盐法》，（台湾）华文书局 1967 年版。

正当,凭政府所发放腰牌,即可到场购买。

从政府的角度而言,是对民众的慈善之举,亦是缓和社会矛盾,治理社会之举。但在社会剧烈变革和私盐充斥的清季社会,反而变成走私违法的顺畅途径。商人或盐枭利用这一优惠政策,串通老少妇孺,反复就场零星收买,积少成多之后私行贩运。

至乾隆四十三年(1778)时,政府对此无能为力,于是对富顺、犍为两产盐盛地另行规定,停止先前对贫民允许四十斤以下自由贩盐之例,要求将余盐尽数报官,填给照票交商,并查清二县老少贫民人数,每名酌给银二分以资补贴。

但局部范围的实施,并不能改变整个四川地区贫民贩私的格局。虽是"挑卖数十斤聊以为口",但"以重庆一府统计,商人不过数十户,而赖盐以生者,不下十余万人"①。到清末之时,官运局《请整顿马边屏山一带私盐》一文,已昭示贫民贩私之势不可当。文中称,屏山属之石梁场、荣丁场与下溪场等处,私盐渐多,盐枭渐嚣张。盐枭贩私之源来于普通背挑夫,数量不过数十百斤,均称自行买食。② 明知是私盐,在合法政策的外衣裹罩下,却无从稽查,便有了所谓"肩私""担私"。

"肩私""担私"主要是指从属于社会最底层民众的一类贩私行为,其特点是参与人数广、单次规模小、稽查整治不便,最大的危害就是通过转销给商人或盐枭的途径,最终成为"商私"或"枭私"的帮凶。

---

① (清)丁宝桢等:《四川盐法志》卷22《征榷三·纳解》,1882年刻本。
② 鲁子健:《清代四川财政史料(下)》,四川省社会科学院出版社1988年版,第856—857页。

第四章　清代四川地方政府对私盐的直接治理

古今中外，社会一旦出现严重的失序行为，必然影响社会的正常运行，统治阶层为维护其利益，亦势必修复该运行机制，并利用各种手段进行强制控制。在中国古代盐业领域，这一干预和治理的过程就是盐法出现和不断完善的过程，也是国家机器不断整合社会、调适秩序的过程。与全国大盐业环境一样，清代四川同样私盐肆掠，为解决这一社会冲突，以管理者身份出现的各级政府，必然会凭借政权的超经济力量，制定盐业制度，颁布有关盐业法令、则例，派遣官吏，对盐业的生产及流通过程加以干预和控制。①

总体而言，清代四川地方政府对私盐治理的方式分为直接治理与间接治理两种。直接治理即地方政府亲自参与缉私，依据国家制定的相关盐法及地方法规对私盐进行追缴，对贩私人员进行惩戒，对缉私人员进行警醒，企图通过较为缜密的盐法，将私盐扼杀在产运销等各领域。

第一节　对清代盐法的遵循

一　清代盐法

一直以来，学术界都有"盐糊涂"一说。即是由于中国盐产类型

---

① 参见萧国亮《清代盐业制度论》，《盐业史研究》1980 年第 1 期。

多样、盐业管理体系复杂，很多东西还有待厘清，尤其是关于中国古代盐业领域内的一些概念、界定、称谓等，众说纷纭、莫衷一是，包括"盐法"在内。因此，即将谈论"盐法"，需先对其梳理。

关于"盐法"，在《皇朝政典类纂》中将之定义为："凡盐法，籍灶与商与官，令出盐、行盐，量天下食盐之户而均布之"①；《中国大百科全书》（法学卷）定义为："历代统治者对食盐的煮制和买卖都很重视，定有各种法律，统称盐法。"② 《中国盐业史辞典》认为"盐法"：是政府管理盐之生产、运输、销售的制度、法令和则例；③ 张小也在《清代私盐问题研究》中认为："在中国历史上，特别是到了封建社会晚期的明清两代，所谓盐法是一个复杂的概念。广义上看，它包括以法律形式确定下来的盐的生产、运输、销售、纳税、对私盐的稽查和惩处、盐政管理机构等方面的制度，也包括对依附于盐业的福利和慈善机构、建筑工程等方面的规定……本书中所涉及的盐法指统治者以法律形式确定下来的食盐的生产经营体制和保证这种体制得以实行的措施——特别是对违法行为进行惩罚的法律条例"④；李坤刚在《清代盐业犯罪研究》中虽未明确"盐法"的概念，但其意思为"在专卖制度下，历代统治者打击私盐及盐业产销领域中的犯罪手段"⑤；张洪林在《清代四川盐法研究》中明确指出："盐法"是封建国家对食盐的生产、运销、征税、缉私等进行调控的专卖法。⑥

虽然目前尚无"盐法"概念的统一定论，但从大部分定义来看，都有关于惩治私盐的特指。为方便后续阐述，故本书取"盐法"狭

---

① （清）席裕福、沈师徐：《皇朝政典类纂》卷70《盐法一·盐课》，文海出版社1982年影印本。

② 《中国大百科全书》（法学卷），中国大百科全书出版社1984年版，第688页。

③ 宋良曦、林建宇、黄健、程龙刚主编：《中国盐业史辞典》，上海辞书出版社2010年版，第406页。

④ 张小也：《清代私盐问题研究》，社会科学文献出版社2001年版，第2页。

⑤ 李坤刚：《清代盐业犯罪研究》，博士学位论文，人民大学，2006年，第15页。

⑥ 张洪林：《清代四川盐法研究》，中国政法大学出版社2012年版，第11页。

义，主要讨论用于对盐业在产、运、销及管理领域内的违法犯罪行为进行惩戒的法律法规。管控对象主要包含违反盐法的盐业从业人员、盐业管理人员及各类贩私人员。

盐法的产生并非肇始于清代，开启禁私之端应追溯至汉武帝的禁榷之策，当时主持盐政的东郭咸阳和孔仅认为：

> 山海，天地之藏也，皆宜属少府，陛下不私，以属大农佐赋。愿募民自给费，因官器作煮盐，官与牢盆。浮食奇民欲擅管山海之货以致富羡，役利细民。其沮事之议不可胜听。敢私铸铁器煮盐者，钛左趾，没入其器物。郡不出铁者，置小铁官，便属在所县。①

到了唐代，盐法对贩卖私盐在前朝基础上有了更严厉的规定。第五琦时立盐法规定："盗煮私市者，论罪有差。"②贞元中，规定"犯（私）盐一石以上至二石者，请决脊杖二十"，之后，又增加"二石以上所犯皆死"的律例。③唐代对私盐的惩治，还包括对缉私不力的官员的惩罚。至宋代，为保证国家对食盐的绝对控制，对私盐的惩罚措施更加完善，制定有关惩治私盐的专门盐法《私盐律》及"犯盐条例"等律令，具体如下：

宋太祖建隆二年（961）规定："私炼盐者三斤死；擅货官盐入禁法地分者，十斤死。以蚕盐贸易及入城市者，二十斤已（以）上杖脊二十，配役一年；三十斤已（以）上者，上请（治罪）。"④

---

① 《史记·平准书》中记载的钛左趾，是指在左脚下载一个六斤重的铁钳，作为惩治私自煮盐的处罚。

② （宋）王钦若等：《册府元龟》卷493《邦计部·山泽》，中华书局1960年点校本。

③ （宋）王溥：《唐会要》卷88《盐铁》，上海古籍出版社2012年版。

④ （清）徐松：《宋会要辑稿》卷132《食货二十三》，中华书局2006年影印本，第5183页。

建隆三年（962）增加：增阑入至三十斤，鬻盐（卤盐）至十五斤坐死，蚕盐入城市，百斤以上奏裁。[①]

淳熙元年（1174）又规定：诸犯盐一两，笞四十，二斤加一等，二十斤徒一年，二百斤配本城。煎炼者，一两比二两。以通商界盐入禁地者，减一等，三百斤流三千里。其人户卖蚕盐，兵役卖食盐，以官盐入别县界，一斤笞二十，二斤加一等，罪止徒三年。[②]

明代对榷盐的法律规制建设得更加完善。对私盐出现的不同途径，其相关惩罚也区别对待，对产、销领域首次有了明确的界限。在生产领域"各场灶丁除正额盐外，将余盐夹带出场及货卖者绞，百夫长知情容纵、通同货卖者同罪，两邻知而不首者杖一百，充军。守御官吏巡获私盐，犯人绞，有军器者斩，盐货、车胎、头匹没官。常人捉获者，赏银一十两，仍追究是何场分所卖，依律处断"。在销售领域，对盐专商的贩卖有明确地域界定，"鬻盐有定所，犯私盐者罪至死"，同时，商人贩盐，盐引需与盐同行，否则"盐与引离，即以私盐论"[③]；卖完盐后五日内缴回退引，否则杖六十。旧引冒充新引，即所谓"影射"，罪同私盐，伪造盐引者斩。[④] 对于非盐专商，亦私毫不留有余地，一言蔽之，"凡私盐货卖者绞"。

清代私盐法承明之制，并在明代基础上有较大革新，进一步细致完善。清代盐法在与历代盐法的比较中，其缜密程度一方面反映出国家对于社会控制的加强，另一方面也体现了私盐在该朝代的规模及影响力。

根据盐法的法律形式，清代盐法应当包括：国家盐法、地方性法规及盐业习惯法。[⑤] 在清代，国家制定的"盐法"主要存在于国家法典《大清律例》之中，其中有"律"十一条，"例"十四条，惩治私

---

① （元）脱脱等：《宋史》卷181《食货志下三》，中华书局2011年点校本，第4415页。

② 《宋大诏令集》卷200《刑法·增犯盐斤两诏》，中华书局1962年版，第740页。

③ （清）张廷玉等：《明史》卷80《食货志四》，中华书局2011年点校本，第1936页。

④ 参看薛宗正《明代盐商的历史演变》，《中国史研究》1980年第2期。

⑤ 参看张洪林《清代四川盐法研究》，中国政法大学出版社2012年版，第12—14页。

盐是《大清律例》的重要内容，其中的《灶丁私盐律》《灶丁售私律》《巡盐兵捕贩私律》《兵丁贩私律》《豪强贩私律》《夹带私盐律》《武装贩私律》等相关盐法是控制私盐的重要法律凭证，另有部分规制则散见于其他典籍，如《钦定大清会典事例》等。四川地方政府制定的地方性法规主要见于《四川盐法志》，涵盖了四川井盐生产、运销、缉私、征税等各方面的法律规制。综合起来，四川地区惩治私盐的盐法，从产运销领域来分大致如下。

（一）生产领域的盐法

场舍为产盐之所，井灶户乃煎办之人，除此而外，盐无他出。故官引之配销不足，枭徒之肆横行私，皆场灶多煎卖之所致。因此，规避生产领域的私盐是为重要，为正本清源，故，《大清律例》对生产者和管理者均做出严格规定："凡盐场灶丁人等，除（岁办）正额盐外，夹带余盐出场及私煎盐货卖者，同私盐法。（该管）总催知情故纵及通同货卖者，与犯人同罪。"①且私售之灶丁，发往伊犁、乌鲁木齐等处为奴。②对管理者而言，"凡灶丁贩卖私盐，大使失察者，革职。知情者，枷号一个月发落，不准折赎。该管上司俱交该部议处"③。

生产领域流出私盐同"私盐法"，所谓"私盐法"，《大清律例》盐法第一条明确规定：

　　凡贩（无引）私盐（凡有确货即是，不必赃之多少）者杖一百，徒三年。若（带）有军器者，加一等（流二千里）。（盐徒）诬指平人者，加三等（流二千里）。拒捕者，斩（监候），盐货、

---

①　张荣铮、刘勇强、金懋初点校：《大清律例》卷13《户律·课程》，天津古籍出版社1993年版，第257页。

②　张荣铮、刘勇强、金懋初点校：《大清律例》卷13《户律·课程》，天津古籍出版社1993年版，第260页。

③　张荣铮、刘勇强、金懋初点校：《大清律例》卷13《户律·课程》，天津古籍出版社1993年版，第261页。

车船、头匹并入官。（道途）引领（秤手）、牙人及窝藏（盐贩）、寄顿（盐货）者杖九十，徒二年半。（受雇）挑担驮载者杖八十，徒二年。非应捕人告获者，就将所获私盐给付告人充偿。（同犯中）有（一人）能自首者，免罪，一体给赏。①

（二）运输领域的盐法

在运输领域内，清王朝主要对运商、返空粮船户以及官员，从律和例方面都做了相应的法律规定。

1. 商人

对商人，从律的方面做了如下规定：

> 凡起运官盐，每引照额定斤数为一袋，并带额定耗盐，经过批验所，依（引目）数掣挈称盘（随手取袋掣其轻重）。但有夹带余盐者，同私盐法。若客盐越过批验所，不经掣挈（及引上不使）关防者，杖九十，押回（逐一）盘验（尽盘盐而验之，有余盐以夹带者论罪）。

> 凡客商贩卖（有引）官盐，（当照引发盐）不许盐（与）引相离。违者，同私盐法。其卖盐了毕，十日之内，不缴退引者，笞四十。若将旧引（不缴）影射盐货者，同私盐法。

> 凡起运官盐，并灶户运盐上仓，将带军器及不用官船起运者，同私盐法。②

从例的方面主要对谎报盐船失事后复运的情形做出规定：

---

① 张荣铮、刘勇强、金懋初点校：《大清律例》卷13《户律·课程》，天津古籍出版社1993年版，第257页。

② 张荣铮、刘勇强、金懋初点校：《大清律例》卷13《户律·课程》，天津古籍出版社1993年版，第258页。

> 盐船在大江失风失水者，查明准其装盐复运，倘有假捏情弊，依贩私律治罪。①

2. 船户

《大清律例》中关注水运船户，但重点不是盐运本身的船户，而是特别关注返空粮船者：

> 凡回空粮船，如有夹带私盐闯闸、闯关，不服盘查，聚至十人以上持械拒捕杀伤人，及拒捕不曾杀伤人，并聚众十人以下拘捕杀伤人，及不曾杀伤人者，俱照兵民聚众十人上下例，分别治罪。头船旗丁头舵人等，虽无夹带私盐，但闯闸、闯关者，枷号两个月，发近边充军。随同之旗丁、头舵，照为从例，枷号一个月，杖一百，徒三年，不知情不坐……其虽不闯闸、闯关，但夹带私盐，亦照贩私加一等，流二千里。②

> 贩卖私盐数至三百斤以上，及盘获粮船夹带，讯系大伙兴贩，均即究明买自何处，按律治罪。如不将卖盐人姓名据实供出者，即将该犯于应得本罪上加一等定拟。③

由于四川地区"夹私之弊，水路最甚"④，故四川地方政府在中央王朝所制定的法律规制基础上，根据四川的贩私特点，不断完善有关船户贩私的地方法规。雍正九年（1731），在"禁川船食盐带私"法中明确规定："倘川船一入楚界，搜查有存盐二十斤以上者，即系食

---

① 张荣铮、刘勇强、金懋初点校：《大清律例》卷13《户律·课程》，天津古籍出版社1993年版，第261页。

② 张荣铮、刘勇强、金懋初点校：《大清律例》卷13《户律·课程》，天津古籍出版社1993年版，第259—260页。

③ 张荣铮、刘勇强、金懋初点校：《大清律例》卷13《户律·课程》，天津古籍出版社1993年版，第262页。

④ （清）丁宝桢等：《四川盐法志》卷33《缉私二·关隘》，1882年刻本。

盐亦以私盐治罪。"① 乾隆四十六年（1781），规定铜铅船只能带十斤盐入楚。由于铜铅船只职能的特殊性，关卡卡员向来不敢过问，地方官员也不便稽查，以致成为漏私之源。道光九年（1829），明文规定四川的铜船，必须停泊靠岸逐个接受审查，"如有私盐，惟解员是问，由卡员禀听参处"②。道光十七年（1837），又禁止云贵铜铅船带私，并严禁船户水手私买厂盐，"如厂店私将川盐卖给船户，即行严拿惩治"③。

3. 官员

为治理私盐，《大清律例》中对从事盐务的官员同样做出了较为严苛的规定，尤其是对收受贿赂纵私的情况严惩不贷：

> 凡管理盐务，及有巡缉私盐之责文武各衙门巡获私盐，即发有司归勘（原获）各衙门不许擅问。若有司官吏通同（原获各衙门）脱放者，与犯人同罪。受财者，计赃以枉法从（其罪之）重论。④

> 凡管理盐务，及有巡缉私盐之责文武各衙门，设法差人于该管地面，并附场紧关去处，常川巡禁私盐。若有透漏者，关津把截官及所委巡盐人员，初犯笞四十，再犯笞五十，三犯杖六十，（公罪）并留职役。若知情故纵，及容令军兵随同贩卖者，与犯人同罪（私罪）。受财者，计赃以枉法从重论。其巡获私盐入己不解官者，杖一百，徒三年。若装诬平人者，加三等（杖一百，流三千里）。⑤

> 巡盐兵捕自行夹带私贩，及通同他人运贩者，照私盐加一等治罪。⑥

---

① （清）丁宝桢等：《四川盐法志》卷34《缉私三·各岸缉私》，1882年刻本。

② （清）丁宝桢等：《四川盐法志》卷34《缉私三·各岸缉私》，1882年刻本。

③ （清）丁宝桢等：《四川盐法志》卷34《缉私三·各岸缉私》，1882年刻本。

④ 张荣铮、刘勇强、金懋初点校：《大清律例》卷13《户律·课程》，天津古籍出版社1993年版，第257页。

⑤ 张荣铮、刘勇强、金懋初点校：《大清律例》卷13《户律·课程》，天津古籍出版社1993年版，第258页。

⑥ 张荣铮、刘勇强、金懋初点校：《大清律例》卷13《户律·课程》，天津古籍出版社1993年版，第262页。

拿获船载、车装、马驮私盐，该地方官吏如不按律治罪，曲为开脱者，该管上司察出，即照故出人罪律，从重参处。①

（三）销售领域的盐法

销售领域的私盐法条目相对较多，内容涉及买卖双方、男女老少、越境贩私、不同阶层及销售数量等。

凡买食私盐者，杖一百。因而货卖者，杖一百，徒三年。凡妇人有犯私盐，若夫在家，或子知情，罪坐夫男。其虽有夫而远出，或有子幼弱，罪坐本妇（决杖一百，余罪收赎）。凡将有引官盐，不于拘（定应）该行盐地面发卖者，转于别境犯界货卖者，杖一百。知而买食者，杖六十，不知者，不坐，其盐入官。②

越境（如淮盐越过浙盐地方之类）兴贩官司引盐至三千斤以上者，问发附近地方充军。其客商收买余盐，买求掣挚至三千斤以上者，亦照前例发遣。掣验官吏受财及经过官司纵放，并地方甲邻、里老知而不举，各治以罪（掣验官吏受财，依枉法。经过官司、里老、地方火甲依知罪人不捕，邻佑依违制），巡捕官员趁机兴贩至三千斤以上，亦照前例问发（须至三千斤，不及三千斤在本行盐地方虽越府省，仍依本律）。③

凡收买肩贩官盐越境货卖，审明实非私枭者，除无拒捕情形，仍照律例问拟外，其拒捕者，照罪人拒捕律加罪二等。如兴贩本

---

① 张荣铮、刘勇强、金懋初点校：《大清律例》卷13《户律·课程》，天津古籍出版社1993年版，第263页。

② 张荣铮、刘勇强、金懋初点校：《大清律例》卷13《户律·课程》，天津古籍出版社1993年版，第258页。

③ 张荣铮、刘勇强、金懋初点校：《大清律例》卷13《户律·课程》，天津古籍出版社1993年版，第258—259页。

罪应问充军者，仍从重论。倘拒捕殴人至折伤以上者，绞；杀人者，斩。俱监候。为从各减一等。①

《大清律例》中，对销售领域的私盐惩治律例，着墨最多的是关于对盐枭的治理，可见，包括四川在内的全国范围内的盐枭问题影响着社会的正常运行。

凡豪强盐徒聚众至十人以上，撑驾大船，张挂旗号，擅用兵仗响器，拒敌官兵，若杀人及伤人三人以上者，比照强盗已行得财律，皆斩。为首者，仍枭首示众。伤二人者，为首斩决；为从绞监候。伤一人者，为首斩监候；为从实发云、贵、两广极边烟瘴充军。凡得赃包庇之兵役，俱拟斩监候。②

凡兵民聚众十人以上，带有军器兴贩私盐，拒捕杀人及伤三人以上之案，为首并杀人之犯斩决；伤人之犯暂监候。未曾下手杀伤人者，发近边充军。伤二人者，为首，斩；下手者，绞，俱监候。伤一人者，为首绞监候；下手者，实发云、贵、两广极边烟瘴充军；为从俱满流。若拒捕不曾伤人者，为首实发云、贵、两广极边烟瘴充军；为从满流。其虽带有军器不曾拒捕者，为首发近边充军；为从流二千里。若十人以下拒捕杀人，不论有无军器，为首者，斩；下手者，绞，俱监候。不曾下手者，发近边充军。伤至二人以上者，为首斩监候；下手之人绞监候。止伤一人者，为首绞监候；下手之犯杖一百，流三千里。其不曾下手者，为首杖一百，流三千里；为从照私盐本律拟徒。其不带军器不曾拒捕不分十人上下，仍照私盐律，杖一百，徒三年。其失察文武

① 张荣铮、刘勇强、金懋初点校：《大清律例》卷13《户律·课程》，天津古籍出版社1993年版，第262页。
② 张荣铮、刘勇强、金懋初点校：《大清律例》卷13《户律·课程》，天津古籍出版社1993年版，第260页。

各官，交部议处。有拿获大伙私贩者，交部议叙。①

从内容中能体会清政府主观上治理枭私的决心和力度，其惩罚的程度是所有盐法之最，斩、绞、充军、杖、流放等各种严厉惩罚皆用于私盐治理。但《大清律例》的条文严厉之余，在销售领域中针对贫苦百姓的另类贩私，明确规定非但不予缉拿，反而准允。

> 除行盐地方大伙私贩，严加缉究外，其贫难小民年六十岁以上、十五岁以下及年虽少壮身有残疾，并妇女年老孤独无依者，于本州、县报明验实注册，每日赴盐场买盐四十斤挑卖，只许陆路不许装船，并越境至别处地方，及一日数次出入。如有违反，分别治罪。②

清代四川除利用国家已有的法律法规外，地方政府还制定出相应地方法规辅助治理。如四川地区船私现象较为严重，遂规定船员不能过多存储亟待食用之盐，"存盐二十斤以上者，即系食盐亦以私盐治罪"③，又因粮船有夹私之惯例，故规定"川省米船到夔关之时，即令该府查察，除夹带私盐及违禁等物按律拟究外，其船只大小，悉照淮关尺寸则例抽报科税"④ 等。

从上述法律条文看，总体而言，设置较为完备，涉及产运销各领域及社会各阶层，对几个主要贩私主体，如盐商、船户、盐枭等的打击力度尤为明显。此外，不仅对卖方还对买方采取惩治，相比前代盐

---

① 张荣铮、刘勇强、金懋初点校：《大清律例》卷13《户律·课程》，天津古籍出版社1993年版，第259页。

② 张荣铮、刘勇强、金懋初点校：《大清律例》卷13《户律·课程》，天津古籍出版社1993年版，第261页。

③ （清）丁宝桢等：《四川盐法志》卷34《缉私三·各岸缉私》，1882年刻本。

④ （清）丁宝桢等：《四川盐法志》卷38《禁令四·刑部律例》，1882年刻本。

法完善。最值得一提的是,法律中允许贫民在适度范围内贩私,彰显出一定程度的"仁治"手段。但清代盐法也存在缺陷,整朝实际的私盐治理效果是其证明。从上述盐法中不难看出,《大清律例》的法律条文,在产运销三领域中偏运销,对生产领域私盐的规避力度较之运销领域显然不够,这或许与全国的盐产区有限相关。但私从场出,生产领域的盐法应当最为缜密,方能有效控制私源,而国家并未将此在盐法上有所充分体现。四川作为重要的盐产区之一,其四川的地方法规也是在以国家律例为主体的前提下稍有补充,尽管地方政府清楚四川盐业的特殊性,发现了生产领域的问题,但依然没有明确的系统的法规进行治理,例如对生产领域中盐保甲制中的甲长、牌长的处罚缺乏明确的规定。这不得不说是遗憾。

二　缉私职能

清代四川地方政府,在治理私盐方面,除了要有完备的盐法为武器,还当有较为健全的缉私机构。然而,丁宝桢改革四川盐务以前,并无专门的缉私机构,缉私职能隶属整个盐务管理体系之中,因此,在谈及缉私职能时,有必要先全面厘清清代四川的盐务管理体系。清朝建立之初,顺治便下令在长芦、两淮、河东各设巡盐御史一名,直隶山东、山西、河南、江南、江西、浙江、湖广、陕西盐政,一年更差。对于尚处在战乱中的福建、四川、广东、广西、云南、贵州六省盐务,由巡抚直接掌控(四川盐务不久即隶总督)。对于盐务之事,由巡抚或总督直接对户部负责,盐业流程归为产运销,"根本在场产,枢纽在转运,归墟在岸销",因此,在巡抚、总督之下,又设"都转运使司""运使""盐道"等职务具体负责盐务的产运销事宜。盐道司产运,盐道下又配有分司、运司、运付、运判以辅佐之。

就四川而言,康熙十三年(1674)添设"督粮道兼管盐务"①,雍

---

① 清高宗敕撰:《清朝通典》卷12《食货十二·盐法》,新兴书局1963年版,典2088。

正五年（1727），川省由臬司兼管驿、茶、盐，后又增设驿盐道专司其事，乾隆四十四年（1779），改驿盐道为通省盐茶道，主管全省盐茶事务。盐茶道下，又设盐茶道库大使，管理盐税及盐之库存。在各产盐府、厅、州、县，又设盐务通判、州判、同知、大使。在县以下重要产地，则设县丞、巡检等职务具体管理；在重要厂地，则设委员坐理。① 清朝盐业缉私的职能就由上述盐官和监管盐务的地方官兼任。②

前文所述，受国家食盐专卖政策的影响，四川地区的盐官职责重产运。产场的私盐先由委员（或称厂员）直接稽查，"乾隆十六年，驿盐道武洪绪以锅多隐匿、灶有余赢、盐浮于引、易滋奸商贩私诸弊，请令厂员躬自煎验，确核正余实数，悉籍以报，不实者，罪之"③。生产领域的缉私人员为便于对井灶的稽查，在管理模式上不依据行政区划而依据井场所在地进行管理。《蜀故》对此有较为详细的记载：

> 川北井灶，引盐最多之射洪县，于各府中拣选同知一员驻扎。附近潼川、中江、蓬溪、遂宁、乐至五县井灶听其总理。再于各州县佐杂内拣选十员分地管理。南部县移驻保宁同知专司盐政，附近之阆中、川东之蓬州、南充、西充四州县盐井，应听总理。该厂事宜，再委州县佐杂三员，足资分理。川南嘉定之乐山、犍为与川西之井研等三县，有地名马踏井，为三处井灶丛聚之所，最易影射滋弊，即于其地移驻府同知一员，居中总理，其附近之仁寿及三县散处井灶，再委州县佐杂五员，以资分理。富顺、荣县井盐虽多，坐落一处，稽查尚易，应于其地驻府通判一员，并荣昌、隆昌、大足三县俱听总理，再委州县佐杂二员，分司诸务。

---

① 在设置上述场员时，一般照顾到产地的分布情况，而不一定依照行政区划加以统筹安排。参看张学君、冉光荣《明清井盐史稿》，四川人民出版社 1984 年版，第 98 页。

② （清）张茂炯等：《清盐法志》卷 5《通例五·职官门四》，1920 年铅印本。

③ （清）丁宝桢等：《四川盐法志》卷 32《缉私一·编甲》，1882 年刻本。

川东之云阳应驻府通判一员,并附近之万县、大宁、太平、开县四县井灶俱听总理,再委州县佐杂三员,以资分办。井灶坐落归一之简州、绵州、资州、忠州、彭水、盐源六州县,拣选州县佐杂二员,足资办理。井灶无多之资阳、内江、江安、屏山、长宁、大竹、威远、丰都、盐亭、安岳十县,所开盐井俱在十县以内,毋庸另设专员,仍令该县等照旧管理。①

自雍正七年(1729)始,生产领域缉私的权力还让渡给民间力量——盐保甲长,具体的操作方式及成效见拙文。② 在运输领域,亦自雍正七年(1729)"书巡之设,盖为专查陆路私贩计"③,要关隘口随着盐务的需要在不断增减,据不完全记载,至雍正十二年(1734)时,部分关隘口设置大致如下:嘉定府 2 个、绵州 5 个、茂州 1 个、合州 1 个、犍为县 1 个、三台县 4 个、井研县 4 个、仁寿县 1 个、德阳县 2 个。④ 自古关隘口皆稽而不征,盐关亦是如此,⑤ 专职负责盘查,兼司缉私之职,早在雍正年间,大部分州厅县卫等置有巡役、盐书等职,专门盘查私盐,乾隆初废除。如井研县"雍正九年奉设隘口四座,各设巡役四名,盐书一名,给予工食,盘查私盐厅,著为定例",什邡县"雍正八年,设盐书巡六名,乾隆元年裁汰",德阳县"县东斜滩河,县东南茶店子,县北村坎镇,县西通江镇,各设隘口巡查,每隘设巡役一名,乾隆元年四川总督黄等疏称,不产盐之州县,巡役实无可用等因,户部议将原设书巡概行裁汰。"⑥后遂于当年,即乾隆元年(1736),始在泸州江口、嘉定府江口、重庆府江口设批验

---

① (清)彭遵泗:《蜀故》卷 3《赋税一·盐政》,江苏广陵古籍刻印社 1990 年影印本。

② 陈倩:《清代四川盐业保甲制度与私盐治理》,《盐业史研究》2019 年第 3 期。

③ (清)丁宝桢等:《四川盐法志》卷 33《缉私二·书巡》,1882 年刻本。

④ 据《四川盐法志》卷 33《缉私二·关隘》,史料中记载不完全,如德阳县志中记载德阳乾隆前有 4 个隘口,而清盐法志中记载有 2 个。

⑤ 但川盐济楚期间,临近楚岸的隘口有征税行为。

⑥ (清)吴经世修,廖家骢等纂:嘉庆《德阳县志》卷 28《盐法》,1815 年刻本。

所，兼管私盐查巡。咸同军兴后，由于私枭大张至沿江，为民患，故咸丰四年（1854）始，在川东临近湖北的夔州府设关卡察济楚私盐，每处关卡"拣委廉明之员二员，为一正、一副。正员驻关，副员驻卡，按半年一换"。① 直到光绪初，丁宝桢改革四川盐务时，方才有专门用于缉私的武装队伍安定营以及装备炮船。②

缉私的职能由各府、厅、州、县分派盐务通判、盐大使等负责，在县以下等重要产地设巡检、委员等职务司缉私之职。缉私职能看似设置完备，而缉私力量实则较为薄弱。如夔州府，由盐通判统专管盐务，下属云阳、大宁两重要产盐之县，在两县的人员配备均是：盐大使一员、衙役六名、内门子一名，皂吏四名，马夫一名，③ 通常的缉私任务由六名衙役担任（六名衙役通常还被再次分配于各关卡），对于普通个体走私者尚有缉获的可能，但面对大伙盐枭则显得无缚鸡之力，"多者数十挑或至两三百挑，成群结队，殊骇听闻。惟各厂所获私盐，以数十斤及一二百斤者为多，大股私贩，从未缉获……即遇五六挑以上之私盐，以寡敌众，即无可奈何"。又如，富顺盐厂在咸丰年间"川盐济楚"事件后，一跃成为川盐的生产中心，为防止私盐溢出，方圆八十里内设有七垣七卡以管理盐销，但各垣只设一人实际负责，④ 如此一来，一则缉私力量薄弱，稽查难免周全，二则权力过分集中，容易滋生腐败。加之川地道路崎岖，若要缉私，需层层设卡，其后果是"非数十营不足分布"⑤，可见，现实的缉私力量难以应对严峻的缉私任务。

为改变此种格局，光绪朝初，丁宝桢改革四川盐务，成立了专门

① （清）丁宝桢等：《四川盐法志》卷34《缉私三·各岸缉私》，1882年刻本。

② （清）丁宝桢等：《四川盐法志》卷33《缉私二·炮船》，1882年刻本。

③ （清）恩成修，刘德铨纂：道光《夔州府志》，1891年影印本。

④ （清）丁宝桢等：《四川盐法志》卷24《征榷五·票厘》，1882年刻本。

⑤ （民国）林振翰：《中国盐政纪要（上册）》第三篇《运销·缉私》，商务印书馆1930年铅印本，第316页。

的缉私机构。具体表现为：在陆路设立安定保安营勇，以缉越境侵销私盐，于水路设水师驳船以缉大宗结伙贩私盐；于水路要隘处设批验所，检验商运引盐以清除盐商夹带私盐，各厂设票厘局验卡，以杜绝井灶生产者贩卖私盐。如此一来，光绪一朝缉私职能确有加强，治理私盐的成果迅速提升（见本章第三节图4-2），尤以治理枭私最为突出。

第二节　对盐官的处分与考成

一　对盐官的处分

盐官是各级政府盐务管理工作者的总称，是直接参与盐务工作的群体。盐官的行政能力和态度，直接关系到对私盐的管控。为加强对私盐的治理力度，清政府不仅在盐法中对盐官违法犯罪行为有所规定，历朝吏部还不断完善对失职盐官的处分例，纵观这些处分例，查禁私盐是其主旋律，是对盐法的进一步补充。

（一）生产领域内对盐官失职的处分

相较《大清律例》中生产领域的盐法而言，处分例中对生产领域的盐官惩罚更为细致和完善，仅场灶漏私一项，就制定了不同岗位、不同方面、不同程度的惩治措施。

一、灶丁透漏私盐，专管场大使知情纵容者，革职治罪（私罪）。失于觉察一次者革职（公罪）；运同、运判失察一次者降职二级留任，二次者降职四级留任，三次者革职（俱公罪）；运使失察一次者降职一级留任，二次者降职二级留任，三次者降职三级留任，四次者降三级调用（俱公罪）。

一、灶丁透漏私盐，该管场大使自行查出，立时拿究者，免议。其或虽经查出，犯已在逃，未能拿获，仅止详报通缉者，将该大使革职留任，限一年缉拿（公罪）。限内全获或获犯过半兼获首犯者，准其开复。限满不获，即行革职（公罪）。如年限内，犯被邻境拿获，将革留之案扣限四年，无过开复。

一、灶丁透漏私盐，经场大使自行查出详报通缉者，兼辖之上司俱准其免议。若并非自行查出详报通缉，除该大使照例革职、毋庸限缉外，将兼辖之运同、运判降二级留任，限一年缉拿（公罪）。限满无获，罚俸一年，再限一年缉拿（公罪）。再限不获，仍罚俸一年，逃犯照案缉拿（公罪）。运使降一级留任，限一年督缉（公罪）。限满无获，罚俸六个月，再限一年督缉（公罪）。再限不获，仍罚俸六个月，逃犯照案督缉（公罪）。以上运使、运同、运判降留之案，限内获犯，准其开复。或拿获别案私盐，亦准其抵消。无获，扣限三年，无过开复。①

上述材料是由场私而引发的对相应盐官的处分措施，首当其冲的是针对直接负责人盐场大使，同时牵连其直管上司运使、运同及运判。对盐场大使知情纵容和失察两种情况处理十分严厉，直接革职，其余情况是降职罚俸。在既降职又罚俸看似苛刻的处分措施中，为避免过分严厉而挫伤盐官积极性，其间透露着几分人性化。如第三条中，在非自行查出通缉贩私的情况下，"运同、运判降二级留任，限一年缉拿"。若一年之内没拿获，才罚俸金，并再给一年时间缉获，若再不获，就继续给予机会，前后总共五次。如果五次之后仍无果，通过缉拿其他私盐案件予以抵消，或者保证三年之中无任何过失。

（二）运销领域内对盐官失职的处分

运销领域内有关查禁私盐的处分例，涉及私盐出境、过境、入境，贫民贩私，私盐拒捕等情形，但与枭私相关的处分例占比最重，以下略举几条：

---

① （清）丁宝桢等：《四川盐法志》卷35《禁令一·吏部处分例》，1882年刻本。

康熙十五年（1676），题准：凡旗人兵民，聚众十人以上，带有军器兴贩私盐，失于觉察者，将失事地方专管官革职，兼辖官降二级，皆留任，限一年缉拿。获一半以上者，复还官级，若不获者，照此例革职降级。该督抚、巡盐御史如有失察官员，循庇不行题参，照循庇例议处。

雍正二年（1724），议准：贩私盐枭由他处入境，巡役缉拿，拒捕杀伤，或当场人盐并获，或于疏防限内拿获过半以上者，将事由据实呈报咨部，免其疏防处分。余犯照案缉拿。其有大伙兴贩隐讳不报及人盐并获轻为开拓者，将专管官革职、兼辖官降二级调用（今增为：上司循庇不参，降三级调用）。不知情者，各照失察私盐例处分。

乾隆三十年（1765），奏准：地方官拿获私贩，务将人盐实数详报，私盐例应入官，不得一毫隐讳。如将所获私盐侵蚀分肥，并大伙拒捕之案从中渔利，将人盐数目以多报少者，该管官弁题参革职，计赃，照枉法律治罪。其未侵匿者，照循隐例议处。上司知情故纵者，照循庇劣员例议处。虽不知情，而未揭参者，照不揭参劣员例议处。

对比查禁生产领域内私盐的处分例，上述材料在处分上更胜一筹。生产领域的盐官失职，处分是以革职、降级、罚俸为主，且还有还职还级的机会。而运销领域内一旦事关枭私问题，除专管官和兼辖官革职降级受罚外，还面临"照循庇例议处""照不揭参劣员例议处"等法律处罚，甚至还上升到对督抚、巡盐御史的相关处理，说明枭私是私盐治理中较为棘手和紧迫的问题。

二　对盐官的考成

清朝对私盐的直接控制还体现在对盐官的考成上。众所周知，盐官乃朝廷肥缺职位，无论是清中央政府还是地方政府，都会依靠考成对盐官进行管理，对于各机构中的盐务官员，清政府有其具体考成标准。总体而言，考核以税收多寡为标准，目的在于保证税收、保障国库的同时，加强缉私防范，如此"则有司等自必加意查察，私贩息而官引销，弊端可以釐剔矣"①。

顺治六年（1649），因山西五台县知县吴宗、陕西麟游县知县刘玉瓒、陕西汉阴县知县杨六德、河南郏县知县张笃行四人所辖之地严重拖欠盐课，②于是，利用对盐官的考成来敦促税收、加强缉私的呼声便起。之后，两浙巡盐御史裴希度则认为出此情况是缘于无考成之法，于是在顺治八年（1651），经户部与督察院会议，制定出相关盐官考成则例，如"盐课欠不及一分者，巡盐御史罚俸一年；欠一分以上者，降俸二级；欠二分以上者，降职一级；欠三分以上者，降级二级。皆留任。欠四分以上者，降三级；欠五分以上者，降四级；欠六分以上者，降五级。皆调用。欠七分以上者，革职"③。但是，此考成制度制定之初仅针对巡盐御史，直到康熙三年（1664），考成制度方得到进一步完善，内容涉及专管盐课官员的运司、提举司、分司大使，以及兼管盐务的知州、知府、知县、道员、布政使等官的考成，如规定州县官：未完一分，停其升转；未完二分，降俸一级；未完五分者即降职二级。规定运司等盐官：未完不足一分，罚俸半年，停止升迁，未完四分即降职三级，未完达到六分则革职。④

根据上述内容，不难发现：专门的盐务官员与兼管盐务的地方官员，在考成上是有差异的，前者重于后者。区别对待的规定有其合理性，体现了征税缉私过程中责任大小的不同，这与上节内容中缉私职能的归属是一致的。通过对盐官的考成来管理盐务，在督课缉私方面取得一定成效。如

---

① （清）张茂炯等：《清盐法志》卷266《职官门二十三》，1920年铅印本。

② 《为岁课经征怠玩请旨严定考成之法以重国计事》，顺治八年五月二十日，中国第一历史档案馆藏，档案号：02-01-02-2081-024。

③ （清）张茂炯等：《清盐法志》卷6《职官门·考成》，1920年铅印本。

④ （清）张茂炯等：《清盐法志》卷6《职官门·考成》，1920年铅印本。

两浙盐区,顺治八年(1651)前,盐课年年拖欠,实行考成后,顺治九年(1652)即征收盐课385057两,比岁额300699两,溢额84388两。①

由于清初四川经济凋敝,盐业发展滞后,尚处于恢复时期,为发展四川盐业,盐课较轻。直到雍正七年(1729),在全国实行引盐制的大背景下,对四川长期以来的票盐制改革为引盐制,与此同时,意识到需对盐官进行考成。

> 川省盐课考成惟责之产盐州县,其余并无巡查之责,且有偏远地方不行官引,以致私贩充塞,甚为盐政之弊,应将官引通行合省约计州省户口之多寡均匀颁发,令其各自招商转运,倘有雍滞,责成各州县定为考成。②

雍正九年(1731),议准嗣后资州等州县分驻各井等官,催征不力照浙省代征场员例处分,至督销盐引迟延,仍照定例将该州县查参。乾隆四十六年(1781),覆准羡银两以四十六年为始依限征收,年清年款,倘有短欠,将经征官照杂项钱粮未完例议处。至道光三十年(1850)时,规定更加明细:由道按上下忙核较,如课税上忙完不及六分,及羡截奏销前完不及七分者,详请记大过一次;课税上忙完不及五分,羡截奏销前完不及六分者,记大过二次;课税上忙完不及四分,羡截奏销前完不及五分以上者,记大过三次,倘分厘不解,则立予撤任,以示惩儆;以上课税羡截若各该厅州县实力催征,完解踊跃,亦随时查明请奖,以示鼓励。③

考成除了主要是对盐官的惩戒外,还偶尔掺杂有对盐官的嘉奖,这也是政府应有的行政策略。在治理私盐方面,乾隆二十九年(1764)

---

① 参看张洪林《清代四川盐法研究》,中国政法大学出版社2012年版,第191页。原文有错讹,此处溢额应为"84358"。

② (清)张茂炯等:《清盐法志》卷266《职官门二十三》,1920年铅印本。

③ (清)张茂炯等:《清盐法志》卷266《职官门二十五》,1920年铅印本。

议准"湖北宜昌通判巡缉私盐……如有川私透越，协力追捕查拿，照例给赏"①，后四十三年（1778）奏准："凡私盐要隘处所，派委候补千总前往巡缉，半年更换。如有获私至四千斤以上者，准其留巡一次。如半年期内能缉获大伙私盐、久惯窝顿并积算盐斤在一万斤以上者，遇缺先应补用，兵役加倍赏给。"② 不断完善考成内容的目的，即是为了保证课额。保证课额的前提便是竭力阻断私盐。

第三节　从《清代巴县衙门档案》看四川地方政府对私盐的直接治理

一　巴县、《清代巴县衙门档案》及其私盐案件概述

（一）巴县的历史沿革与地理范围

据乾隆朝《巴县志》卷一沿革中记载："禹贡梁州之域、周巴子国、春秋巴国郡、秦置巴郡、汉巴郡治江州、晋改巴都郡、宋齐仍巴郡、梁置楚州、西魏改巴州、后周改巴城县嗣改巴县、隋改渝州复曰巴郡、唐复为渝州嗣改南平郡、五代渝州、宋初渝州嗣改恭州嗣升重庆府治巴县、元巴县、明巴县、皇清因之。"

清朝巴县幅员"东西广二百八十里，南北袤二百四十里"，辖今之重庆主城的渝中区、江北区、大渡口区、巴南区、南岸区、渝北区、沙坪坝区、九龙坡区、北碚区部分，以及长寿区、璧山区、綦江区、合川区、南川区、江津区、铜梁区所属区域，"东至长寿县界二百里，西至璧山县界八十五里，南至綦江县界九十五里，北至合州界一百四十五里，东南至南川县界八十里，西南至江津县界八十里，东北至顺庆府邻水县界一百二十七里，西北至铜梁县界一百一十里"③。

---

① （清）丁宝桢等：《四川盐法志》卷36《禁令二·户部盐法》，1882 年刻本。

② （清）丁宝桢等：《四川盐法志》卷36《禁令二·户部盐法》，1882 年刻本。

③ （清）王尔鉴、熊峰纂修：乾隆《巴县志》卷1《幅员》，1761 年刻本。

之后，民国时期至20世纪90年代，巴县区域都在不断调整之中，因不涉及本文探讨内容，兹不赘述。

(二)《清代巴县衙门档案》及其私盐案件概述

巴县档案包括清以及民国时期四川巴县的部分资料，本书研究所利用的《清代巴县衙门档案》，不仅是四川省档案馆现有清代馆藏档案中非常珍贵的部分，也是我国清代档案中保存数量多、内容丰富、价值珍贵的县衙门档案之一。该档案自形成之日起便存于县衙门内，辛亥革命后由民国巴县政府继续保管，抗日战争时期为避免空袭，巴县政府将档案藏于重庆南岸樵坪乡天成寺一破庙中，重庆解放前夕，国民政府选择一部分运往南京，剩下部分1953年由西南博物馆馆长冯汉骥建议运往西南博物馆保存，1955年，西南博物馆改组为重庆博物馆，并交由四川省博物馆馆藏，后由四川大学历史系徐中舒教授组织专家整理。[①]

由于抗日战争时期存放破庙中无人看管且遭遇霉烂虫蛀等，毁坏较为严重，加之重庆解放前夕部分档案被运往南京，因此现存巴县档案从乾隆朝开始至宣统朝结束。其中乾隆朝4060卷、嘉庆朝8930卷、道光朝21788卷、咸丰朝10359卷、同治朝16980卷、光绪朝46164卷、宣统朝4740卷，共113021卷（见图4-1）。[②]

由于四川省档案馆的数字化工作还在进一步完善中，目前无法精确统计出关于私盐的案件数量，即便数字化工作完善后，内容涉及私盐而题目中未曾有私盐字样的案件同样容易统计遗漏，[③] 间接谈及私盐问题的案件更需要研究者读档梳理，因此，精确掌握巴县档案中的私盐案件存在一定难度。以笔者查档过程中的人工统计，在档案目录中直接或间接与私盐有关的案件为200余条，其中有"私盐""私盐

---

① 见四川省档案馆网站中"查档服务——馆藏介绍"，http：//www.scsdaj.gov.cn/scda/default/guancangjieshao.jsp。

② 数据来源于笔者在四川省档案馆查《清代巴县衙门档案》统计所得。

③ 如《李成张泰来拿获匪江宋智等逆一案》（档案号：清006-017-21121）中并无私盐字样，但实际上该案件是讲运商张泰来拿获私盐犯。

贩""盐匪""盐枭"等直接涉及贩卖私盐的案件和文书有 183 条，具体统计如下：乾隆朝 2 件、嘉庆朝 14 件、道光朝 26 件、咸丰朝 17 件、同治朝 6 件、光绪朝 88 件、宣统朝 30 件（见图 4 - 2）。①

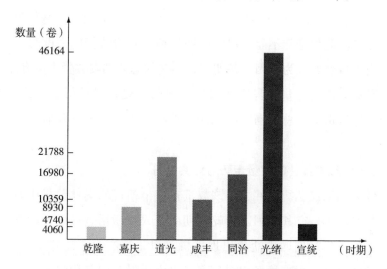

图 4 - 1　《清代巴县衙门档案》历朝档案数量统计

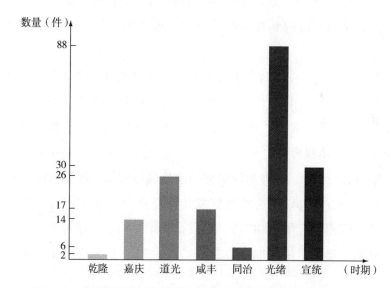

图 4 - 2　《清代巴县衙门档案》档案目录涉及私盐案件的数量统计

① 数据来源于笔者在四川省档案馆查《清代巴县衙门档案》统计所得。

二　《清代巴县衙门档案》中私盐治理特点

从整个现存档案中不难看出：乾隆至宣统各朝均有私盐案件涉及，图4-2中还直接显示出乾隆朝、同治朝与光绪朝之间私盐案件数量的重大差异。此种悬殊不能简单归于四川地方政府管控的力度与成效问题，由于自然或人为原因，各朝留存下来的总体档案数量本身有差异，对于私盐案件的数量差异需要根据当时的历史背景进行全方位考察。本节中笔者拟通过总结档案中私盐案件特点以窥其地方政府治理私盐的原貌。

（一）私盐案件的数量走势与史实相符

乾隆朝不仅私盐案件少，该数量在整个朝代的案件数量中所占比率也相对较小。究其原因，雍乾时期由于人口激增、过度开发森林资源，导致乾隆时期四川盐务出现危机，川北盐产中心盐井全面坍塌，川东盐场次之，川南盐场引滞厂衰，"历年引井课羡积欠至二十余万两"，"蜀盐大困"①。连基本的生活食盐问题都无法保证，更不用说有大量为谋取利益的私盐溢出，因此，极少的私盐案件数量与史实相符。

至嘉庆时期，总体档案才增加1倍多（见图4-1），私盐案件却飙升至7倍（见图4-2），说明四川盐业在恢复，有用于地下交易的充足食盐。恢复的原因，即是乾隆年间因盐务疲敝，四川盐茶道林儁改革盐务，"听民穿井，永不加课"②。嘉庆年间私盐案件的飙升，证明了事物的两面性，一方面说明林儁改革取得成效，逐步恢复了四川盐业；另一方面也说明为快速恢复盐业而推行的举措留有滋生私盐的后患。道光十五年（1835），钻成世界第一口超千米深井——燊海井，道光末年，四川每年的引额是"行水引三万一百七十八张，陆

---

① （清）丁宝桢等：《四川盐法志》卷40《纪事》，1882年刻本。

② （民国）吴炜等：《四川盐政史》卷1《通论》，1932年铅印本。

引十三万八千二百二十九张"①，折盐三百九十五万余担（每担五十公斤），比雍正年间增长了三倍多，增产也是私盐问题居高不下的客观条件。

后咸丰年间，私盐案件发生率依旧偏高，是因为太平天国运动截断了淮盐对湖南湖北两地的食盐供给，为保障民生，由川盐替代淮盐行销两湖，遂"川盐济楚"开始。特殊的战时政策加之技术革新生产率提高，促进了川盐的普遍发展，尤其是促进富荣盐区的发展，"于是富厂乃大开井灶，并办深井，及于火脉，火乃大升，盐产日增月旺，逾于犍厂"②。陡增的市场，引岸价格管理体制失灵，激发了私商盐枭贩卖私盐的巨大热情。太平天国运动结束后，基于楚岸的重要性，同治三年（1864）始，淮盐与川盐开始一场漫长的争夺战，淮盐因为巨大的盐利润空间，不断要求并逐渐收复失地，同治十一年（1872），淮盐畅销，从抑川扶淮最终完成禁川扶淮。③ 因食盐销路被截断，自然导致私盐数量有所下降。

川盐济楚时期，边岸近废。禁川复淮后，四川盐务疲惫，迫于严峻形势，丁宝桢奏准改革四川盐务，推行官运商销，以重振黔滇边岸。丁宝桢督川期间励精图治，对四川政治、经济、军事进行全方位改革，光绪朝46164卷留存档案，其中不乏丁宝桢督川十年期间在其领导下的四川地方政府做出的贡献，光绪朝继任总督们沿袭丁宝桢的改革步伐，继续推行官运商销政策。88件私盐案件，反映出以丁宝桢为首的四川总督们对私盐惩办的力度和改革盐务的决心。

清王朝最后一任皇帝宣统统治时期，因即位时间很短，故而总体档案数量较少。档案数量和乾隆朝大致相当（见图4-1），但私盐案件所占比率却千差万别（见图4-2），宣统朝明显私盐案件发生率高，说明清王朝的统治已风雨飘摇、满目疮痍，盐务管理废弛，社会严重失序。

---

① （清）丁宝桢等：《四川盐法志》卷23《征榷四·积欠》，1882年刻本。

② （民国）吴炜等：《四川盐政史》卷2《场产》，1932年铅印本。

③ （清）丁宝桢等：《四川盐法志》卷11《转运六·济楚上》，1882年刻本。

(二) 运输领域的私盐治理主要以"船私""担私"为主

运输领域的私盐案件是巴县档案中的重要组成部分,主要涉及船运中的走私行为和日常百姓肩挑背驮的运输私盐问题。以这两种贩私方式为主的原因如下。

1. 天然的地理位置决定了"船私"为主的贩私形式

船私是指船户、水手等通过船运的方式运输并贩卖私盐的行为。因巴县"承三江之会"①,紧邻富顺盐场,是自贡食盐运往重庆、湖北、湖南销区的必经之地,在交通不发达的清代,水运是最便捷经济的运输方式,船私时有发生实为正常。在整个巴县档案中最先出现船私案件记录的是嘉庆朝,嘉庆十四年《巴县详报查出运京铜船夹带私货一案》,② 到嘉庆十六年时,仍有"川省私盐贩运入楚,以致楚省官引滞销"的船私,以致出台《巴县札饬严禁运京铜船支不准夹带私盐入楚贩运卷》,③ 下令"勿藉称食盐为名任意夹带",由此可以推断船私情形较为猖獗,私盐治理未见明显改观。

后到光绪朝时期,为解决川盐入滇黔时的引岸疲惫问题,时任四川总督的丁宝桢对盐务大力改革,在核定盐价、规定盐品、确定盐商的同时,大力惩治私盐问题,将食盐民运改为官运。从巴县档案中,能明显看出关于滇黔边岸的私盐案件增多,如《总办川滇黔边计盐务道札巴县查办船户罗荣森盗卖官盐一案》④《黔边盐务川东道札发查处曾昭念之船户带手盐一事文》⑤ 等,尽管丁宝桢改革盐务取得诸多成效,巴县地

---

① (清) 王尔鉴、熊峰纂修:乾隆《巴县志》卷1《形胜》,1761 年刻本。

② 《巴县详报查出运京铜船夹带私货一案》,嘉庆朝,四川省档案馆藏,档案号:06 - 03 - 00428。

③ 《巴县札饬严禁运京铜船支不准夹带私盐入楚贩运卷》,嘉庆朝,四川省档案馆藏,档案号:06 - 03 - 00440。

④ 《总办川滇黔边计盐务道札巴县查办船户罗荣森盗卖官盐一案》,光绪朝,四川省档案馆藏,档案号:06 - 032 - 03426。

⑤ 《黔边盐务川东道札发查处曾昭念之船户带手盐一事文》,光绪朝,四川省档案馆藏,档案号:06 - 032 - 03378。

方政府追随盐务改革也颁布了诸多告示，如《计岸官运盐务总局札饬巴县将发下严禁船户盗卖盐斤告示于盐船经过地方遍贴晓谕并将告示处所具文报查卷》①，但面对市场的需求以及食盐的利润诱惑，私盐依然无法禁绝，《江北厅官运行号职员廖葛堂等禀正泰仁贩私充塞引岸及分局函查船户熊永顺装运私盐一案》②《计商李裕泰隆禀船户申洪泰盗卖盐斤案》③ 等案件大量存在。至宣统朝时期，仍有船私存在，《江巴盐务分局函送贩运私盐船户李元顺到案讯究卷》④ 便是事实佐证。这些案件一方面反映出丁宝桢治理私盐的决心，另一方面反映出丁宝桢在盐务整顿中对私盐的治理部分，并非如后人描述的那样效果显著。

2. 自然的地势形态滋生"担私"的产生

古代巴县交通道阻且长"地势刚险、重屋累居……江州以东滨江山险"⑤，食盐运输除传统水运方式外，天然山地决定了肩挑背驮也是必备运输方式，因此"担私"在巴县档案中亦有频繁体现。如在道光六年三月《居义里差役梵贵等禀送盐犯周二并缴私花盐案》⑥ 中，差役在呈报案件中称"本月十七日早饭后见一人肩挑私盐一包进城"，被逮捕的私盐犯周二在陈述案件时亦说自己"担私盐两包重一百斤来渝"。在这些有关担私的案件中，笔者读档时发现，大多被巡役逮捕后称自己是被雇下力人，进一步追问雇员是谁时皆说不认识，不管这些人是真不知情或是约定俗成的走私行规，档案中没有追究，还有待学者们进一步探讨。

---

① 《计岸官运盐务总局札饬巴县将发下严禁船户盗卖盐斤告示于盐船经过地方遍贴晓谕并将告示处所具文报查卷》，光绪朝，四川省档案馆藏，档案号：06 - 032 - 03292。

② 《江北厅官运行号职员廖葛堂等禀正泰仁贩私充塞引岸及分局函查船户熊永顺装运私盐一案》，光绪朝，四川省档案馆藏，档案号：06 - 032 - 03381。

③ 《计商李裕泰隆禀船户申洪泰盗卖盐斤案》，光绪朝，四川省档案馆藏，档案号：06 - 032 - 03422。

④ 《江巴盐务分局函送贩运私盐船户李元顺到案讯究卷》，宣统朝，四川省档案馆藏，档案号：06 - 054 - 00809。

⑤ （清）王尔鉴、熊峰纂修：乾隆《巴县志》卷1《形胜》，1761 年刻本。

⑥ 《居义里差役梵贵等禀送盐犯周二并缴私花盐案》，道光朝，四川省档案馆藏，档案号：06 - 03 - 00520。

（三）销售领域是私盐治理的重点

在所有巴县档案私盐案件中，销售领域的案件最为丰富，自乾隆朝至宣统朝无一例外地存在。经过笔者有限视野的搜索，乾隆朝仅有两件关于私盐的案件，但都在销售领域范畴。

前文已述，乾隆朝私盐案件数量少符合历史逻辑，雍乾时期由于人口激增、过度开发森林资源，导致蜀盐大困，川北、川东盐井坍塌，川南盐业凋敝，官盐尚不充盈私盐难以溢出。后经乾隆朝时期盐茶道林儁推行"听民凿井、永不加税"的改革，嘉道时期盐业迅速发展，咸同时期，因为川盐济楚事件，仅富厂（今自贡市自流井、大安两区）一地"通年合算，每日产盐总在八十万斤"[1]，因此巴县档案中咸丰朝有不少私盐案件是可以理解的。到了晚清时期，待川盐济楚结束，禁川复淮政策实施以来，四川巡抚丁宝桢被迫改革盐务，狠抓私盐问题，于是有诸多私盐案件记载。改革复兴滇黔边岸盐务后，四川盐业处于蓬勃发展时期，以致当政时间不长的宣统朝亦有《江巴盐务分局缉获私盐贩陈金和案》[2]等诸多案件。

同时，销售领域的案件类型较为丰富，从对单个普通百姓日常贩私的治理到对帮匪武装贩私的治理均有记载，如《节里九甲民李炳南喊控刘老幺等贩卖私盐案》[3]《据巫山县差役余恩具禀拿获盐枭向唤等一案》[4]《泸州永川盐匪聚众抢劫盐店巴县谕示老关口各团前监正等整顿团练文》，[5] 其中，比较有价值的是可以和光绪年间史书记载相印证的著名大盐枭任韦驮系列案件。

---

[1] （清）丁宝桢等：《四川盐法志》卷24《征榷五·票厘》，1882年刻本。

[2] 《江巴盐务分局缉获私盐贩陈金和案》，宣统朝，四川省档案馆藏，档案号：06-054-00855。

[3] 《节里九甲民李炳南喊控刘老幺等贩卖私盐案》，咸丰朝，四川省档案馆藏，档案号：06-018-00894。

[4] 《据巫山县差役余恩具禀拿获盐枭向唤等一案》，乾隆朝，四川省档案馆藏，档案号：06-01-00248。

[5] 《泸州永川盐匪聚众抢劫盐店巴县谕示老关口各团前监正等整顿团练文》，光绪朝，四川省档案馆藏，档案号：06-031-00856。

第五章 清代四川地方政府对私盐的间接治理

基于盐税对维护国家政权的重要性，历朝历代均重视对私盐的治理，清朝亦不例外。清政府制定有严厉的盐法，逐步设置有专门的缉私机构，配备有专门的缉私人员。除了依据国家制定的相关盐法及地方法规，追缴私盐、惩处走私犯、管理盐务人员等直接治理私盐的措施外，还设置有间接治理私盐的方式。本章拟从盐业保甲制和盐商缉私两种间接治理私盐的方式出发，对清代四川地方政府的私盐治理进一步探讨。

第一节 盐业保甲制度与私盐治理

一 四川盐业保甲制度的由来与演变

盐业保甲制度的设立，缘起于我国传统的基层保甲管理制度。传统保甲制度是我国古代长期延续的一种统治手段，其功能之一是编查和管理户籍户口。其编排方式以户籍为基准，每户设户长，十户为一甲设甲长，十甲为一保，并设保长，保长须有公正、正直、老成、服众的品行和品性。盐业保甲制度的创建基于传统保甲制度，但并不相同。盐业保甲制是对作为盐生产者的灶户的编联，目的在于管理盐户及盐灶，便于甲（牌）长配合地方官稽查各灶日常的实际产盐情况，以防止灶户任意私煎余盐。因此，灶户的编联通常有两种方式：或按灶户分，或按灶分。四川地区的盐业保甲编联则还关系盐井。

盐业保甲制度起初仅盛行于黄河中下游汇交处的河东盐区，清雍正之前四川并无此制度。直到雍正七年（1729），四川盐茶道刘应鼎以"私井日增，盐出不实，详请编联灶户，责以井灶所出，无有私漏"① 为由上禀巡抚宪德，四川地区方开始推行盐业保甲制度。因此，四川地方政府对私盐的间接控制，在生产领域主要依靠盐业保甲制度来推进。

四川因各盐区产量多少不一，井灶衰旺靡常，各时期盐业保甲管理的井灶户数以及编联标准各有不同。《四川盐法志》卷三十二《缉私一·编甲》中，对清代四川盐业保甲制的流变做了详细描述：雍正七年（1729），每十家为一甲（或称一牌），每甲（牌）立诚实甲（牌）长一名，由甲（牌）长逐户细查该保甲内的盐井眼数（包括禀报各灶户废弃及新开井数）、锅灶口数，以及每日内盐斤的具体产量。倘若隐匿，以多报少，则一家有犯九家连坐。雍正十二年（1734），甲（牌）长的充任方式有细微变化，由原来的立"诚实甲长一名"变为"轮充牌头，互相稽查"。

道光十七年（1837），因御史袁文详奏私盐充斥，总督鄂山将原有保甲制度进一步强化，"以十井为一牌，立一牌头，以十牌为一甲，立一甲长，令其互相稽查兼可清理地方"。

至光绪三年（1877），富荣两厂井灶密集，为便于管理，两厂"设十户一盐牌，五十户一灶首，百户一盐甲，以备稽查"，而盐甲"选择殷实户充当"。为防止保甲内团保舞弊，由地方官实行对保甲的稽查，如有失职，地方官照循庇失察罪论处。

二 四川盐业保甲制度的编甲阻碍

盐业保甲制度的推行并非为四川地区所独有，如乾隆九年（1744）

---

① （清）丁宝桢等：《四川盐法志》卷32《缉私一·编甲》，1882年刻本。

九月，两淮盐政吉庆以疏销官引"要在缉私，而正本清源先严场灶"为由，编立保甲。[①] 但是，四川盐区的盐业保甲制度与其余盐区差异较大，自身特色鲜明，编甲方式无论是按灶户编，还是按井灶编，这两种方式在执行中都有其自身难度。

（一）按灶户编甲的阻碍

1. 户籍制度的缺陷

根据清代户籍制度"人户以籍为定律"[②] 的原则，清廷将人户分为军籍、民籍和灶籍，且灶户世代相袭，永当此役。对于灶户的编审，一般由盐场独立完成，并将结果上报地方政府，于编审人丁中另立"灶户"一项。明代户籍制度中对民众身份的划分多于清代。顺治二年（1645）时，朝廷对户籍制度进行修改，"又除豁直省匠籍，免征京班匠价。前明之例，民以籍分，故有官籍、民籍、军籍、医匠驿灶籍，皆以其业以应差役，至是除之。其后民籍之外，惟灶丁为世业。"[③] 从中不难看出，在废除匠籍[④]的同时仍保留灶籍，是盐业在清代社会中重要性的彰显，也是控制和保证盐业生产人口，保证国家对盐业绝对管控的途径。但是，该项制度中，所谓固定灶籍的灶户，多指非井盐产区的生产者。四川地区高额的凿井成本和盐井维护成本，决定了井灶户从一开始都不会是普通甚至贫苦人家的世袭灶籍，也决定了四川地区盐务管理的特殊性。

四川地区对井灶户的管理，虽未提出"永不改业"，但牵涉专营与税收，还是会牵涉井灶户籍的管理。前文已述，四川盐井的自然属性是易坍塌废弛，井灶户为保证生产，另辟新井时有发生。为寻找合

---

① 吴海波：《两淮私盐与地方社会：1736—1861》，中华书局 2018 年版，第 186 页。

② （清）载龄等：《户部则例》卷 3《户口三》，清末抄本。

③ （清）张廷玉等：《清朝文献通考》卷 21《职役考》，新兴书局 1963 年影印本。

④ 清代户籍制度沿袭明制。明制，天下人户分为军户、民户、匠户和灶户四大类，实行配户当差制，一旦被纳入某种类，则世代相袭，永当此役。清朝在沿袭该制度的同时也进行过改革，顺治二年（1645）颁布"除匠籍为民"的命令，将人户分为军户、民户与灶户。

适的卤源，井灶户常需异地迁徙，这种迁徙异地的人口被称为"流审人丁"。此类人口无论离开原地多远，户籍仍在原地，盐课仍在原籍缴纳，也仍被原来所在盐场的盐课司管辖。因此，史料中所出现的"俱散居本县并犍为、资、内、威远、阆中、开、万等州县"① 的场景屡见不鲜。这种户籍制度的管理模式必然影响编甲，虽然目前无史料说明"流审人丁"如何编甲，但不难看出此种情况是编甲的一大障碍。按照盐课在原籍缴纳，仍由原盐课司管辖的制度可以推断出多数情况是在原地编甲，这种编甲制度是不利于"流审人丁"管理的。譬如，如果灶户原是犍为人，编在犍为本地，因盐井不出卤而迁徙到阆中，在交通不便的清代，近 800 里路的行程，能够想象甲（牌）长日常管理鞭长莫及，盐课司亦根本无法做到不时稽查。如果阆中将其编甲入列，阆中盐课司既无管辖权又无法征税，编甲便毫无意义。

2. 复杂的契约关系

四川井盐的自然成因，与海盐、池盐等盐类不同。大自然在造就四川盆地丰富的岩盐资源的同时，也注定四川井盐生产不及海盐与池盐的卤水采集便利。除大宁盐场等个别地方是依靠天然卤水外，其余"川省盐井、茶园多产于深山密箐人迹罕至（处）"②。四川盐井所处的地理环境，导致井盐生产有高昂的开凿成本及极大的风险，每开凿一井需数年，工费甚巨，且终有不及泉者。③ 加之四川盐卤资源地处不同地质结构，开采出来的卤水浓淡不均，直到清代中后期，三叠纪嘉陵江石灰岩的黑卤井和天然气被开发出来后，四川的盐产才趋于稳定。现实的困难迫使大多数井灶户常需合伙开凿盐井，几家共同凿井煎烧的合伙联营方式在此时广泛出现，于是产生了清代四川井盐生产中的

① （明）熊相：《四川志》卷 25《经略·戴金宪书六事略节》，1518 年刻本。

② （清）丁宝桢等：《四川盐法志》卷 32《缉私一·编甲》，1882 年刻本。

③ 如胡家后代凿达源盐水井，耗去白银万余两，竟成废墟，而无分文收获。参见自贡市政协文史资料委员会《自流井盐业世家·胡慎怡堂兴衰记》，四川人民出版社 1995 年版。

复杂法律契约关系。① 一井之中，股份甚多，且未像今天注册在案，不易稽考。在此，以如下合伙契约为例说明之：

> 　　立合约人刘坤伦、张仕瑷，情二人合伙承首同办，写得谢晋昭名下天井坝平地，开凿新井壹眼，取名天元井。照厂规贰拾肆口开锅水分，谢姓出井基、车基、过江等地，得去地脉水分陆口。余有开锅水分壹拾捌口，交与承首贰人管放。今凭中邀伙罗廷彪名下，任做开锅半口，子孙永远管业。议定：每半口当出底钱陆千文整。吊凿之日，每半口每月出使费钱捌百文，壹月壹齐。如壹月不齐，将合约退还承首人，另行邀伙承办，不得言及先使工本。其使用来齐，或停工住凿，承首人得壹还贰。家伙、滚子全水归承首人管受，贰拾肆口人等不得争占。修立天地二车，以及车房、车基等费，拾捌口均出，不与地脉陆口相干。井出微水、微火，以帮做井使用，地主不得分班。至大水、大火、停工住凿、起堆，贰拾肆口各出使费，并各立名，承课注册，子孙永远管业。恐后无凭，立合约为据。
>
> 　　咸泉上涌
>
> 　　　　　　　　　凭中同伙人　　罗天碧壹口　　罗开礼壹口
> 　　　　　　　　　　　　　　　　林振仑壹口　　林振斌壹口
> 　　　　　　　　　　　　　　　　林振先半口　　林文英半口
> 　　　　　　　　　　　　　　　　林常德半口　　沈成浩半口
> 　　　　　　　　　　　　　　　　沈成彪半口　　黄玉顺壹口
> 　　　　　　　　　　　　　　　　周光祥半口　　刘云富壹口
> 　　　　　　　　　　　　　　　　罗迁榜半口　　唐德良半口
> 　　　　　　　　　黄金林贰分伍　　钟仁旺贰分伍

---

① 据前辈学者的研究，井盐生产过程中，有凿井契约、合伙契约、借贷契约、租佃契约、买卖契约、析产契约等契约形式。参见吴斌、支果、曾凡英《中国盐业契约论：以四川近现代盐业契约为中心》，西南交通大学出版社 2007 年版。

邓汉卿壹口

代笔颜世昌

立合约人　　刘坤伦贰口　张仕琰叁口①

嘉庆元年岁次丙辰拾贰月十六日

从上述契约内容不难看出:天元井涉及出资人较多,出资合伙人根据不同出资金额获得不同的锅口数量,成为实力不同的灶户。契约中同时还拟定出资人相应的权、责、利,例如一个月不缴纳出使费,则退出该契约且不退还已出资金。

复杂的契约关系牵涉的利益共同体人数众多,编甲难度亦随之凸显。虽然缺乏具体的井灶户编甲记载,但可以进行逻辑推演。若以十家为一户编甲,上述契约规定只要凿井出卤,加上出地基的地主共二十家,便意味着一井就能分两户,可以选举两个盐牌进行管理。可以试想,共同经营一井的合伙者花费昂贵的成本,经过多年辛苦开凿终得盐卤水,即便有刚正不阿、安分守法抵御私盐贩卖的人存在其间,从基本的人性角度讲,共同的利益驱动不会让他们揭发同伙。即便暂且忽略其中普通合伙人,仅以合伙承首之名,和另外九家经营者编为一甲,与合伙人命运休戚与共的承首,一般而言是不会冒着巨大风险,去揭发跟自己情况雷同且只想尽快收回投资获取收益的其他经营户的。

再者,从合伙人中多个林姓的名字中不难推测,在以宗法血缘为纽带的中国传统社会结构中,这些人应有千丝万缕的血缘关系。因此,他们除了相互包庇以外,相互揭发的可能性极小。类似情况在其他的自贡盐业契约系列档案中有诸多体现,有的契约中甚至直接表明出资合伙人的同族身份。因此,笔者在现存的各类档案中发现,有关井灶户私煎私卖食盐的处罚案例十分稀缺。案件少并不代表在官府生产领域中对私盐的绝对控制,相反,佐证了史料中井盐生产领域中为何屡

① 自贡市历史博物馆馆藏盐业契约档案,第7号。

屡出现私盐的事实，同时也说明盐业保甲制度中私盐监管的难度。

（二）按井灶编甲的阻碍

四川地方政府的预期是想利用盐业保甲制度让盐民自治，使其达到自主管理和相互制衡的结果，而现实局面是按灶户编甲有一定难度，按井灶编甲亦有难度，其难度主要在于所凿私井远多于报官在册的盐井。

四川的自然地理特点决定盐井分布在"山脉绵亘、川流环曲之处"①，这些盐井在夏季尤其容易遭遇雨水浸灌、泥石流等自然灾害而致坍塌废弃。加之，雍正、乾隆年间，四川人口骤增，树林毁坏严重，夏季雨水充沛，每逢大雨，山水陡涨，多数地区都会形成泥石流，盐井轻则渗漏停煎，重则坍塌废弃。此时期天灾连年，川西北、川东南等盐产区普遍遭遇灾害，尤以川北涪江流域的射蓬盐场为甚，其"井水枯涸，悬筒辍煎者，所在皆是，盐不敷引，而商与灶俱废矣"②。至此，四川以川北为中心的盐场遭遇毁灭性的厄运。为恢复盐业，保证课税，乾隆四十一年（1776），官府为改变蜀盐困境，时任四川按察使司副使的林儁大胆改革。其改革的内容之一便是"听民穿井，永不加课"的八字方针。

"听民穿井，永不加课"，即是沿用明代帮井纳课之法，允许井灶户新开"帮井"（或称子井），以代替枯废之井纳课配引。一则刺激四川盐业的发展，改变蜀盐困境；二则解决当时巨大的军需缺口。自林儁穿井之法出现后，井灶户"借口旧井枯竭，私开新井"，以致盐井实际数远多于官府登记造册之数。富荣盐场在乾隆二十年（1755）时，"上井二十九眼，设上锅四十七口……中井十七眼，设中锅三十一口……下井三百四十一眼，设下锅五百三十一口"③；乾隆四十九年（1784）时，"现在上下两井每年册报部档共井三百八十二眼，锅五百六十五口"④。在本书第二章第二节中，已质疑过这些数据的真

---

① （民国）曾仰丰：《中国盐政史》，商务印书馆 1998 年影印本，第 53 页。

② （清）黄允钦等修，罗锦城等纂：光绪重修《射洪县志》叙，1884 年刻本。

③ （民国）彭文治等修，卢庆家等纂：民国《富顺县志》，1931 年刻本。

④ （民国）彭文治等修，卢庆家等纂：民国《富顺县志》，1931 年刻本。

实性，也说明了四川地区自此以后私开盐井的泛滥，以及新旧井数的悬殊。

新旧井数的悬殊为井灶编甲带来又一个障碍，即无论按新井或旧井编都存在问题。按旧井编的不合理性很好理解，借口帮井未报官在册的私开盐井便成了私盐漏洞。但是，按新井编并非不存在难度，还需考量旧井是否完全不出卤水或仅是浓度在缩减等因素，否则官府也无法完全控制私盐溢出。

三 四川盐业保甲制度的管理阻碍

四川盐业保甲制度除了编甲本身有阻碍以外，管理中也存在源于自然和社会两方面的阻碍。

（一）自然因素方面的管理阻碍

四川井盐生产中的自然因素对盐业保甲制度的实施主要造成两方面的问题：一是灶户彼此不易监管；二是盐务管理涣散，盐务人员无心深入基层和生产一线。川陕总督黄廷桂与四川巡抚宪德在对四川盐务的调查中也承认，四川的自然地理条件为盐业编甲制度的执行带来了难度。以按井编甲的方式而言，四川盐井遍地分布在深山密林中，井与井之间相隔寥远，灶民彼此不便相互稽查私盐，最后的执行结果就是以私查私、朋比为奸。

> 查川省灶户，或一井而一户煎烧，或一井而数户轮流更有，将井灶典与流寓人民，或收盐斤，或收典值，奸匪混杂，惟灶丁为甚。应责成场员照保甲之法，将十井或十家编为一牌，轮充牌头互相稽查。如有私煎、私卖等弊，能据实首明场员者，照律充赏，如通同徇隐，一经发觉，除本灶照律治罪外，并将值日牌头照地方甲邻。知而不举律治罪，倘该场员奉行不力，借端滋扰，查实严参议处，则源洁流清而私盐无从偷漏。

> 户部议略，煎烧灶户按井煎烧，其井或在山中或在平地，或

在水边，大约各井相隔非比居民稠密可以编作保甲也，若或十井或十家编甲，其中一井，同煎者已在旧编保甲之中，固不须纷更设十井，相隔寥远，即编为一甲，岂能遥相稽查而且以井查井，是以私查私，实开朋比为奸之端①。

与此同时，由于前文所述"流审人丁"的存在，导致在管理中存在"虽隶一司，而地方则非处一处……其地纵横交错，难以悉举，远者相去本井千五六百里，官攒灶户至有足迹不到之处，面目不识之人，统辖不便，干办不前"② 现象的发生，根本不便管理。

正因盐井的自然属性有不利于盐业保甲制对井灶户进行监管的一面，加之四川吏治败坏，③ 盐务管理涣散，地方官不便或不愿跋山涉水深入实地稽查，以致"奸民任意行私，匿不报课增引"④。从雍正七年（1729）到清王朝灭亡之际，为防止盐业生产领域的漏私，盐业保甲制度从未终止且不断优化调整，而实际的执行情况总是与初衷背道而驰。道光三十年（1850），杨柄锃上奏条陈：

去年四月会同委员毛令前往五通桥牛华溪一带查勘井灶，谕

① （清）丁宝桢等：《四川盐法志》卷32《缉私一·编甲》，1882 年刻本。

② （明）熊相：《四川志》卷25《经略·戴金宪书六事略节》，1518 年刻本。

③ 清朝前期，四川各级官吏问题种种，其表现主要有四个方面。一是劣员太多。雍正三年（1725），胤禛在给吏部的谕旨中说："各省吏治，今渐可观，惟四川、陕西两省劣员甚多，皆因年羹尧任用私人，举劾不公所致。"这些劣员"平日侵蚀军需，剥削民膏，谄媚上司，苛刻地方"，实为四川之害。二是好逸恶劳。清初，四川社会经济残破，生活较苦，交通极为不便。京派官员及江浙一带官员都不愿前来赴任，有些甚至采用拖延的方式对抗任免，迫使清廷"预发人员备用"，以应四川之急需。然而，此类人等才疏学浅，并不能有所作为，唯有增添劣员数。三是争权夺利，文武不和。四川地方官，特别是总督、巡抚、提督、布政使等大员常常为争权夺利闹得文武不和，政事废弛。四是贪婪勒索，营私舞弊。如雍正元年（1723），夔州知府程如丝贩卖私盐 4 万余包和武装拦截商家盐船案等（参见陈世松、贾大泉《四川通史》，四川人民出版社 2010 年版，第 19 页）。

④ （清）丁宝桢等：《四川盐法志》卷32《缉私一·编甲》，1882 年刻本。

令编联盐甲，按户造具，井号灶号清册，申齐在案。综核册内现
开井眼，现煎锅口，较之旧卷已增十分之五，皆因从前地方官漫
不经心，毫无限制，以致各灶户任意私凿私煎，产盐愈多则卖私
买私之弊愈炽，经此次编造清册，有案可查之后，恳仍不时密委
贤员，改装易服到厂，照册抽查数户，如有犯者，同牌之人自必
攻发，除将井灶立行填封外，治以应得之罪，则惩一可以警百庶，
各知自爱身家，不敢以身试法。此事断不能委之地方官，徒为索
贿卖法之地，至委员查出后，交地方官办理可也。①

从上述几则材料不难看出：四川盐井的自然属性造就了四川盐业
的特点，为清代四川盐业保甲制度在管理上带来不小阻碍，不利于该
制度按照预期设计实施。

（二）社会因素方面的管理阻碍

在"清代四川私盐与地方社会各阶层"的部分，已说明包括盐
务管理者在内的社会中上层人员贩私情况，厂员、盐场大使、关卡
缉私人员等盐务管理者利用职权之便相互勾结，在产地购买私盐，
运往销地贩卖。生产领域是社会中上层人员获取私盐的重要来源，
在私盐不绝的大环境下，盐务管理者要从生产环节获取私盐，自然
要和生产者在贩私问题上沆瀣一气，其千丝万缕的联系和各自的利
益诉求，导致利用保甲制度对私盐的绝对管理形同虚设。井灶户为
保证既得利益，是不会利用保甲制度去戳穿与盐务管理者之间的非
法交易的。

正因为管理人员的渎职，导致盐业保甲制度无法正常实施，为生
产领域的私盐交易带来可乘之机，才会牵扯出雍正元年"夔州知府程
如丝，自贩私盐而捕楚民之贩私者枪毙甚众，川陕总督年羹尧劾之"②
的走私案。从中查出夔州知府程如丝利用权柄贩卖私盐四万余包并武

---

① （清）丁宝桢等：《四川盐法志》卷32《缉私一·编甲》，1882年刻本。
② （清）丁宝桢等：《四川盐法志》卷30《缉私职官四·职官表四》，1882年刻本。

装拦截商家盐船。①

综上所述，清代四川盐业保甲制度除了制度本身的缺陷以外，在盐务管理方面也是存在阻碍的。其阻碍来自四川盐井分布的自然属性，同时，也源于当时存在的社会问题。四川盐业保甲制度的执行效果，与创设初衷相去甚远，就私盐治理而言，在事实上作用不大，形同虚设，反而促成了盐绅把控余盐并"变余为私"的局面，正如史料中所言"是以私查私，实开朋比为奸之端"②。

第二节　盐商缉私的缘由与因应

一　清代四川盐业缉私权力的归属

从通过制定盐法监管盐业生产者、盐商，完善对盐务工作者的管理等直接治理手段，到出台盐业保甲制这一间接治理手段，清代私盐治理手段并未完结，在事实的缉私主体中还有盐商的出场。

受国家食盐专卖政策的影响，四川地区的盐官职责重产运。在生产领域，具体执行一线缉私任务的官方人员是厂员，与此同时，自雍正七年（1729）始，生产领域缉私的权力还让渡给民间力量——盐保甲长。在运输领域，雍正七年（1729）始"书巡之设，盖为专查陆路私贩计"③，乾隆元年（1736）始，在泸州江口、嘉定府江口、重庆府江口设批验所，兼管私盐查巡。后咸同军兴后，由于私枭大张至沿江，为民患，故咸丰四年（1854）始，在川东临近湖北的夔州府设关卡察济楚私盐，每处关卡"拣委廉明之员二员，为一正、一副。正员驻

---

① 《清实录》之《世宗宪皇帝实录》卷61《雍正五年九月》，中华书局2008年影印本，第6795页。

② （清）丁宝桢等：《四川盐法志》卷32《缉私一·编甲》，1882年刻本。

③ （清）丁宝桢等：《四川盐法志》卷33《缉私二·书巡》，1882年刻本。

关，副员驻卡，按半年一换"。① 直到光绪初，丁宝桢改革四川盐务时，方才有专门用于缉私的武装队伍安定营以及装备炮船。② 而在销售领域，就监管而言，相对来讲实为缺乏。

制度既然如此，那销售领域的私盐是否就不用监管或者无法监管呢？回答一定是否定的，《大清律例》中一则条例令人反思：

> 盐商雇募巡役，如遇私枭大贩，即飞报营汛协同擒拿。其雇募巡役不许私带鸟枪。违者，照私藏军器律治罪。失察之地方官交部照例议处。③

"盐商""雇募巡役""私枭""擒拿"，是这则条例首先给人冲击力的几个关键词汇。总共短短 54 字的条例，给出了如下重要讯息：一、与捉拿私枭有关；二、捉拿私枭的是巡役；三、巡役非政府所出，乃由盐商招募；四、真正的缉私主体是盐商。再结合巴县档案中大量关于与盐商有关的缉私档案，问题逐渐清晰，即在销售领域官方应执行的缉私职责和应掌控的社会治理权力，在事实中赋予本该被作为稽查对象的盐商。没被明文规定缉私权力，却又在事实中参与缉私，这一矛盾现象为何产生，具体执行情况怎样，不得不说是一个值得探究的问题。

二　盐商介入缉私活动的缘由

笔者在查阅巴县档案的过程中发现，在私盐案件中有一部分由盐商告发贩私者或解决盐商缉私过程中出现问题的案件。从档案中体现出在道光年后盐商缉私的情况较为密集。以道光朝为例，26 件以私盐为主题的缉私案件中，涉及秦旬、秦懋枝、张泰来等盐商，其中与盐商张泰来

---

① （清）丁宝桢等:《四川盐法志》卷 34《缉私三·各岸缉私》，1882 年刻本。

② （清）丁宝桢等:《四川盐法志》卷 33《缉私二·炮船》，1882 年刻本。

③ 张荣铮、刘勇强、金懋初点校:《大清律例》卷 13《户律·课程》，天津古籍出版社 1993 年版，第 262 页。

有关的案件就达 12 件之多。① 事物的产生都有其因果关系，超越盐政规定以外的盐商缉私也不例外。分析盐商介入缉私活动的缘由，除了被学界已经研究过的贩私行为日炽以外，笔者以为还有如下几点：

（一）地方政府私盐治理力量的相对薄弱

清季四川私盐问题已相当凸显，被缉获的私盐数量，每次"私盐出境少者数十斤，多者数十挑或至二三百挑，成群结队，殊骇所闻"，就贩私人数而言，"挑卖数十斤盐，聊为糊口之计。窃以重庆一府计之，商人不过数十户，而赖盐以生者，不下十余万人"②。因此，不难理解就巴县一地，在档案中留存的有"私盐""私盐贩""盐匪""盐枭"等直接涉及贩卖私盐的案件和文书有 183 条。③ 私盐泛滥的局面，昭示四川地方政府的社会治理存在问题。

面对从古至今历代王朝都十分重视的私盐问题，清朝四川地方政府非不重视也，只是由于四川地区诸多现实问题，显得治理力量相对薄弱。以运输领域为例，自古各关隘口皆稽而不征，盐关亦是如此，专职负责盘查，兼司缉私之职。早在雍正年间，由地方政府于运盐要隘口，设立巡卡，派遣书役、巡役等职专门查办私盐，但效果并不理想。雍正七年（1729），时为驿盐道的刘应鼎认为四川的缉私力度不如长芦、河东等盐区，这些盐区"凡盐茶经过关隘、渡口，俱设巡役稽查、般验、秤掣，所以杜私贩、防夹带也"，而四川地区"关隘甚多，而设般验之处甚少，是以私贩夹带肆行无忌"，解决方案是"应请于各州县水陆关隘，酌量安设巡役，颁发秤掣，专司般验经过盐茶"，即要在适当关隘增加人手，加大盘验力度。④

四川地方政府私盐治理力量的薄弱还体现在，对于普通个体走私者

---

① 数字为笔者在四川省档案馆查档后统计所得，由于四川省档案馆还在进行档案数字化建设，人工统计难免存在误差。

② （清）丁宝桢等：《四川盐法志》卷 22《征榷三·纳解》，1882 年刻本。

③ 陈倩：《从〈清代巴县衙门档案〉看清代四川私盐问题》，《兰台世界》2020 年第 4 期。

④ （清）丁宝桢等：《四川盐法志》卷 33《缉私二·书巡》，1882 年刻本。

尚有缉获的可能,但面对大伙盐枭则显得无缚鸡之力。"多者数十挑或至两三百挑,成群结队,殊骇听闻。惟各厂所获私盐,以数十斤及一二百斤者为多,大股私贩,从未缉获……即遇五六挑以上之私盐,以寡敌众,即无可奈何"①。富顺盐厂在咸丰年间"川盐济楚"事件后,一跃成为川盐的生产中心,为防止私盐溢出,方圆八十里内设有七垣七卡以管理盐销,但各垣只设一人实际负责②,如此一来,且不说权力过分集中,容易滋生腐败,就缉私力量而言薄弱无疑,稽查难免周全。

为改变此种格局,光绪朝初,丁宝桢改革四川盐务,成立了专门的缉私武装,清查产运销领域的私盐。时任四川总督的丁宝桢以为,改革之举会加强缉私力量,增强地方政府对私盐问题的治理能力,让贩私现象有所好转。但光绪二十七年(1901)十一月六日的《四川官运局请添募营勇巡缉私枭详文》中,反映出缉私力量仍旧不足:

> 官运引道地面,私盐之炽,边计皆然,而尤以滇边为最。滇岸地近犍富两厂,仅隔一河,朝夕至,防不胜防。计岸上自犍为,下至巫山,沿江一带绵延二千余里,井灶林立,道路分歧,要隘既多,处处皆可挽塞。其间虽有安定五营分防,然自二十一年核减之后,兵力单薄,地广人少,不敷分布,有顾此失彼之虞。而私贩久食其利,恃有庇私之人,明目张胆,肆无忌惮,往往携带军器,结队而行,快炮利枪,颇觉充足。以致夺犯拒捕之案层见迭出,实为边计引岸大患……③

四川缉私力量的相对薄弱,直接影响地方政府的社会治理,以致私盐仍频繁出现,在整个清季社会不曾禁绝。由于四川为清季十一个产盐

① (民国)宁德、林振翰:《川盐纪要》第12章《缉私》,商务印书馆1919年版,第411页。

② (清)丁宝桢等:《四川盐法志》卷24《征榷五·票厘》,1882年刻本。

③ 华国英:《四川官运盐案类编》卷49《辛丑纲》,载鲁子健《清代四川财政史料(下)》,四川省社会科学院出版社1998年版。

区之一，国家及地方政府更倾向于产与运的私盐防范，原本薄弱的缉私力量使四川本地盐业销售领域疏于防范。基于此，地方政府无力真正充分行使缉私职责，遂在销售领域"反将缉私大权授诸商人"，以期对政府治理私盐做有益补充，该条文虽未在国家盐政制度中被明确规定，但《大清律例》中的内容侧面反映出盐商缉私早已成为现实中的习惯法，巴县档案中屡见不鲜的关于盐商缉私告发案件，亦是其有力证明。

（二）四川地貌特征所导致的缉私难度

李白有诗曰："蜀道之难，难于上青天"，诗句形象地描写了四川的地貌特征。由于四川地处中国大陆地势的第一阶梯和第二阶梯的过渡带，地貌复杂，70%以上为山地，无形中产生缉私漏洞，为缉私带来难度。

据道光《夔州府志》记载推断，从事大宁盐场缉私的一线人员，应该是六名衙役中除去内门子和马夫以外的四名皂吏。大宁盐场位于大宁河左岸，被峰峦叠嶂的大巴山所裹挟，地处川陕鄂交界处，地形复杂，因此，该地是滋生私盐贩的重镇。四名镇守在地形复杂的缉私一线的皂吏，相对于数以万计的贩私百姓而言是杯水车薪。

反观当时的巴县，虽幅员"东西广二百八十里，南北袤二百四十里"①，因其非产盐之地，故不在地方政府的重点监管之列，加之幅员辽阔，辖今之重庆主城的渝中区、江北区、大渡口区、沙坪坝区、南岸区、九龙坡区、巴南区及北碚区部分，以及长寿区、璧山区、綦江区、合川区、南川区、江津区、铜梁区所属区域，特殊的山地地貌，使得地方政府无暇也无力监管，导致百姓贩私案件屡禁不止，遂将此缉私大权交付盐商。这才出现巴县档案中，龙隐镇的盐商跑到白市驿去稽查私盐等案。

川地道路崎岖，为缉私带来不少难度。从现有巴县档案记载的私盐贩口供，可以看出不少人是屡犯者，如《裕济通禀送惯犯雷治安贩

---

① （清）王尔鉴、熊峰纂修：乾隆《巴县志》卷1《幅员》，1761年刻本。

卖私盐案》①《三里盐役刘太具禀惯贩钟监斋恶贩凶殴卷》② 等。屡犯者都是在农村山地场镇中被发现的，私贩能多次从源头弄到私盐，足以说明缉私存在漏洞，其中一个重要缘由，与四川地貌特征不无关系。正如《中国盐政纪要》中所说，若要缉私，需层层设卡，其后果是"非数十营不足分布"③，可见，现实的地貌特征难以应对严峻的缉私任务，为打击日益炽盛的贩私行为，地方政府不得不起用盐商在自身销售食盐之时，还让其雇人加强周边环境稽查，以辅助地方政府治理社会。

私盐泛滥局面的形成，学界通常认定是专卖制度下违背市场规律所产生的不合理因素所致。笔者以为，除了经济因素、社会因素外，自然环境也是不容忽视的原因，至少四川如是。地方政府在对待私盐问题上的治理模式，无论是主观预判不充分，或是基于客观治理条件制约，对私盐问题缺乏因地制宜的评估，皆为私盐泛滥提供了可乘之机。私盐泛滥，是清代四川地方政府在治理过程中出现的社会失序问题之一，这一问题的出现说明政府在治理社会时存在缺陷，故被迫借助社会力量。因此，为盐商介入私盐治理开启出场的历史帷幕。

（三）盐商维护自身利益的客观需求

黄凯凯在《清代巴县的食盐贸易与盐法变迁》④ 一文中提出了清代巴县县域内官盐贸易网的崩溃一说，巴县属四川重庆府，再次佐证清代四川盐业官私相争是为不争之事实。道光二十四年（1844）九月，在《本城张泰来拿获枭匪江宗智等逆讯究一案》⑤ 中，审讯私贩

---

① 《裕济通禀送惯犯雷治安贩卖私盐案》，巴县档案（光绪），四川省档案馆藏，档案号：06 - 32 - 03374。

② 《三里盐役刘太具禀惯贩钟监斋恶贩凶殴卷》，巴县档案（光绪），四川省档案馆藏，档案号：06 - 32 - 03414。

③ （民国）林振翰：《中国盐政纪要（上册）》第三篇《运销·缉私》，商务印书馆1930年铅印本，第316页。

④ 黄凯凯：《清代巴县的食盐贸易与盐法变迁》，《四川师范大学学报》（社会科学版）2017年第4期。

⑤ 《本城张泰来拿获枭匪江宗智等逆讯究一案》，巴县档案（道光），四川省档案馆藏，档案号：06 - 17 - 21121。

江宗智时，供认"小的平日贩卖私盐，常在治属发卖"，审讯陈老六时，也供认"小的平日伙贩私盐在木洞镇各处发卖"。从两人口中的"平日""常"等字眼，足以窥见当时私盐泛滥对盐商利益的冲击。

巴县档案中出现大规模日常百姓贩私的情况属情理之中。"乾隆元年（1736）四川总督黄等疏称，不产盐之州县，巡役实无可用等因，户部议将原设书巡概行裁汰。"① 巴县即属于不产盐之地，根据史料推断乾隆时期巴县应无官方巡役，本已薄弱的缉私力量被再次削弱，反映在巴县档案中，则仅有《渝城贩私盐商王大等人拘捕殴伤差役等禀批文》② 和《据巫山县差役余恩具禀拿获盐枭向唤等一案》③ 两个案件。虽后来嘉庆时期恢复起用巡役，且多为商人招募，但民间已形成了贩卖私盐习俗，以致嘉庆以后私盐案件有增无减（同治朝除外）。官私盐之争无疑损失依靠官盐而生的正规盐商的利益。

"川省自教匪评定以来，所有遣散回籍之乡勇并挑卖数十斤盐，聊为糊口之计。"④ 最为关键的是，四川地方政府在社会治理过程中为稳定这部分人以及穷苦百姓，自雍正时期即规定"肩挑背负四十斤以内，不在违禁之例"，乾隆元年（1736）又重申"贫穷老少男妇挑负四十斤以下者，概不许禁捕"⑤。这一政策固然有助于在当时情况下稳定社会秩序，但在缓和旧有社会矛盾的同时又凸显出新的社会矛盾，"窃以重庆一府计之，商人不过数十户，而赖盐以生者，不下十余万人"⑥，说明在食盐的日常销售领域，四川地区存在大量的非法现象，这在巴县档案中亦有印证。私盐的侵蚀以及官盐贸易网的坍塌，分割

---

① （清）吴经世修，廖家骟等纂：嘉庆《德阳县志》卷2《盐法》，1815 年刻本。

② 《渝城贩私盐商王大等人拘捕殴伤差役等禀批文》，巴县档案（乾隆），四川省档案馆藏，档案号：06-01-00136。

③ 《据巫山县差役余恩具禀拿获盐枭向唤等一案》，巴县档案（乾隆），四川省档案馆藏，档案号：06-01-00248。

④ （清）丁宝桢等：《四川盐法志》卷22《征榷三·纳解》，1882 年刻本。

⑤ （清）丁宝桢等：《四川盐法志》卷首，1882 年刻本。

⑥ （清）丁宝桢等：《四川盐法志》卷22《征榷三·纳解》，1882 年刻本。

了盐商的利益，占领了原本属于盐商的市场份额，盐商对这种行为的痛恨可想而知，为保证自身的贩卖特权和经济利益，在地方政府治理私盐无果需要借其力量的情况下，盐商为维护自己的利益势必挺身而出，虽然盐政制度中并未明文规定盐商参与缉私，但巴县档案中记载盐商缉私的案例佐证了这一事实。

三 盐商缉私的因应

（一）有选择性地缉拿

由于四川是重要盐产区，国家盐政的导向重在监管该地区的产运，因此，相对欠缺监管的销售领域则是盐商稽查的重点。但是，这种稽查通过现存档案看来，是有选择性的。

首先，体现在缉私对象上几乎是没有武装力量的普通贩私平民。因《大清律例》中那条商巡擅带枪支罪，明确规定盐商招募的巡役缉私时不能有武器装备，故巡役无力与拥有武器装备的盐枭抗衡，只能择其无武装者而为之。即便盐商所雇巡役携带武器装备，据丁宝桢的言论判断，面对凶悍盐枭，一般而言，也应当是束手无策。光绪年间，四川总督丁宝桢在整顿四川盐务时谈道，以江大烟杆、任韦驮、谭二疯亡为代表的盐枭，"动辄号召一二千人或数百人，均置有枪炮器械炮船，拒敌官兵。从前劫抢杀人，官几不敢过问，即有团保呈诉，辄肆杀害，以致乡民畏不敢言"①。连官府都不敢过问的盐枭，盐商为保全自身利益，断然不会让雇用巡役前去冒险。故，现存巴县档案显示出，无论是嘉庆时期《盐商秦裕成禀张心珍等贩售私盐等情一案》，咸丰时期《盐商秦旬等具禀贾源发窝囤私盐一案》，还是到光绪时期《三里盐役刘太具禀惯贩钟监斋恶贩凶殴卷》，涉及盐商缉私的案件，绝大部分被告发对象都是没有武装力量的贩私平民。

其次，缉私场域为场镇陆地。清季四川，在各水路码头和陆上交

---

① （清）丁宝桢：《丁文诚公奏稿》卷14，1907年刻本。

通要塞设有相应的批验所（又称挂验所）。"资州罗泉井州判挂验所，州西一百二十里。大宁县大宁场大使挂验所，县北三十五里。云阳县云安场大使挂验所，县东北三十里……彭水县郁山镇巡检挂验所，县东北三十里。泸州直隶州批验所，州北小市厢资江岸……"① 在丁宝桢改革四川盐务以后，水路还设有卡口。尽管力量也不足以清除猖獗私盐，但相比而言皆胜于几乎无力监管的日常销售领域。而四川的地貌特征，决定了陆路也是食盐走私的重要渠道，且不易被稽查。因此，诸如《盐商秦懋枝等具禀刘老四等私贩盐斤案》《盐商秦裕成禀张心珍等贩售私盐等情一案》《运商裕济通禀送行霸私贩盐斤之易学福一案》等案件均显示出在场镇的缉私场景，符合历史逻辑。

　　最后，缉私对象多为个体贩私者。从巴县档案现存大量私盐案件中不难看出，这些被缉拿的贩私者多为个体而非集体行为。根据相关史料记载，清代四川地区的群体批量贩私现象是较为严重的，道光十五年（1835），巴县"毛家场陶客长窝囤私盐被捕，惯犯金老幺等五六十人，各执矛杆火枪拦路，将人、盐夺回，打伤巡役袁贵等"。再如，前文所述谭二疯亡、江大烟杆等动辄号召数百上千人，盐商所雇区区几个盐巡的缉私力量对此也无济于事。可见，面对群体的贩私，盐商缉私具有较大风险，尤其面对有武器装备的大盐枭，更显束手无策。因此，巴县档案中所记载的被盐商捕获的贩私者多为个体而非群体。

（二）应对风险时的武装自保

　　咸丰三年（1853）发生《盐商秦懋枝等具禀刘老四等私贩盐斤案》，② 该案主要阐明盐商秦懋枝所雇盐巡陈玉，因告发龙隐镇私盐贩刘老四等在码头强行贩私，反被刘老四殴打致头颅、背臂、手腿等多处重伤一事。又有《盐商秦旬等禀巡役余贵高槐拿获悍妇私盐被严春

---

① （清）丁宝桢等：《四川盐法志》卷33《缉私二·关隘》，1882 年刻本。

② 《盐商秦懋枝等具禀刘老四等私贩盐斤案》，咸丰朝，四川省档案馆藏，档案号：06－18－00910。

林毒打一案》①《三里盐役梅开因查各坊私盐遭行凶控刘超元一案》②等，从这些案件可以发现盐商协助查拿私盐的方法是，雇用巡役稽查当地各主要集市及运输枢纽处，一旦发现贩私者，立即报官处理，盐商及所雇巡役只有告发权并无司法权。

相比普通民众贩私对盐商利益的侵蚀，与黑势力勾结的盐枭更令盐商感到威胁。在巴县档案中，不难发现时有盐店被盐枭抢劫的案件，道光二十三年（1843）的案件便是其中之一，商人秉称："今年（道光二十三年）私枭拥众率领啯噜，各执枪炮，数百余人大伙兴贩，霸据引岸，敢于弁兵迎敌，全无顾忌，商曷敢相较，匪等尤敢抢店劫场，迫商无奈禀请前任叶主，准招巡差四十余名，以保商伙性命，以靖地方。"③ 此外，盐商家里财物被盗案件、盐商所雇盐巡在执法过程中被打等案件在巴县档案中皆有记载。这些案件背后的真正原因无从全面考证，但就在执法过程中屡屡有被殴打行为可以说明执法有风险。对此，盐商为自保，在事实上也会实施违背不准配置武器这一法律规定的事情。

为应对风险，盐商私自准允所雇巡丁配备枪支的事实，《永川县李周氏为子途过本县白市驿被张泰来盐店巡丁放枪将子轰伤身死事喊控一案》④ 便是典型佐证。此案是目前笔者在巴县档案的查档过程中，所发现的有关私盐案件记录最为详尽的案例，从案件的发生到验尸到最后的处理长达近八十页的记录，具有一定的代表性。只因张泰来盐店的胡彪等五巡丁在缉拿私盐后，其中三人前去报官时，

---

①　《盐商秦旬等禀巡役余贵高槐拿获悍妇私盐被严春林毒打一案》，咸丰朝，四川省档案馆藏，档案号：06‐18‐00911。

②　《三里盐役梅开因查各坊私盐遭行凶控刘超元一案》，光绪朝，四川省档案馆藏，档案号：06‐44‐26799。

③　四川省档案馆藏，巴县档案，档案号：6‐3‐257，参见张洪林《清代四川盐法研究》，中国政法大学出版社2012年版，第214页。

④　《永川县李周氏为子途过本县白市驿被张泰来盐店巡丁放枪将子轰伤身死事喊控一案》，四川省档案馆藏，道光朝，档案号：06‐08‐02500。

剩余胡彪、王绪俩护盐人在客栈遭遇枭私"数十人各执火枪矛杆拥进站内拒捕夺盐",枭匪还扬言说"如不还盐,定要拼命",并扑向俩巡丁抓扭,巡丁胡彪情急之下放枪打伤八九人,并使周氏之子李文耀致死。在案件审理之初,盐商张泰来为躲避私配枪支的责任,还强词"至于凶器火枪,胡彪、王绪说是在私贩手里夺过来的,运商平素并未付给他们火枪是实"①,后几经审查,犯事二人遂改口供承认自带火枪。从该案件不难推测,倘若巡丁无武装,以二人之力根本无法抵御数十私贩的进攻并保住所缴获的私盐,更不用说顾全自身安危。可见,在缉私过程中,为求自保降低风险,盐商难免要求其巡丁逾矩携带火枪。

盐商何时被地方政府允许参与缉私,如何被划分缉私范围,是值得进一步探究的问题。但可以肯定的是,盐商参与缉私虽未被明文规定进盐政制度中,却有事实的认可,也可以肯定,销售领域的缉私者"巡役",其身份以乾隆为分水岭,之前由官方派遣,其后主要由商人招募。

究其缘由,与现实的情况密不可分,一是地方政府缉私力量的薄弱,二是四川地理环境所致,三是私盐的泛滥与商争利,以上均表明清代四川地方政府在社会治理方面心有余而力不足,需要社会力量的介入。同时,与在生产领域实行盐保甲制一样,在销售领域植入借助盐商缉私的社会治理方式,无疑不是在中央集权的封建统治之下创新了一种"以民治民"的社会治理模式。

就四川地方政府而言,将缉私大权授予商人,同将灶户编联的盐保甲制度一样,把社会治理的权力下移民间,不失为一种治理手段。就盐商而言,面对地方政府所赋予的缉私权力,一方面是顺势而为,积极参与缉拿私贩,但由于民间力量的有限,这种行为从缉私场域到

---

① 《永川县李周氏为子途过本县白市驿被张泰来盐店巡丁放枪将子轰伤身死事喊控一案》,四川省档案馆藏,道光朝,档案号:06-08-02500。

缉私对象都具有选择性。另一方面是因为枭私力量的强大,在缉私过程中为求自保,事实上不排除使用国家禁令的武器。盐商缉私对于私盐治理的贡献程度还有待进一步考证和研究,但至少作为官方治理行为的补充,这种行为一直事实延续,说明一定程度上是有效的。

结论 对清代四川盐业失序与治理的历史思考

伏尔泰曾用经典的表述指出：历史是一种用实例教诲人的哲学。历史学在 19 世纪作为一门将"真理"与"科学"联系在一起的学科，其求真功能毋庸置疑。对于私盐问题的研究亦是如此，面对私盐泛滥的清代社会，我们需要通过在重建私盐史实的基础上，全面客观地再现清代社会文化、经济、政治的真实场景，透过私盐治理进而窥探国家和地方政府在社会治理中的举措、成效与困境。

食盐走私是自食盐专营以来伴随的社会现象，随着政治时局的改变、社会经济的变迁，私盐问题在清代社会，尤其是嘉道以后，表现尤为突出。张小也在《清代私盐问题研究》一书中，明确指出，"嘉道以后，各盐区都渐渐呈现出商倒课悬的状况"[①]，并归纳了部分盐区的地区性特点：北方地区由于盐碱地多、粮食产量低，民众迫于生活的困苦，从盐碱中私自熬盐贩卖、食用，此类私盐主要在河东、长芦、山东等地行销；两淮地区作为清代最大的盐区，私盐活动最为严重；南部沿海地区的私盐活动受商品经济的影响较大，因此贩私资金量大且商品经济味道浓；此外，还有活跃在与蒙古交界区的口盐等。遗憾

---

① 张小也：《清代私盐问题研究》，社会科学文献出版社 2001 年版，第 210 页。

的是，书中没对四川私盐的特点进行剖析。

由于私盐一直以来属于"地下秩序"，在数量上缺乏官方的准确记载，笔者也尝试通过史料记载来量化私盐，终因史料欠缺无从精确量化，无法与其他盐区私盐在数量上横向比较，但可以肯定的是，四川私盐有其自身的独特性。对于四川私盐独特性的认识，不仅在于从物的自然属性而言，它是不同于池盐、海盐等类别的质量较高的井盐，重要的是在于对其赋予"社会生命"，理解私盐与整个清代四川地方社会的文化、政治、经济以及社会各阶层人的立体关系。阿尔君·阿帕杜莱所编《物的社会生命——文化视野中的商品》一书，将社会科学界再度拉回对物的关注，阿帕杜莱开宗明义地指出："商品，就像人一样拥有社会生命"，并认为当代西方的常识是建立在哲学、法学和自然科学等多种历史传统之上，将物的世界视为一个无活力的、沉寂的世界，然而在历史上的很多社会之中，物与人的行为等是紧密联系的。[①]

基于此，本书在坚持以客观史实说话的前提下，没有将私盐问题单纯作为经济现象研究，没有集中关注税收、商品活动与私盐的关系，而是希望通过把私盐作为社会失序的一种表象，来探讨清代社会治理的问题，将私盐放置社会之中进行立体观察。本书在清代全国盐业的大背景下，从社会制度与贩私主体视角，探究四川私盐产生的共性原因与个性特征，并利用直接和间接治理手段剖析四川地方政府对这一现象的回应。正如看待古代社会私盐的视角，从政权统治者的角度而言是社会失序的体现，而从商人的角度而言，是保证利益的途径，从贫苦民众的角度来讲，则是求得基本生存的方法。如果从多方的角度综合评论私盐的产生，并多维度分析地方政府对私盐治理的事实，这样或许会避免一味指责，对清代四川私盐的描述与评价，更为客观、真实。

---

① Arjun Appadurai, "Introduction: Cornmodities and Politics of Value", in Arjun Appadurai eds., *The Social Life of Things: Commodities in Cultural Perspective*, p. 4. (SHUYU 234).

第一节　清代四川私盐盛行的原因

川私大面积盛行，缘于清代历史上的两次际遇。一次是为恢复疲敝的盐业，确保财政收入，乾隆四十一年（1776）林儁推出"听民穿井，永不加课"的改革。改革使私盐井陡增，开启了私盐在清代四川的泛滥之局。另一次则是咸丰三年（1853）因太平天国运动爆发而开始的"川盐济楚"事件，"川盐济楚"使四川盐业得到巅峰发展之时，给予川私再度扩张的机会。走私范围遍布四川本省及云南、贵州、湖北、湖南境内。笔者以为，川私的成因复杂，绝不能以清王朝腐朽的封建垄断经营为由来简言之。

一　自然地理成因

研究区域史的著名学者王笛先生认为："人们的生活、社会经济结构以及风俗习惯，往往很大程度上受环境的支配。因此，要深入研究社会，生存环境就是我们不容忽视的问题。"[①] 笔者在撰写本书的过程中，确实发现了川私的产生与地理环境密不可分。

"噫吁嚱！危乎高哉！蜀道之难，难于上青天。蚕丛及鱼凫，开国何茫然！尔来四万八千岁，不与秦塞通人烟。西当太白有鸟道，可以横绝峨眉巅。地崩山摧壮士死，然后天梯石栈相勾连。上有六龙回日之高标，下有冲波逆折之回川……"唐朝诗人李白这首耳熟能详的《蜀道难》，是四川自然地理概貌的写照，亦是清代四川私盐兴起的自然因素的折射。就生产领域而言，四川盐井多分布在深山密林、人迹罕至之处，开凿十分不易，且不论费时长费巨资，不可预测的盐井坍

---

① 王笛：《跨出封闭的世界：长江上游区域社会研究1644—1911》，北京大学出版社2018年版，第9页。

塌、堵塞等天灾,是需要面临的风险,为尽快收回成本、抵御风险降低损失,井灶户想方设法私煎私卖是情理之中的。同时,因为自然地理的原因,盐井"相隔寥远,即编为一甲,岂能遥相稽查"①,所以,无论采用何种监管制度,自然地理环境的因素,始终是无法解决的漏洞,难免导致私盐的滋生。同样,在运销领域,由于四川的交通运输以长江及支流木船航运和散布城乡各地的石板小路为脉络,因此,这种依山傍水和山高路远的自然地理环境,导致了笔者在第三章中所提到的"船私"和"担私"的产生,也是巴县档案中私盐案件层出不穷的客观原因。

诚然,无论在何朝代的何种贩私,都与国家政府大的利益背道而驰,是不合法的。但在笔者看来,在四川这种特殊的自然地理环境下,并非清代所有的食盐走私都不合情。例如"担私",在盐商不能达或不愿达的偏远之处,能有效解决山区人民因交通不便,导致官销食盐难以进入从而淡食的困境。事实上,四川地方政府已意识到此种盐对于社会正常运行带来的作用,故一再规定允许贫民直接入厂购买四十斤以下免税食盐,只不过由于管理能力的有限,这种制度在执行过程中被奸商或盐枭等钻了空子,成为私盐来源的一种途径,逐渐扰乱社会正常运行。换个角度思考,在不大幅影响社会秩序和政府税收的前提下,某种程度上,少量的"担私"实则是在当时情境下,维护社会良性运转的有益补充,是在正视四川自然地理成因下,"法"与"情"的交融。

二 社会制度成因

在窥见私盐产生的社会因素中,制度因素是非常重要的诱因,不能否认,中国一直以来的食盐专卖制度是造成食盐走私的重要因素,这是整个清代中国私盐风行的普遍原因,但在这个共性之下,食盐走

---

① (清)丁宝桢等:《四川盐法志》卷32《缉私一·编甲》,1882年刻本。

私有其地域个性与时代特性。

从中央到地方，对产运销各领域制度的决策与制定，都有私盐管控无法穷尽之处，无论是让四川盐业绝处逢生的林儁盐业制度改革，还是为适应盐业不同发展阶段而施行的各种运销策略，以及为挽救清廷于困难境地而不断调适的税收制度，固然均有私盐产生的空间。尤其是在运销体制上，清代四川几次大的变革皆与私盐密切相关，制度的缺陷有私盐滋生的漏洞。从票盐制转换到引盐制，再到票盐制的复燃，导致本省计岸官引滞销、私盐充斥，官盐销售网坍塌；官督商销制度时期，配置僵化、口岸固定，加之"川盐济楚"，滇黔边岸官盐几近废弃，为确保国家机器的正常运行，制度本身所导致的私盐漏洞，社会风气的江河日下，以及四川地方政府对私盐的无力管控，致使四川贩私现象达至顶峰；太平天国运动结束，淮盐收复原湘楚销售地，四川盐业被迫重振滇黔边岸，丁宝桢的盐业改革应运而生。改革后的官运商销制度，本意是要消除私盐问题，由于官运商销致使成本进一步增加，加之长久以来形成的积弊，对晚清政府而言，亦未能彻底改变食盐走私的厄运；而食盐税收制度，在政府遭遇内忧外患之际，屡屡依靠频仍地增加盐厘金等数十种杂项充盈国库以解燃眉之急，其直接后果是刺激私盐的产生。

无法回避，清代的政治时局是影响制度制定，促进四川私盐泛滥的原因之一。倘若不是太平军兴，阻断淮盐北上，从而有"川盐济楚"事件，川私的规模绝不会陡增，之后清政府频频遭遇外患，各种赔款迫使盐税不断加价，至 1891 年，盐税已成为四川地区的第一大税源。[①] 到庚子赔款之时，以关税、常关税和盐税作为抵押，四川分摊庚子赔款 220 万两，位居全国第二，[②] 盐课税厘更是名目繁多，清光绪至宣统年间，四川盐斤先后六次加价，每引摊征加价银自 18.75 两

---

① ［英］霍伯森（H. E. Hobson）：《重庆海关 1891 年调查报告》，参看《四川文史资料选辑》第 4 辑。

② http://baike. baidu. com/view/7197859. htm.

到最后的 75 两。过重的盐课负担不得不最终转嫁于消费者，这使得价格低廉的私盐有了消费的市场，有了市场也就会有为利益而冒险的贩私。

三　贩私者的心理成因

"利之所在，人必趋之"，盐是传统社会重要的利益焦点，国家、地方政府及与盐业产运销相关的一切从业人员，都有他们自身的利益驱使。加之，社会有层级之分，与盐业相关的各阶层人员为保护各自的利益，都有走私的动机与渠道。社会上层的官员、盐绅等，利用职权之便，觊觎有高额利润的盐业，即便衣食无忧的年羹尧，最终也难逃盐利的诱惑，不仅将"蒲州盘获私盐值银一万两入己……将私茶罚赎银四万余两入己"①，还"擅用私票一万二千张作引十二万道行盐……私行盐茶；私占盐窝……"② 社会中间层的商人井灶户等，除正规缴纳国家规定的税费以外，遇到特殊时局还要缴纳各种浮费和捐输报效等，此外，还要缴纳迎合各种社会陋习的规费。在被社会上层攫取部分利益后，需要获得利益的补偿，而这种补偿只有源自于违反法定程序下的走私行为。社会底层的人士，如盐工，艰苦的工作环境和强大的劳动强度，与微薄的薪资和老板的豪华生活相比，心理自然失衡，利用工作之便夹私贩私是可以理解的。再如盐枭，因毫无政治资源和经济资源支配，面对高额利润的盐业，所以采取铤而走险的方式。

因此，这也牵引出另一个问题，现在看来，私盐的出现是清代四川社会运行中的必然产物，如果说专卖制度设置合理、管控合理，也无过重的封建盘剥，那么私盐现象是否会禁绝或者缓解很多呢？虽然

---

① 史松主编：《清史编年》第 4 卷（雍正朝）《雍正三年乙巳十二月十一日甲戌》，中国人民大学出版社 2000 年版，第 165 页。

② 史松主编：《清史编年》第 4 卷（雍正朝）《雍正三年乙巳十二月十一日甲戌》，中国人民大学出版社 2000 年版，第 147 页。

历史不能重复和假设，但可以推断，在当时的社会环境中，清王朝没落的社会治理能力，高额盐利的诱惑，私盐是无法根治的，必定会有其他形式的私盐产生。

唯利是图，是导致食盐走私的重要因素之一。国家作为最高统治者，以垄断的形式攫取盐利，并制定各种法律规制避免利益的流失。要到达此目的，需借助同属社会上层的内部力量进行管理，并借助社会中间层的商人完成转化，最终依靠盐利的源头——普通民众来兑换实现，在这一过程中，由于利益的差异化，导致社会的冲突和失序，给予贩私者心理刺激，滋生了贩私动因。

第二节　清代四川地方政府对私盐的治理

一　清代四川地方政府私盐治理的手段

为维护政权的正常运行，面对盐业失序行为，清政府和地方政府必然采取治理措施。为此，四川地方政府结合区域特点，采取了直接治理和间接治理两种方式。直接治理同其他盐区一样，均以国家和地方政府所颁布的法律法规为基准，以对盐业工作人员的奖惩为规范。盐法与对盐官的考成等直接治理手段，是全国所有盐区共有的治理手段，学术界已有众多讨论，对四川地区直接治理成效的讨论，通过对巴县档案的量化统计及对盐政、制度与时局的考察，除光绪朝外，得出事实上并无太大治理改观的结论。

对盐保甲制和盐商缉私两种间接治理手段的讨论，则更具四川地域性。这两种间接治理手段，虽在书中已做研究，但由于相关直接史料的缺乏，也不敢贸然武断评价其作用，需待时日后进一步深耕。从逻辑上推理，两种对私盐的间接治理方式不具备治理私盐的决定性作用，尤其是盐保甲制度，形同虚设，共同的利益驱使使井灶户以私查私相互包庇，从编甲到管理皆有难度，所以生产领域的私盐一直无法禁绝，《四川盐法志》对其消极作用也进行了记载。盐商缉私虽作用有限，只能对销售领域肩挑背负的少数平民私贩进行捉拿，但盐商为保证自己势力范围内的利益不受损害，较为尽心尽责地进行日常稽查，在一定程度上有限控制了私盐的交易。

　　盐保甲制与盐商缉私，是地方政府在生产领域和销售领域，将权力下移的治理手段，是在社会治理中一种"以民治民"模式的创设，提供了政府与非政府共治的一种范式。两种方式实质作用的不同，代表了四川地方政府在盐业不同领域的社会治理水平和成效。盐保甲制度制定的失败，说明四川地方政府在政策制定之初，缺乏因地制宜的考量和充分的分析，只是想当然地希望借鉴历史中的保甲制度治理地方社会的成功经验，没有考虑四川盐产区的自然属性、日常的监管难度、井灶户的利益媾和、巨大的盐业利润驱动力，以及清王朝所处时局，尤其是中后期内忧外患时局。同时，盐保甲制度之所以作用不大，与实施环节中地方政府欠度控制不无关系，缺乏周详考虑治理力量和反治理力量的矛盾冲突。作为控制私盐溢出的甲首，其自身和其余同为一甲的井灶户实为利益共同体，在四川盐井面临巨大开凿成本与风险，以及私盐泛滥的大背景下，让自身具备贩私动机的盐甲首去检举揭发其余井灶户的贩私行为，实乃以私查私，无视"利之所在，人必驱之"的道理。而盐商缉私在一定程度上的成功性，则正是基于四川地方政府对四川的自然属性、自身的缉私力量以及盐商的内在驱动力做出了较为正确的综合评估。虽然除了清代巴县档案以外，笔者暂未看到其他史料对盐商缉私的记载，学术界也暂无更多研究成果聚焦盐商缉私，因而无法全面客观评判盐商缉私的作用，但不能就此否认盐商在四川缉私的事实和功劳。如前所述，盐商参与缉私，很重要的原因是私盐的泛滥对其利益的侵占，主观上为维护自身利益。但在客观上确实为陆路场域的缉私贡献不少，甚至还触碰连政府缉私人员都深感棘手的盐枭问题。

二　清代四川地方政府私盐治理的考量

对于私盐的认知，学界同人们多从自上而下的视角出发，认为私盐既破坏经济秩序，又破坏社会秩序，如张丹丹在《清朝私盐贩运的影响》一文中谈到清朝私盐贩运："使政府财政收入减少，冲击着封建政府的政治和经济基础，影响社会治安。"① 而笔者以为：私盐问题在清季四川有着非凡的特殊性，一方面在破坏社会经济秩序，另一方面又在重建与维护社会秩序，它在清代四川的出现绝不仅仅是"对人民生活有着不自觉地救济与补偿的作用"②。清代四川两次大规模区域社会的贩私现象似乎可以说明。

乾隆中后期，四川盐井衰竭，蜀盐大困，为挽救盐业，刺激发展，林儁的改革变相承认私盐的合法性。③ 加之此时清政府对大小金川再次用兵，军费告急，对私盐的默允，使盐业飞速发展，以致同田赋等税收一起，为6270万两的巨大军费开支解决400万两。④ 对此现象，我们是否可以认为：当时四川边陲秩序不稳，以默认私盐存在而让渡部分盐利于民众的做法，有稳定统治维护社会秩序之意？之后，咸丰三年（1853）至同治十一年（1872）的近二十年时间，是四川历史上私盐盛行的顶峰时期，也正因为私盐的盛行，才能让济楚前各项正杂税费加在一起不过三十余万两的收入，陡增为最高时达六百三十余万两。⑤ 所以，我们不能否认，私盐对

---

① 张丹丹：《清朝私盐贩运的影响》，《吉林师范大学学报》（人文社会科学版）2007年第2期。

② 张丹丹：《清朝私盐贩运的影响》，《吉林师范大学学报》（人文社会科学版）2007年第2期。

③ 从现存巴县档案看出，自乾隆四十一年林儁改革以后，除去一件年月不详的私盐案件，整个乾隆朝内无一私盐案件。

④ 参看徐法言《乾隆朝金川战役研究》，博士学位论文，四川大学，2013年，第263页。

⑤ （民国）吴炜等：《四川盐政史》卷1，四川运使署，1932年铅印本。

于清代四川社会的特殊发展阶段,以及解决国家经费紧张的局面,有其应有作用。

社会各阶层对利益的追逐,出现社会冲突,从社会控制的角度而言,私盐既危害国家利益影响税收,又影响正常的社会经济秩序,是应当禁绝的。鉴于此,国家和地方政府利用盐法对私盐现象进行社会控制,盐法的制定涉及产运销诸多方面,对涉及盐业的管理与被管理人员,皆有限制,而私盐问题仍未得到根治,除了与制度的不合理、执法者本身的执行力有限等因素有关以外,统治阶层就私盐问题也有其战略思考,即清代四川地方政府在治理策略上对问题"大"与"小"的权衡。

私盐问题固然是影响清朝政治统治的问题,但相比清政府当时所面临的边疆统治危机的"大小金川战役"、危害政权的"太平天国"运动,以及外国列强对中国发动的第一次、第二次鸦片战争、八国联军侵华等问题,它显得不足为重,或准确地说精力不济了。食盐走私事大,但清代社会,尤其是中晚期,面临的更大问题,却是社会剧烈变革与新思想新文化的猛烈冲击。相比一个政权的摇摇欲坠,为维护大的利益,只有牺牲小的利益,如果完全斩断各阶层的利益,影响盐业的生产与税收,势必对清政府是雪上加霜的打击。在二者的利益平衡中,国家政权稳定的利益更为重要,这就导致国家与私盐之间持续不断的冲突状态。一方面,国家和地方政府希望通过食盐专营制度保证并提高税收,通过打击走私,以实现经济利益,最终保证政治利益。另一方面,在时局的逼迫之下,清廷被迫让渡部分利益,默认私盐的存在,尤其是太平天国运动爆发之后,这种妥协更为明显。

> 凡川、粤盐斥入楚,无论商民,均须许自行贩鬻,不必由官借运。惟择楚省堵私隘口,专驻道、府大员,设关抽税。或将本色抽收,或令折色输纳,均十取一二,以为定制。一税之后,给

照放行。①

因为东南事起，每年"三百余万元正供尽归子虚"②，默允川私侵灌，对东南岁入与清廷财政都是难以弥补的损失，但此时的清廷已苟延残喘、无能为力了。国内起义、对外战争、旱灾水患、鸦片输入及白银外流等，使得 1850 年库存白银只有 800 万两，两年后太平天国运动的兴起又减少到 300 万两，这与乾隆时期 7000 万两的库存相去甚远，加之，为镇压太平天国、回民起义等，消耗军费 7000 万两，严重的赤字背景下，清廷为稳固政权，四川地方政府为保证税收，无暇顾及私盐的治理，只能任由川私浸灌，毕竟在关卡截留处，多少能回收些税收。③

同样，治理盐绅贩私也是睁只眼闭只眼。古代中国传统文化中，皇权不下县，县以下地方的治理依靠地方精英——乡绅，在盐业领域靠有名望的盐绅来统领。一方面要依靠盐绅管理其他盐商，尤其是征税和捐输时，盐绅发挥着重要作用；另一方面地方政府又要竭力遏制盐绅的嚣张，避免其带领群商抗税以及浸灌私盐。所以，地方政府和盐绅处于既对抗又统一的矛盾关系。但在现实面前，尤其是在清王朝中后期的时局前，为保证经济来源，维持其统治，地方政府对盐绅的处置选择妥协，这才有王余照长期贩私且屡次对抗朝廷却又能相安无事。

由此可见，四川地方政府对川私在某些时段和场合的默许，承认了私盐在破坏社会秩序的同时，也在特殊时期有部分重建和恢复社会秩序的作用。对私盐某种程度的默许，不能简单而言是政府的无能，它是特殊时期国家和地方政府在社会治理过程中，对问题"大""小"的甄别以及对利益与危害的考量。

---

① （清）丁宝桢等：《四川盐法志》卷 11《转运六·济楚上》，1882 年刻本。

② （清）王守基：《盐法议略》，中华书局 1991 年版。

③ 数据参看［美］徐中约《中国近代史》，世界图书出版社 2008 年版，第 344 页。

　　总之,清代四川私盐猖獗的原因复杂,私盐问题是清季社会运行过程中的必然产物,也是四川地方社会不可规避的社会问题,它在影响社会秩序的同时,也在促使地方政府不断变革制度、提升治理手段与调适自身机能。只不过,因为清王朝自身的腐败无能而无法最终改变格局!

附　　录

附录一　图片资料

一　凿井系列图

提为场凿井间始工作图

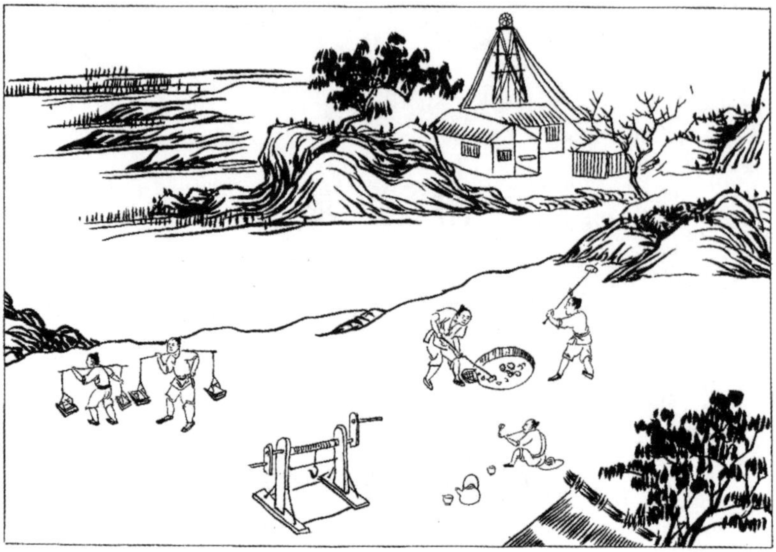

犍為場開鑿鹽井圖一

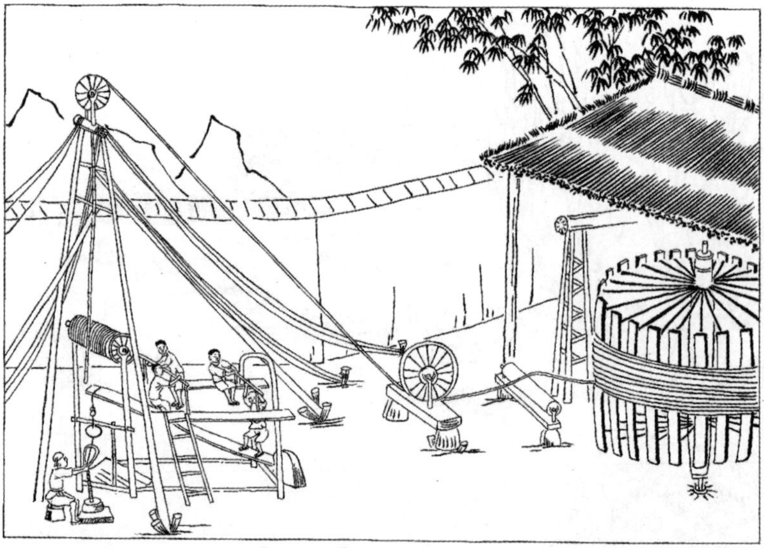

犍為場開鑿鹽井圖二

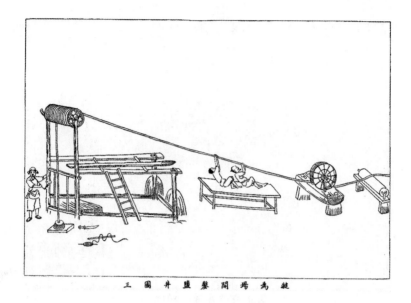

绞为场閞凳鹽井 圖三

（图片来源：吴炜等《四川盐政史图册》第4册，1932年铅印版）

二 川盐楚滇黔岸行盐图

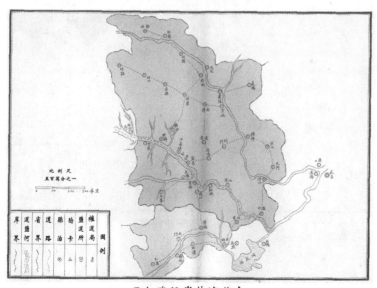

富榮濟楚岸行鹽分圖

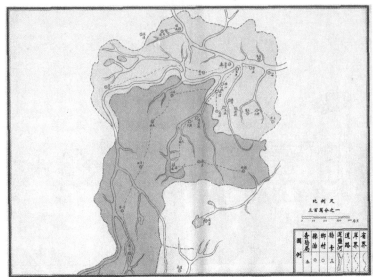

犍滇場邊岸行鹽分圖

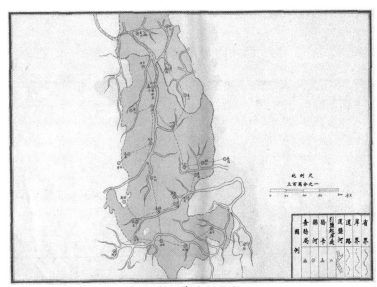

犍涪場邊岸行鹽分圖

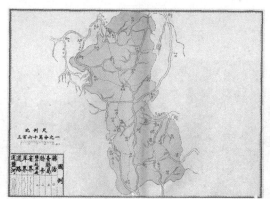

富榮綦邊岸行鹽分圖

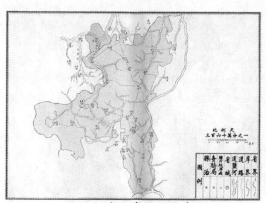

富榮仁邊岸行鹽分圖

犍場滇邊岸行鹽分圖

（图片来源：吴炜等《四川盐政史图册》第 2 册，1932 年铅印版）

三　川陕鄂川黔古盐道

大宁盐场通往陕鄂的古盐道（向娅华拍摄）

大宁盐场通往陕鄂的古盐道（向娅华拍摄）

川黔古盐道鱼塘河段（邓军提供）

川黔古盐道铜鼓殿段（邓军提供）

四 契约档案复印件

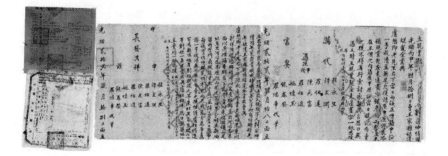

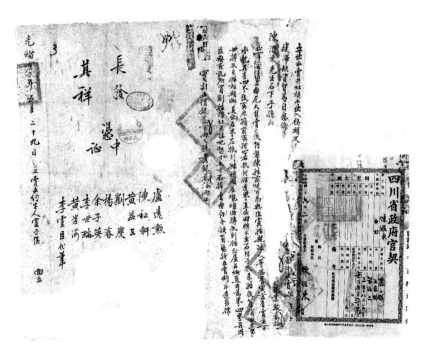

光绪二十二年刘宗坤出卖井灶契约

（图片来源：重庆市巫溪县档案馆）

附录二　档案文献

一　嘉庆十年九月十九日案

六月二十二日，谭正高等无盐可卖，复向江北盐店买盐，该商秦蕴山等查知谭正高等贩盐出境，即系卖私，不允卖给。谭正高无计营生，愤恨莫释，起意纠人打抢盐店，随与唐复元等商允，刘荣、邓三泰均许纠人帮抢。刘荣随邀得余继先、彭贵德、王添定、杜大宗、廖申位、徐元、刘正新、王怀、杨二九人；邓三泰亦邀王可修等十三人，约定二十四日在谭正高家会齐。谭正高自邀袁显华、傅宗雄入伙。是日，刘荣等二十七人齐赴谭正高家内，谭正高念知合州商店设在青岗坪场，起意打抢该处盐店；唐复元因邻水盐商张开第在幺滩设厂堆盐转运，起意赴彼分抢，谭正高……首伙共十七人，各携扁担同往青岗坪。谭正高见人数较多，恐露形迹，复令……绕道前往青岗坪场外等候；任居富等途中畏惧转回。谭正高与邓三泰等齐抵青岗坪场蔡维鼎盐店门首，声喊进内，打毁门柜，并将零碎盐块撒弃街上，抢出盐包；蔡维鼎等喊人帮拿，谭正高当将盐包丢弃逃跑。邓三泰于未经抢毁盐店之先，曾见合州大污溪河边泊有盐船一只，亦起意纠令谭正高等同往打抢。途遇素识之胥黄川……八人，邀令同往；胥黄川等先不应允，旋被逼胁勉从，同至大污溪河边。邓三泰……周洪伸一同上船，掀开蓬门，船上人少不敢拦拿。邓三泰等将盐包丢弃河内，并抢盐六包，交令胥黄川等帮挑而逸；唐复元令刘荣……等首伙共十一人同赴幺滩……途遇挑炭之熊祖佑……并在逃方幺妹、施为建十人赴场买炭，诓令熊祖佑等同往幺滩帮忙挑盐斤，每人许给工钱一百文……赶至幺滩……进厂打毁门窗……抢出盐包……刘荣在途忆及江北盐店不允卖盐，心怀气愤，又知江北盐店向在附近土沱河边设厂堆贮盐包，易于打抢，起意往抢江北盐厂。唐复元等均各允从。转至江北，途遇素识之王在潮……同路赶场，亦即逼令同行，皆抵土沱地方……即将门窗打毁，抢盐四包，并夹被绸衫钱文，给予王在潮等帮挑回家，遂于谭正高等俵分。其费允爵等二十一人，于谭正高等抢毁之后，或在街搬取零盐，或捞取河内盐包，均未入伙同行。报经各该地方文武亲诣拿获谭正高等……谭正高等供认不讳。

嘉庆十年九月十九日奏。本日奉旨：谭正高、唐复元、邓三泰、刘荣俱著即处斩；余继先……俱依拟应绞，著监候，秋后处决。①

二 盐商秦懋枝等具禀刘老四等私贩盐斤案（咸丰六年三月）

盐商刘老四，运商张泰来为禀明事，本月二十八日早，突有私贩刘老四率领伙贩二十余人，船载私盐二只，有四百余包，直抵恩治不远之龙隐镇河畔，各执矛杆火枪，上岸在路截短官贩钱文，硬估在伊船买盐，众莫横。何为此据实禀明，仁宪作主赏准饬差拿究，以杜私贩霸卖，以靖地方伏祈。

据情禀明在案，诇贩等万恶滔天，反敢找寻商店盐巡酿祸，尤伤巡役陈玉头颅、背膀、手腿等处重伤，并张彪右手均系刀伤，幸徐福等奋勇擒拿，贩等弃盐跑逃。当获私盐船一只、卖剩私盐七千余斤、大炮一个、小炮三个、春秋刀两把、矛杆七根、扎马刀二把、火药一篓、大小□弹子一篓、大小秤各一杆、炮架一座，理合禀叩，宪天作主卖准验伤，会营拿究，以杜贩私凶伤。

为禀明免累事情等，粮民均系龙隐镇监正团首，约邻办公无违，本月二十九日，挨午有无名人等推架盐船一只停靠，该镇里许地名华头嘴僻处，场约谢裕和瞥见理□，其船推往对河江北河岸停泊，后有该镇泰合隆盐店巡丁多人用船执行枪刀□拿盐船之□否何伤有一人卧在□□□□□□□数人，但该镇居民数百家盐店开设场中，诚恐盐匪□□受害，禀明免累伏乞。②

---

① 中国第一历史档案馆档案。
② 四川省档案馆档案。

三　仁十甲乡约潘正乾拿获贩卖私盐柯长发案
（咸丰七年四月二十七日）

小的们都是五布场团约，前月二十六日，有陈发兴雇工赵大顺用篾箩挑钱四千前往木洞镇贩买官盐，由场外经过撞遇这柯大顺、柯二拦路把钱四千拿去，当交私盐三十余斤与赵大顺收存，各自跑逃。当时大顺喊哨小的们始知，经团把柯长发、柯二并过称的李麻五龚义发们拿获禀送案下，今蒙审讯柯大顺、柯二不应贩卖私盐，拦路估卖，谕令把柯长发□□押候，自行将所卖之盐资三千九百一十五文，自限五日内缴案□□，亦把柯二答责枷示，李麻五、龚义发不应帮同过秤，希图从中分肥，亦沐分别责惩，小的们愿把李麻五、龚义发保回，安分遵谕具结就是。

问据赵大顺供：这未到的陈发兴是小的雇主，二月二十六日，雇主给小的钱四千往木洞买取官盐，由五布场□□□□□□地界经过，突遭这柯长发柯二父子□□□□十余斤，哨小的与他成买。那时不肯应允，他父子就把小的篾箩内所挑钱四千估拿去了，登时小的就要喊哨柯长发退还钱八十五文，交盐三十余斤，各自跑逃，小的惊喊，适有这潘正乾们把柯长发父子拿获，协同禀送案下，今蒙审讯，柯长发父子不应同贩私盐，李麻五、龚义发不应帮同过秤，沐把他们分别责惩，把柯二枷示，谕令柯长发先行具结，限五日内所拿小的钱文三钱五百一十九文缴案给予小的承领，遵断具结就做主了。

问据柯长发、柯二同供：今年二月二十六日，买有私盐三十余斤挑往五布场外，经过撞遇这赵大顺挑有铜钱四千文，往木洞买取官盐，小的们就要他承买私盐的□□□□□□□□□十五文估往拿来，当给私盐三十余斤，交他收存，当时就各自走了，不料赵大顺进场喊哨潘正乾就把小的们拿获禀送在案，今蒙审讯，小的们实系不应贩私估卖，把小的均各责惩，谕令把小的柯二枷示，亦谕小的柯长发先行具结，自限五日内，所拿赵大顺铜钱三千九百一十五文，如数缴案给领就施恩了。

问据李麻五、龚义发同供:前月二十六日,小的们往五布场外经□□□□,柯长发估哨小的们□□□□,登时赵大顺不依惊喊,就被潘正乾们把小的们拿获亦同禀送在案。今蒙审讯,小的们实系部应帮同柯长发秤过私盐,沐责惩省释小的们具结备案,日后不得安为滋事就是。

问据柯二供:今年二月间,小的同柯长发在五渡河场外与赵大顺为争卖私盐起衅,被乡约潘正乾们具控案下,前蒙审讯已沐责惩枷示,追缴赵大顺买盐钱三千九百一十五文,今沐提讯速枷速即上紧措钱缴□,听候再行发落就沾恩了。

具结状人柯长发李麻五龚义发,今于大老爷台前为结状事情潘正乾等以获送恳究具禀等在案,沐恩讯明贩私拦路估拿大顺钱文。李麻五龚义发不应帮同过秤,均各掌责谕令,长发五日内将钱三千九百一十五文缴案给大顺承领吗,中间不虚所结是实。①

四 南部县民武生、敬心德等上控书役宋仕杰等案
(道光二十三年二月十日)

福兴厂石多土少人稠地窄,只得添凿竹同小井试煎延命,帮输课税。小井日活夜毙,兴废无常,课井水旺咸广帮输,水少咸轻分上中下下四则。今被书差一概吓索,苦乐不均,此灶民之一害也。

活课老井每年二季完纳上季课银,照票完纳一两,立有章程。其实,一两完纳二两,书吏浮银二两八钱八分,下季课银照票完纳税银七钱五分,照案完纳银一两五钱,书吏浮收银二两六钱八分,老井受害,惨中加惨,此灶民之二害也。

灶民开井本为求利,有灶民开井而获利,有灶民开井而失业。富民开井资本不须求人,有井无井不受债累,贫民开井必然借贷,有井尚可支持,无井倾家卖业。开井一眼,试煎报课,或毙或活,赔课税,

---

① 四川省档案馆档案。

此民之三害也。

　　每课税羡余截角三项及俸上银一千六百八十两有零，书差勒收灶民银四千三百四十两有零。除遇俸上银，余剩银二千五百六十两有零，尽被书差伙吞，灶民分厘难少，此灶民之四害也。

　　言府定有章程，两季完纳定有期限，上季不过六月，下季不过十月。自王主到任，书差蒙上欺下，未到四八两月，预早图利，垫完票落在手，每井一眼勒要灶民银八九钱不等，倘有迟延难完，倍上加倍，此灶民之五害也。

　　盐房书差冒名妄禀，自差获票在手，每名被告勒纸札钱二千四五百文，差役要案七八千文不等，有钱贿伊方能得脱，无钱锁押生根伊店，父母弟兄哑忍不敢多（言），此灶民之六害也。

　　差役开店房，名为站房暗是卡房。有人控告，押至伊店如坐丰都，讹撶不遂，轻则辱骂重则拳打，灶民受刑不过只得倾家卖业，父啼子哭，惨中加惨，此灶民之七害也。

　　帮输课税，两季承收，照票完纳银四钱，书差浮收银八九钱，下季完纳税银四钱，书差浮收银八九钱，分主书差收限钱六百四十文，堂上催收，分主仍然催收，灶民一井二限，此灶民之八害也。①

---

①　四川省南部县档案馆档案。

参考文献

一　主要档案资料

1. 四川省档案馆档案

四川省档案馆档案藏巴县档案（乾隆朝）：《渝城贩私盐商王大等人拘捕殴伤差役等禀批文》全宗号清 6，目录号 01，案卷号 00136。

四川省档案馆档案藏巴县档案（乾隆朝）：《据巫山县差役余恩具禀拿获盐枭向唤等一案》全宗号清 6，目录号 01，案卷号 00248。

四川省档案馆档案藏巴县档案（嘉庆朝）：《重庆府扎发告示严禁盐枭匪徒扰害以靖地方事》全宗号清 6，目录号 03，案卷号 00125。

四川省档案馆档案藏巴县档案（嘉庆朝）：《孀妇王岑氏上控岑南斗等挟忿诬控贩买私盐一案》全宗号清 6，目录号 03，案卷号 00304。

四川省档案馆档案藏巴县档案（嘉庆朝）：《西城里快役秦洪禀童应庸等贩卖私盐一案》全宗号清 6，目录号 03，案卷号 00305。

四川省档案馆档案藏巴县档案（嘉庆朝）：《快役刘贵等禀连大满等贩私盐并伤一案》全宗号清 6，目录号 03，案卷号 00306。

四川省档案馆档案藏巴县档案（嘉庆朝）：《巡丁雷顺格伤私贩盐斤之傅锦身死一案》全宗号清 6，目录号 03，案卷号 00307。

四川省档案馆档案藏巴县档案（嘉庆朝）：《土主场客约邱文魁等禀送罗老七挑贩私盐一案》全宗号清 6，目录号 03，案卷号 00308。

四川省档案馆档案藏巴县档案（嘉庆朝）：《命获惩办私贩盐斤拘捕之

张百桂等一案》全宗号清 6，目录号 03，案卷号 00309。

四川省档案馆档案藏巴县档案（嘉庆朝）：《盐商秦裕成禀张心珍等贩售私盐等情一案》全宗号清 6，目录号 03，案卷号 00330。

四川省档案馆档案藏巴县档案（嘉庆朝）：《巴县详报查出运京铜船夹带私货一案》全宗号清 6，目录号 03，案卷号 00428。

四川省档案馆档案藏巴县档案（嘉庆朝）：《巴县札饬严禁运京铜船支不准夹带私盐入楚贩运卷》全宗号清 6，目录号 03，案卷号 00440。

四川省档案馆档案藏巴县档案（嘉庆朝）：《本城差役王标等禀慕光烂等私贩花盐被拿获又被他叔子将盐夺去捆缚案》全宗号清 6，目录号 05，案卷号 04818。

四川省档案馆档案藏巴县档案（嘉庆朝）：《快役周泰等为有他担私巴盐该等撞遇反竟逞凶禀连三班等》全宗号清 6，目录号 05，案卷号 04819。

四川省档案馆档案藏巴县档案（嘉庆朝）：《正里八甲黄廷漠以自贩私盐反行凶具送赵荣发一案》全宗号清 6，目录号 05，案卷号 04891。

四川省档案馆档案藏巴县档案（嘉庆朝）：《巴县详复兰青告綦江县谢张等贩运私盐拘捕伤差扰害地方等情一案》全宗号清 6，目录号 06，案卷号 08661。

四川省档案馆档案藏巴县档案（道光朝）：《永川县李周氏为子途过本县白市驿被张泰来盐店巡丁放枪将子轰伤身死事喊控一案》，全宗号清 6，目录号 08，案卷号 02500。

四川省档案馆档案藏巴县档案（道光朝）：《本城张泰来拿获枭匪江宗智等逆讯究一案》全宗号清 6，目录号 17，案卷号 21121。

四川省档案馆档案藏巴县档案（咸丰朝）：《重庆府扎巴县关于审解商店盐巡胡标轰伤私贩李汶耀身死案》全宗号清 6，目录号 18，案卷号 01291。

四川省档案馆档案藏巴县档案（咸丰朝）：《涪州移交巴县请添差协缉三峡盐匪周桥鸡公等并请移解过州以凭究结卷》全宗号清 6，目录号 18,案卷号 00249。

四川省档案馆档案藏巴县档案(咸丰朝):《团首汪树生等控告代六十包揽盐船过载坐地分肥恳请严禁案》全宗号清 6,目录号 18,案卷号 00281。

四川省档案馆档案藏巴县档案(咸丰朝):《巡役刘贵具禀拿获惯犯陶麻雀私盐反凶伤一案》全宗号清 6,目录号 18,案卷号 00300。

四川省档案馆档案藏巴县档案(咸丰朝):《节里九甲民李炳南喊控刘老幺等贩卖私盐案》全宗号清 6,目录号 18,案卷号 00894。

四川省档案馆档案藏巴县档案(咸丰朝):《巴县审解盐店巡役胡标查拿私盐击伤李文耀身死一案》全宗号清 6,目录号 18,案卷号 00895。

四川省档案馆档案藏巴县档案(咸丰朝):《盐商秦旬等具禀贾源发窝囤私盐一案》全宗号清 6,目录号 18,案卷号 00897。

四川省档案馆档案藏巴县档案(咸丰朝):《三里差役陈刚等具禀无名盐匪持械凶殴一案》全宗号清 6,目录号 18,案卷号 00898。

四川省档案馆档案藏巴县档案(咸丰朝):《巴县分县牒解到私盐贩刘熊等管押一案》全宗号清 6,目录号 18,案卷号 00906。

四川省档案馆档案藏巴县档案(咸丰朝):《盐商秦懋枝等具禀刘老四等私贩盐斤案》全宗号清 6,目录号 18,案卷号 00910。

四川省档案馆档案藏巴县档案(咸丰朝):《盐商秦旬等禀巡役余贵高槐拿获悍妇私盐被严春林毒打一案》全宗号清 6,目录号 18,案卷号 00911。

四川省档案馆档案藏巴县档案(咸丰朝):《仁十甲乡约潘正乾拿贩卖私盐柯长发案》全宗号清 6,目录号 20,案卷号 05955。

四川省档案馆档案藏巴县档案(咸丰朝):《本城骆广茂为陈杨氏因私添价买垄断绝理生互控案》全宗号清 6,目录号 20,案卷号 05998。

四川省档案馆档案藏巴县档案(咸丰朝):《盐商秦旬禀报书役阳梦龄取包盐肆卖被拿获反殴伤案》全宗号清 6,目录号 21,案卷号 06591。

四川省档案馆档案藏巴县档案(咸丰朝):《江津县船户郑林源告陈贵

山私贩》全宗号清6，目录号21，案卷号06977。

四川省档案馆档案藏巴县档案（咸丰朝）：《胡标误伤李汶耀身死被报
监禁该胡犯父老孤贫为此原报王刚等人结状事》全宗号清6，目
录号22，案卷号09695。

四川省档案馆档案藏巴县档案（咸丰朝）：《仁十甲黄映铨等禀朱永清
素贩私盐惯捉肥猪营生执禁刀向赵元吉行凶还拿杜廷弟掉子饭锅
一案》全宗号清6，目录号22，案卷号10030。

四川省档案馆档案藏巴县档案（同治朝）：《巴县禀奉委拿讯办李述等
拦江抢奇银盐一案》全宗号清6，目录号23，案卷号00259。

四川省档案馆档案藏巴县档案（同治朝）：《奉各宪札饬富顺县禀报严
拿著名盐匪各贩迅速惩办并恳饬禁绝游勇查拿痞棍卷》全宗号清
6，目录号23，案卷号00263。

四川省档案馆档案藏巴县档案（同治朝）：《巴县审理道宪发下陈老五
等贩卖硝盐一案》全宗号清6，目录号23，案卷号00814。

四川省档案馆档案藏巴县档案（同治朝）：《绅粮永发公运商裕济通禀
徐三喜何回兴等私贩盐斤一案卷》全宗号清6，目录号23，案卷
号00815。

四川省档案馆档案藏巴县档案（同治朝）：《川通省盐茶道檄发告示严禁
兵勇任意估封阻盐船卷》全宗号清6，目录号23，案卷号01002。

四川省档案馆档案藏巴县档案（同治朝）：《正里一甲蒋万和禀童兴杨
河边常有盐匪船停码头，胆没炮船装载军器昼夜放枪炮滋扰卷》
全宗号清6，目录号23，案卷号01011。

四川省档案馆档案藏巴县档案（光绪朝）：《重庆府札巴县吏部谨奏禁
止各省在籍官绅干预地方公事挟制长官严定处分专条办理文》全
宗号清6，目录号31，案卷号00046。

四川省档案馆档案藏巴县档案（光绪朝）：《泸州永川盐匪聚众抢劫盐
店巴县谕示老关口各团前监正等整顿团练文》全宗号清6，目录
号31，案卷号00856。

四川省档案馆档案藏巴县档案（光绪朝）：《巴县移请专城讯浮图汛传知各乡镇监团首人等清查保甲严缉匪盗，邪教，私盐贩卖卷》全宗号清6，目录号31，案卷号01595。

四川省档案馆档案藏巴县档案（光绪朝）：《滇黔边计盐务总局札饬巴县妥派干役严密稽查缉私巡勇扰民情事及巡缉私盐捜越卷》全宗号清6，目录号31，案卷号03266。

四川省档案馆档案藏巴县档案（光绪朝）：《川督札发禁止越境贩私盐告示一案》全宗号清6，目录号31，案卷号03273。

四川省档案馆档案藏巴县档案（光绪朝）：《川东道札饬巴县官运盐号详发出等提售私盐变价级本归案卷》全宗号清6，目录号31，案卷号03275。

四川省档案馆档案藏巴县档案（光绪朝）：《川督札饬巴县有私贩盐务须认真缉捕毋再仍前膜视殊虞卷》全宗号清6，目录号31，案卷号03279。

四川省档案馆档案藏巴县档案（光绪朝）：《计岸官运盐务总局札饬巴县将发下严禁船户盗卖盐斤告示于盐船经过地方遍贴晓谕并将告示处所具文报查卷》全宗号清6，目录号31，案卷号03286。

四川省档案馆档案藏巴县档案（光绪朝）：《运号裕济通周荣禀恳会絮枭匪胡大五耶江炳南等私贩盐斤霸距岸口击毙巡役卷》全宗号清6，目录号31，案卷号03354。

四川省档案馆档案藏巴县档案（光绪朝）：《丰都运盐丁乾丰泰等上控王恒泰等盗卖盐斤一案卷》全宗号清6，目录号31，案卷号03355。

四川省档案馆档案藏巴县档案（光绪朝）：《正里九甲周兴发具禀查获小船装盐一载来历不明将送讯船户王兴发一案卷》全宗号清6，目录号31，案卷号03356。

四川省档案馆档案藏巴县档案（光绪朝）：《监生金陶巷等禀恳赏札西城里一带各团照旧规办理堵御盐匪滋扰在隘文》全宗号清6，目录号31，案卷号03358。

四川省档案馆档案藏巴县档案（光绪朝）：《巴县遵札呈复奉发虎威宝

营告示及贴过处所及川东永宁两观察会禀筹商议室查拿盐教各匪章程卷》全宗号清6，目录号31，案卷号03359。

四川省档案馆档案藏巴县档案（光绪朝）：《川东道札饬巴县禁止生意藉考贩私盐在渝估卖卷》全宗号清6，目录号31，案卷号03361。

四川省档案馆档案藏巴县档案（光绪朝）：《运商裕济通禀送行霸私贩盐斤之易学福一案》全宗号清6，目录号31，案卷号03362。

四川省档案馆档案藏巴县档案（光绪朝）：《重庆府札饬巴县实力练团剿尽枭匪及巴县禀拿获枭匪任驮等和审讯大概情形卷》全宗号清6，目录号31，案卷号03363。

四川省档案馆档案藏巴县档案（光绪朝）：《本洞镇巡检祥请巴县札饬本镇沿江附近各团督率防御私盐犯及抢杀盐店折》全宗号清6，目录号31，案卷号03364。

四川省档案馆档案藏巴县档案（光绪朝）：《彭水文生窦大仪张宗本禀顺买私盐被巡丁误获恳饬巡丁交还文》全宗号清6，目录号31，案卷号03366。

四川省档案馆档案藏巴县档案（光绪朝）：《巴县文生刘洪昆鸟等禀请严办勾引匪党藉以贩私之罗公信等文》全宗号清6，目录号31，案卷号03368。

四川省档案馆档案藏巴县档案（光绪朝）：《重庆府转总督札巴县严拿枭匪严禁窝庇私枭告示及严缉枭匪曾甫臣等卷》全宗号清6，目录号31，案卷号03369。

四川省档案馆档案藏巴县档案（光绪朝）：《巴县奉札查办文生陈秉均等以纵私蔓等情上控贩私盐之王奇亭等一案》全宗号清6，目录号31，案卷号03370。

四川省档案馆档案藏巴县档案（光绪朝）：《重庆府札饬巴县转所属州县调集团练保甲严捕永川朝阳寨股匪匪首赵海山及泸州盐枭任韦驮卷》全宗号清6，目录号31，案卷号03371。

四川省档案馆档案藏巴县档案（光绪朝）：《巴县禀拿获忠州万县滋事

盐枭江治国讯工解审卷》全宗号清 6，目录号 32，案卷号 03373。

四川省档案馆档案藏巴县档案（光绪朝）：《裕济通禀送惯犯雷治安贩
　　卖私盐案》全宗号清 6，目录号 32，案卷号 03374。

四川省档案馆档案藏巴县档案（光绪朝）：《总办黔边盐务道札饬巴县
　　查拿盐商贩梁茂兰洪大发等务获一案》全宗号清 6，目录号 32，
　　案卷号 03377。

四川省档案馆档案藏巴县档案（光绪朝）：《黔边盐务川东道札发查处曾
　　昭念之船户带手盐一事文》全宗号清 6，目录号 32，案卷号 03378。

四川省档案馆档案藏巴县档案（光绪朝）：《江北厅官运行号职员疗葛
　　堂等禀正泰仁贩私充塞引岸及分局函查船户熊永顺装运私盐一
　　案》全宗号清 6，目录号 32，案卷号 03381。

四川省档案馆档案藏巴县档案（光绪朝）：《川督札饬巴县查拿枭匪陈
　　海山等卷》全宗号清 6，目录号 32，案卷号 03382。

四川省档案馆档案藏巴县档案（光绪朝）：《合川移文巴县文生谭海州
　　院试贩盐被澄江口卡拿获请查传卷》全宗号清 6，目录号 32，案
　　卷号 03383。

四川省档案馆档案藏巴县档案（光绪朝）：《江巴分局贴送私贩硝盐之
　　王义发案》全宗号清 6，目录号 32，案卷号 03385。

四川省档案馆档案藏巴县档案（光绪朝）：《三里盐役刘太具禀惯贩钟
　　监斋恶贩凶殴卷》全宗号清 6，目录号 32，案卷号 03414。

四川省档案馆档案藏巴县档案（宣统朝）：《江巴盐务分局函送贩运私盐
　　船户李元顺到案讯究卷》全宗号清 6，目录号 54，案卷号 00809。

2. 中国第一历史档案馆档案

中国第一历史档案馆档案：顺治八年五月二十日波洛《为岁课经征怠玩
　　请旨严定考成之法以重国计事》，档案号：02－01－02－2081－024。

中国第一历史档案馆档案：乾隆元年三月十八日四川巡抚《奏为查明
　　华阳县被火及永宁等地方被水情形并分别抚恤事》，档案号：04－
　　01－01－0001－050。

中国第一历史档案馆档案：嘉庆五年八月十二日江苏按察使张师诚《奏报查明淮扬私贩情形及查办盐枭缘由事》，档案号：04 - 01 - 35 - 0483 - 002。

中国第一历史档案馆档案：道光九年十一月二十九日四川总督琦善《奏为云南候补同知德克精阿领运铜船夹带私盐殴捆汛兵请将该运员扣留查办等事》，档案号：03 - 3178 - 042。

中国第一历史档案馆档案：道光十年十一月三日两淮盐政钟灵《奏为私盐日充以致官引日滞已饬属堵缉走私要隘并会商疏通良策等事》，档案号：03 - 4041 - 018。

　3. 四川省自贡市档案馆、博物馆、图书馆档案文献

四川省自贡市档案馆档案：《红海井岩口簿》全宗号 1，目录号 16，案卷号 61。

四川省自贡市历史博物馆馆藏盐业契约档案，第七、八号。

四川省自贡市图书馆馆藏手稿文献：《豪绅巨贾享乐腐化的特殊》。

四川省自贡市图书馆馆藏手稿文献：《自流井场商由封建家族转变为资本主义经营的一个过程》。

四川省自贡市图书馆馆藏手稿文献：《盐场琐闻——地主的恶作剧》。

四川省自贡市图书馆馆藏手稿文献：《盐都逸志——王朗云轶事》。

四川省自贡市图书馆馆藏手稿文献：《自贡盐场顾永兴的历史概略（顾心畲自述）》。

四川省自贡市图书馆馆藏手稿文献：《自贡地方的谚语》。

　4. 重庆市巫溪县档案馆档案

重庆市巫溪县档案馆档案：《刘宗坤立出卖井灶房屋基地桶土出入码头文约》全宗号 178，清代民国文约，案卷号 001。

二　盐业史料（依出版时间先后为序）

（清）王世球等：乾隆《两淮盐法志》，1748 年刻本。

（清）李澄：《淮鹾备要》，1821 年刻本。

（清）唐炯:《四川官运盐案类编》，1881 年刻本。

（清）丁宝桢等:《四川盐法志》，1882 年刻本。

（清）周庆云:《盐法通志》，文明书局 1914 年铅印本。

（清）张茂炯等:《清盐法志》，1920 年铅印本。

（清）王守基:《盐法议略》，中华书局 1991 年版。

（清）谢开宠:《两淮盐法志》，台湾学生书局 1966 年版。

（清）《盐务档案》，国家图书馆编，2004 年。

（民国）左树珍:《盐法纲要》，新学会社 1913 年版。

（民国）宁德、林振翰:《川盐纪要》，商务印书馆 1919 年版。

（民国）景学钤:《盐政丛刊》，盐政杂志社 1921 年版。

（民国）欧宗祐:《中国盐政小史》，商务印书馆 1927 年版。

（民国）景学钤:《盐务革命史》，南京京华印书馆 1929 年版。

（民国）林振翰:《中国盐政纪要》，商务印书馆 1930 年铅印本。

（民国）吴炜等:《四川盐政史》，四川运使署 1932 年铅印本。

（民国）吴炜等:《四川盐政史图册》，四川运使署 1932 年铅印本。

（民国）景学钤:《盐政丛刊》二集，盐政杂志社 1932 年版。

（民国）盐务署辑:《中国盐政实录》，商务印书馆 1933 年版。

（民国）蒋静一:《中国盐政问题》，正中书局 1936 年版。

（民国）曾仰丰:《中国盐政史》，商务印书馆 1998 年影印本。

三　方志、乡土志（依朝代先后为序）

（晋）常璩:《华阳国志》，齐鲁书社点校 2010 年版。

（明）熊相:《四川志》，明武宗正德十三年（1518）刻本。

（清）蔡毓荣修，龚懋熙纂:康熙《四川总志》，1662—1772 年刻本。

（清）黄廷桂、宪德修，张晋生纂:雍正《四川通志》1736 年刻本。

（清）王尔鉴、熊峰纂修:乾隆《巴县志》，1761 年刻本。

（清）王梦庚等辑:嘉庆《犍为县志》，1814 年刻本。

（清）吴经世修，廖家骝等纂:嘉庆《德阳县志》，1815 年刻本。

（清）常明等修，杨芳燦等撰：嘉庆《四川通志》，台湾华文书局 1967 年版。

（清）杨英燦等纂：嘉庆《安县志》，载《中国地方志集成·四川府县志辑》，巴蜀书社 1992 年版。

（清）刘元熙修，李世芳等纂：嘉庆《宜宾县志》，载《中国地方志集成》，巴蜀书社 1992 年版。

（清）王梦庚修，寇宗纂：道光《重庆府志》，1843 年刻本。

（清）恩成修，刘德铨纂：道光《夔州府志》，1891 年影印本。

（清）纪大奎修，林时春等纂：道光《什邡县志》，1836 年增刻本。

（清）王瑞庆等修，徐畅达等纂：道光《南部县志》，载《中国地方志集成》，巴蜀书社 1992 年版。

（清）文良等修，陈尧采等纂：同治《嘉定府志》，1864 年刻本。

（清）吕上珍辑，罗廷权等修：同治《富顺县志》，1872 年刻本。

（清）刑锡晋修，赵宗藩纂：光绪《盐亭县志续编》，1882 年刻本。

（清）黄允钦等修，罗锦城等纂：光绪重修《射洪县志》，1884 年刻本。

（清）曾秀翘修，杨德坤等纂：光绪《奉节县志》，1893 年刻本。

（清）周宪斌纂：《巫山县乡土志》，1906 年抄本。

（清）陈运昌、邹稷光、欧阳铸纂：《富顺县乡土志》，清末抄本。

（清）王道履纂：《南部县乡土志》，清末稿本。

（清）高承瀛修，吴嘉谟纂：光绪《井研县志》，载《新修方志丛刊》，学生书局 1971 年影印本。

（清）罗度等修，郭肇林等纂：光绪《珙县志》，载《中国方志丛书》，成文出版社 1976 年版。

（清）庄定域修，支承祜等纂：光绪《彭水县志》，载《中国地方志集成》，巴蜀书社 1992 年版。

（清）高维岳修，魏远猷等纂：光绪《大宁县志》，载《中国地方志集成》，巴蜀书社 1992 年版。

（民国）彭文治等修，卢庆家等纂：《富顺县志》，1931 年刻本。

（民国）陈谦等修，罗绶香等纂：《犍为县志》，1937 年铅印本。

（民国）朱之洪等修，向楚等纂：《巴县志》，1939 年刻本。

（民国）朱世镛等修，刘贞安等纂：《云阳县志》，载《中国地方志集成》，巴蜀书社 1992 年版。

（民国）唐受潘修，黄熔等纂：《乐山县志》，载《中国地方志集成》，巴蜀书社 1992 年版。

（民国）林志茂等修，汪全相等纂：《简阳县志》，载《中国地方志集成》，巴蜀书社 1992 年版。

（民国）伍彝章等修，曾世礼等纂：《蓬溪县志》，载《中国地方志集成》，巴蜀书社 1992 年版。

（民国）甘焘等修，王懋昭等纂：《遂宁县志》，载《中国地方志集成》，巴蜀书社 1992 年版。

（民国）赖佐唐等修，宋曙等纂：《叙永县志》，载《中国地方志集成》，巴蜀书社 1992 年版。

（民国）杨化育修，覃梦松纂：《沿河县志》，载《中国地方志集成》，巴蜀书社 1992 年版。

（民国）王文照修：《重修什邡县志》，载《中国地方志集成》，巴蜀书社 1992 年版。

（民国）杨化育修，覃梦松纂：《沿河县志》，载《中国地方志集成》，巴蜀书社 2006 年影印本。

四　正史、类书、政书、文集、年谱等相关史料
（依著者朝代及著作出版时间先后为序）

（汉）司马迁：《史记》，中华书局 2011 年版。

（西晋）张华：《博物志》，重庆出版社 2007 年版。

（东晋）常璩：《华阳国志》，齐鲁书社 2010 年点校本。

（后晋）刘昫等：《旧唐书》，中华书局 1975 年点校本。

（宋）王钦若等：《册府元龟》，中华书局 1960 年点校本。

（宋）《宋大诏令集》，中华书局1962年版。

（宋）欧阳修、宋祁等：《新唐书》，中华书局1975年版。

（宋）李心传：《建炎以来朝野杂记（甲集）》，江苏广陵古籍刻印社
    1981年刻本。

（宋）王溥：《唐会要》，上海古籍出版社2012年版。

（元）马端临：《文献通考》，中华书局2011年点校本。

（元）脱脱等：《宋史》，中华书局2011年点校本。

（明）宋濂等：《元史》，中华书局1976年点校本。

（明）陈子龙等：《明经世文编》，中华书局1962年影印本。

（清）蒋良骐：《东华录》，1765年刻本。

（清）范锴：《花笑庼杂笔》，1821—1850年刻本。

（清）贺长龄：《皇朝经世文编》，1827年刻本。

（清）严如熤：《三省边防备览》，1830年刻本。

（清）刘愚：《醒予山房文存》，1862年刻本。

（清）李星沅：《李文恭公（星沅）奏议》，1865年刻本。

（清）包世臣：《安吴四种》，1872年刻本。

（清）顾炎武：《天下郡国利病书》，1879年刻本。

（清）骆秉章：《骆文忠公奏议》，1889年增刻本。

（清）李榕：《十三峰书屋全集》，1890年刻本。

（清）黄爵滋：《皇朝道咸同光奏议》，1902年刻本。

（清）于宝轩：《皇朝蓄艾文编》，上海官书局1903年刻本。

（清）丁宝桢：《丁文诚公奏稿》，1907年刻本。

（清）刚林等：《大清律集解附例》，1909年刻本。

（清）唐炯：《成山老人自撰年谱》，1910年刻本。

（清）刘秉璋等：《刘文庄公奏议》，1912年铅印本。

（清）葛士浚：《皇朝经世文续编》，清末铅印本。

（清）载龄等：《户部则例》，清末抄本。

（清）刘锦藻：《清朝续文献通考》，商务印书馆1936年铅印本。

（清）张廷玉等：《清朝文献通考》，新兴书局 1963 年影印本。

（清）清高宗敕撰：《清朝通典》，新兴书局 1963 年版。

（清）托津等：《钦定大清会典事例》，文海出版社 1972 年影印本。

（清）盛宣怀：《愚斋存稿》，文海出版社 1975 年影印本。

（清）席裕福、沈师徐：《皇朝政典类纂》，文海出版社 1982 年影印本。

（清）徐心余：《蜀游闻见录》，四川人民出版社 1985 年版。

（清）王庆云：《石渠余纪》，北京古籍出版社 1985 年版。

（清）陈梦雷等纂：《古今图书集成》，台湾学生书局 1989 年版。

（清）彭遵泗：《蜀故》，江苏广陵古籍刻印社 1990 年影印本。

（清）王先谦、朱寿朋：《东华续录》，上海古籍出版社 1999 年影印本。

（清）陶澍：《陶文毅公全集》，海南出版社 2000 年影印本。

（清）傅崇矩：《成都通览》，成都时代出版社 2006 年版。

（清）徐松：《宋会要辑稿》，中华书局 2006 年影印本。

（清）文庆等：《筹办夷务始末》，上海古籍出版社 2008 年影印本。

（清）《清实录》，中华书局 2008 年影印本。

（清）张廷玉等：《明史》，中华书局 2011 年点校本。

（清）何绍基：《东洲草堂诗集》，上海古籍出版社 2012 年版。

（清）昭梿：《啸亭杂录续录》，上海古籍出版社 2012 年点校本。

（民国）赵尔巽等：《清史稿》，中华书局 1977 年点校本。

（民国）周询：《蜀海丛谈》，巴蜀书社 1986 年点校本。

（民国）吴兆莘：《中国税制史》，上海书店 1994 年影印本。

五　现代中文论著（依著作出版时间先后为序）

田秋野、周维亮合编：《中华盐业史》，台湾商务印书馆 1979 年版。

刘方健：《重庆工商史料》，重庆出版社 1982 年版。

彭泽益：《中国近代手工业史资料》，中华书局 1962 年版。

四川省自贡市委员会文史资料委员会：《自贡文史资料选辑》，1982 年。

胡乔木编：《中国大百科全书》（法学卷），中国大百科全书出版社 1984

年版。

张学君、冉光荣：《明清四川井盐史稿》，四川人民出版社 1984 年版。

林元雄等：《中国井盐科技史》，四川人民出版社 1987 年版。

李竹溪：《近代四川物价史料》，四川科技出版社 1987 年版。

鲁子健：《清代四川财政史料（上、下）》，四川省社会科学院出版社 1988 年版。

李竹溪、刘方健：《历代四川物价史料》，西南财经大学出版社 1989 年版。

贵州省地方志编纂委员会：《贵州省志》，贵州人民出版社 1990 年版。

宋良曦、钟长永：《川盐史论》，四川人民出版社 1990 年版。

王利器：《盐铁论校注》，中华书局 1992 年版。

张荣铮、刘勇强、金懋初点校：《大清律例》，天津古籍出版社 1993 年版。

自贡市政协文史资料委员会编：《自流井盐业世家》，四川人民出版社 1995 年版。

中国盐业总公司编：《中国盐业史》，人民出版社 1997 年版。

黄培林、钟长永主编：《滇盐史论》，四川人民出版社 1997 年版。

史松主编：《清史编年》第 4 卷（雍正朝），中国人民大学出版社 2000 年版。

张小也：《清代私盐问题研究》，社会科学文献出版社 2001 年版。

钟长永、黄健、林建宇：《千年盐都》，四川人民出版社 2002 年版。

林建宇主编：《中国盐业经济》，四川人民出版社 2002 年版。

瞿同祖：《中国法律与中国社会》，中华书局 2003 年版。

任桂园：《从远古走向现代——长江三峡地区盐业发展史研究》，巴蜀书社 2006 年版。

白九江：《盐巴与巴盐》，重庆出版集团 2007 年版。

吴斌、支果、曾凡英：《中国盐业契约论——以四川近现代盐业契约为中心》，西南交通大学出版社 2007 年版。

沈大明：《〈大清律例〉与清代的社会控制》，上海人民出版社 2007 年版。

赵逵：《川盐古道》，东南大学出版社 2008 年版。

明安生编著：《秦巴古盐道》，长江出版社 2008 年版。

余英时：《士与中国文化》，上海人民出版社 2008 年版。

陈世松、贾大泉主编：《四川通史》，四川出版集团、四川人民出版社
　　2009 年版。

宋良曦等编：《中国盐业史辞典》，上海辞书出版社 2010 年版。

鲁子健：《古井沧桑话川盐》，四川出版集团、巴蜀书社 2010 年版。

吴海波、曾凡英：《中国盐业史学术研究一百年》，四川出版集团、巴
　　蜀书社 2010 年版。

舒瑜：《微盐大义——云南诺邓盐业的历史人类学考察》，世界图书出
　　版公司 2010 年版。

瞿同祖：《清代地方政府》，晏锋、何鹏、范忠信译，法律出版社 2011
　　年版。

张洪林：《清代四川盐法研究》，中国政法大学出版社 2012 年版。

陈锋：《清代的盐政与盐税》，武汉大学出版 2013 年版。

毕昱文：《长芦盐区缉私武装研究 1912—1928》，中国社会科学出版社
　　2016 年版。

王笛：《跨出封闭的世界：长江上游区域社会研究 1644—1911》，北京
　　大学出版社 2018 年版。

吴海波：《两淮私盐与地方社会：1736—1861》，中华书局 2018 年版。

邓军：《川黔古盐道》，西南交通大学出版社 2019 年版。

赵逵：《川鄂古盐道》，西南交通大学出版社 2019 年版。

六　期刊论文（依论文发表时间先后为序）

费孝通：《农民与士绅：中国社会结构及其嬗变的解释》，《美国社会
　　学杂志》1946 年第 2 卷第 1 期。

徐泓：《明代的私盐》，《台湾大学历史学系学报》1980 年第 7 期。

郭正忠：《北宋四川食盐危机考析》，《中国史研究》1981年第1期。

鲁子健：《清代四川的盐榷与盐枭》，《盐业史研究》1986年第1期。

宋良曦：《川盐缉私略论》，《盐业史研究》1986年第1期。

王小荷：《清代两广盐区私盐初探》，《历史档案》1986年第4期。

史继刚：《浅谈宋代私盐盛行的原因及其影响》，《西南师范大学学报》
　　1989年第3期。

史继刚：《两宋对私盐的防范》，《中国史研究》1990年第2期。

史继刚：《宋代私盐的来源及其运销方式》，《中国经济史研究》1991
　　年第1期。

彭云鹤：《明清两淮私盐和漕运》，《盐业史研究》1991年第4期。

吕一群：《清代湖广私盐浅议》，《华中师范大学学报》（哲学社会科学
　　版）1991年第4期。

王澈：《乾隆四十二年山东峄县私盐贩拒捕伤差案》，《历史档案》1991
　　年第4期。

黄启臣、黄国信：《清代两广盐区私盐贩运方式及其特点》，《盐业史
　　研究》1994年第1期。

史继刚：《宋代私盐贩阶级结构初探》，《盐业史研究》1995年第2期。

李福德、赵伯蒂：《从历代缉私看川盐缉私》，《盐业史研究》1995年
　　第2期。

罗益章：《宋代官吏的私盐贩卖》，《盐业史研究》1995年第2期。

汤开建：《宋代香港地区的盐业生产及盐的走私》，《暨南学报》（哲学
　　社会科学版）1995年第2期。

黄国信：《清代两广盐区私盐盛行现象初探》，《盐业史研究》1995年
　　第2期。

何克拉：《私盐流通及其危害初探》，《盐业史研究》1995年第3期。

黄国信：《清代雍正到道光初年的盐枭走私》，《盐业史研究》1996年
　　第1期。

郭正忠：《宋代的私醝案与盐子狱》，《盐业史研究》1997年第1期。

郭正忠：《宋代私盐律述略》，《江西社会科学》1997 年第 4 期。

郭正忠：《中国古代盐史奥衍刍议——〈中国盐业史（古代编）〉绪论》，《中国经济史研究》1997 年第 4 期。

方裕谨：《道光初年两淮私盐研究》，《历史档案》1998 年第 4 期。

马新：《榷盐与私盐贩的盛行》，《盐业史研究》1999 年第 4 期。

檠甫：《道光十年私盐贩黄玉林案》，《历史档案》1999 年第 2 期。

张小也：《清代盐政中的缉私问题》，《清史研究》2000 年第 1 期。

黄国信：《从"川盐济楚"到"淮川分界"——中国近代盐政史的一个侧面》，《中山大学学报》2001 年第 2 期。

吴海波、杨勇：《清中叶江西官私食盐的运输途径与流通方式》，《盐业史研究》2002 年第 3 期。

梁庚尧：《南宋的私盐》，《新史学》2002 年第 13 卷第 2 期。

史继刚：《中国古代私盐的产生和发展》，《盐业史研究》2003 年第 4 期。

史玉华：《从〈巴县档案〉看清代四川私盐问题》，《滨州学院学报》2005 年第 2 期。

吴海波、李曦：《清政府对私盐的防范和打击——以江西为例》，《盐业史研究》2005 年第 1 期。

吴海波、李曦：《清代两淮食盐运销体制的演变与私盐》，《江西师范大学学报》2005 年第 5 期。

吴海波：《清代两淮榷盐体制的演变与私盐》，《求索》2005 年第 3 期。

吴海波：《清中叶江西中、南部地区枭私的活动特点与运销方式》，《盐业史研究》2005 年第 4 期。

杨彩丹：《清末陕西私盐问题研究》，《盐业史研究》2006 年第 3 期。

纪丽真：《清代山东私盐问题研究》，《理论学刊》2006 年第 6 期。

吕一群：《清末私盐对湖广市场的争夺与政府的缉剿》，《湖北大学学报》（哲学社会科学版）2006 年第 6 期。

朱霞：《从口述材料看民国时期的私盐运销——以云南诺邓盐村为个案》，《民俗研究》2006 年第 3 期。

杨彩丹：《清末陕西私盐问题研究》，《盐业史研究》2006 年第 3 期。

倪玉平：《"激励的悖论"——试论清代的盐业缉私》，《盐业史研究》2006 年第 4 期。

方志远：《明清湘鄂赣地区的"淮界"与私盐》，《中国经济史研究》2006 年第 3 期。

梁庚尧：《南宋政府的私盐防治》，《国立台湾大学历史学系学报》2006 年第 37 期。

聂鑫：《盐（铁）问题的困境——思想与制度的历史考辨》，《法律科学》2007 年第 10 期。

朱霞：《私盐、国家垄断与民间权力——以云南诺邓井的私盐问题为例》，《广西民族大学学报》（哲学社会科学版）2007 年第 2 期。

张丹丹：《清朝私盐贩运的影响》，《吉林师范大学学报》（人文社会科学版）2007 年第 2 期。

吴海波：《道光年间江西私盐案浅探——以〈刑案成式〉为例》，《历史档案》2007 年第 3 期。

吴海波：《清中叶两淮私盐、盐枭与会党》，《盐文化研究论丛》2007 年第二辑。

吴海波、罗习珍：《20 世纪以来中国私盐史研究述评》，《盐文化研究论丛》2008 年第三辑。

王肇磊、贺新枝：《鄂西北私盐运道概略》，《盐业史研究》2008 年第 1 期。

吴海波：《私盐、盐枭与政府——以道光十年仪征黄玉林案为例》，《历史档案》2008 年第 1 期。

吴海波：《晚清江淮盐枭与帮会述略》，《盐业史研究》2008 年第 3 期。

张丹丹：《雍正朝缉私私盐情况初探》，《兰台世界》2009 年第 1 期。

张小军、王思琦：《咸与权：历史上自贡盐业的"市场"分析》，《清华大学学报》（哲学社会科学版）2009 年第 2 期。

姚春敏：《从"周仓沟"传说看晋南民众对私盐问题的价值取向》，

《沧桑》2009 年第 4 期。

王伟、周金应、杨平:《食盐专营制度下私盐行为与其监管的博弈分析》,《改革与战略》2009 年第 7 期。

吴海波:《清代私盐盛行的经济视角思考》,《盐文化研究论丛》2009 年第四辑。

赵小平:《清代云南私盐与缉私制度演变研究》,《盐文化研究论丛》2009 年第四辑。

黄国信:《乾嘉时期珠江三角洲的私盐问题——中国第一历史档案馆一则关于东莞盐务档案的解读》,《盐业史研究》2010 年第 4 期。

丁琼:《清代云南私盐问题研究》,《四川理工学院学报》(哲学社会科学版)2009 年第 3 期。

贺新枝、王肇磊:《论清代鄂西北私盐运销形式及相关问题》,《盐业史研究》2009 年第 1 期。

鲁子健:《封建垄断下的私盐抗争》,《盐业史研究》2009 年第 3 期。

周琍:《清代闽粤赣边区盐商贩私研究》,《盐业史研究》2009 年第 1 期。

吴海波:《清代私盐立法问题探析》,《盐文化研究论丛》2010 年第五辑。

吴海波:《清中叶两淮私盐之贩卖方式与特点——以私盐个案为视角》,《南都学坛》2010 年第 1 期。

吴海波:《道光年间江西盐枭走私个案剖析——以〈吴文节公遗集〉为例》,《盐业史研究》2010 年第 1 期。

毕昱文:《20 世纪 70 年代以来盐区缉私研究综述》,《盐业史研究》2010 年第 2 期。

吴海波:《清中叶湖广私盐量化分析》,《盐业史研究》2011 年第 2 期。

张毅:《试析明清时期天津的私盐问题》,《盐业史研究》2011 年第 1 期。

李小萍:《晚清厘金制度与厘金银锭》,《中国钱币》2012 年第 4 期。

文汉宇:《清末四川盐课归丁盐税银锭浅论》,《中国钱币》2012 年第 4 期。

张洪林:《清代私盐难禁之法律缘由考析——以四川为例》,《学术研究》

2012 年第 2 期。

林盼：《清代私盐贩运与地方社会——以淮安为例》，《盐业史研究》2012
年第 1 期。

吴海波：《清代两淮"官私"述略》，《盐业史研究》2012 年第 1 期。

黄凯凯：《清代巴县的食盐贸易与盐法变迁》，《四川师范大学学报》
（社会科学版）2017 年第 4 期。

杨田华：《南京国民政府的国家盐政建设研究——以 1937—1939 年川
北盐场改革为例》，《中国社会经济史研究》2018 年第 1 期。

赵小平：《清代云南盐业经费来源问题研究》，《盐业史研究》2018 年
第 2 期。

李晓龙、徐靖捷：《清代盐政的"节源开流"与盐场管理制度演变》，
《清史研究》2019 年第 4 期。

蒋宏达：《晚清板晒技术与余岱私盐》，《近代史研究》2020 年第 5 期。

徐家贵：《对立共存：广西"向食东盐"与"向食夷盐"研究》，《盐
业史研究》2021 年第 2 期。

七　硕博论文（依著者毕业时间先后为序）

赖福顺：《清高宗"十全武功"军需之研究》，博士学位论文，台湾中
国文化大学史学研究所，1981 年。

徐安琨：《清代大运河盐枭研究》，博士学位论文，台湾大学，1997 年。

陈凤虹：《清代台湾私盐问题研究——以十九世纪北台湾为中心》，硕
士学位论文，台湾中央大学，2005 年。

林浤翰：《明清禁令与沿海盗寇、移民、盐枭问题之研究》，硕士学位
论文，台湾佛光大学，2006 年。

纪丽真：《明清山东盐业研究》，博士学位论文，山东大学，2006 年。

李坤刚：《清代盐业犯罪研究》，博士学位论文，人民大学，2006 年。

吴海波：《清中叶两淮私盐与地方社会》，博士学位论文，复旦大学，
2007 年。

毕昱文:《1912—1928 年长芦盐区缉私武装研究》,博士学位论文,河北师范大学,2011 年。

边奋勇:《明清时期陕北盐业研究》,硕士学位论文,延安大学,2011 年。

杜珞珈:《食盐专卖与明清巡盐御史制度研究》,硕士学位论文,四川师范大学,2012 年。

孙明:《清朝前期盐政与盐商》,博士学位论文,东北师范大学,2012 年。

徐法言:《乾隆朝金川战役研究》,博士学位论文,四川大学,2013 年。

杨田华:《官民之间:民国时期南阆盐场的经纪人研究 (1915—1949)》,博士学位论文,西南民族大学,2015 年。

谢佳元:《清代南部县盐务管理研究》,硕士学位论文,西华师范大学,2018 年。

八　外国论著及文献

[法] 古洛东:《圣教入川记》,四川人民出版社 1981 年版。

[美] 戴维·格伦斯基:《社会分层》,华夏出版社 2005 年版。

[美] 罗威廉:《汉口:一个中国城市的商业和社会 (1796—1889)》,中国人民大学出版社 2005 年版。

[美] 罗威廉:《汉口:一个中国城市的冲突和社区 (1796—1895)》,中国人民大学出版社 2008 年版。

[美] 威廉·埃德加·盖洛:《扬子江上的美国人》,山东画报出版社 2008 年版。

[美] 徐中约:《中国近代史:1600—2000,中国的奋斗》,世界图书出版公司 2008 年版。

[美] 杰克·奈特:《制度与社会冲突》,上海人民出版社 2009 年版。

[日] 藤冈次郎:《关于清朝道光年间在两淮的私盐的流通》,《北海道学艺大学纪要 (第一部)》1956 年第 7 卷第 1 期。

[日] 箕轮祥子:《清代位于两浙的私盐对策》,日本《史论》1962 年第 10 卷。

［日］酒井忠夫：《清末的帮会与民众——特别是关于哥老会》，《历史教育》1965 年第 13—12 卷。

［日］佐伯富：《中国盐政史研究》，法律文化社 1987 年版。

［日］佐伯富：《清代盐政之研究》，《盐业史研究》1993 年第 3、4 期；1994 年第 2、3、4 期；1996 年第 1、3 期。

［日］渡边淳：《清末时期长江下游的青帮、私盐集团活动——以与私盐流通的关系为中心》，《盐业史研究》1990 年第 2 期。

［新加坡］姜道章：《清代的私盐》，《私立中国文化大学地理研究报告》（台湾）1998 年第 11 期。

Mark Kurlansky, *Salt—A World History*, First published in the United States of America by Walker Publishing Company, Inc., 2002.

Zelin Madeleine, *The Merchants of Zigong*: *Industrial Entrepreneurship in early Modern China*, Pressed by Columbia University, 2005.

Ping-ti Ho, "The Salt Merchants of Yang-chow: A Study of Commercial Capitalism in Eighteenth-Century China", *Harvard Journal of Asiatic Studies*, 17: 149 (1954).

九　网络文献

http：//baike. baidu. com/view/7197859. htm.